W0227299

Mathilde Q. Beckmann
Mein Leben mit Max Beckmann

Mathilde Q. Beckmann

Mathilde Q. Beckmann

Mein Leben
mit Max Beckmann

Mit 58 Abbildungen

R. Piper & Co. Verlag
München Zürich

Aus dem Amerikanischen von Doris Schmidt

ISBN 3-492-02688-5
© Mathilde Beckmann, 1980
Alle Rechte der deutschen Ausgabe:
© R. Piper & Co. Verlag, München 1983
Gesetzt aus der Aldus-Antiqua
Gesamtherstellung: Kösel, Kempten
Printed in Germany

Zu besonderem Dank bin ich Max Kahn verpflichtet, ohne seine Ermutigung und Hilfe hätte ich dieses Buch nie schreiben können. Dank schulde ich auch meiner lieben Freundin Jane Sabersky, die dieses Buch nun nicht mehr gesehen hat; Ruth Peter, die das Manuskript liebenswürdigerweise für mich ins reine schrieb; und Betty Robinson, die mir in so vieler Hinsicht behilflich war. Vor allem danke ich aber Doris Schmidt, die mich immer wieder ermutigt hat, meine Erinnerungen an Max Beckmann aufzuschreiben, und die das englisch abgefaßte Manuskript mit so viel Takt ins Deutsche übersetzt und bearbeitet hat.

Mathilde Q. Beckmann

I
Die Jahre 1925 bis 1950

Im Spätsommer des Jahres 1923 erlebte ich etwas sehr Seltsames. Es war im Hause meiner Eltern in Ohlstadt, einem kleinen Ort nicht weit von München. Mehrmals erschien in meinen Träumen ein Mann, dem ich noch nie begegnet war, ich hatte ihn nie vorher gesehen, und ich fragte ihn auch nicht, wer er sei oder woher er käme, weil ich das Gefühl hatte, daß wir einander schon seit langem kannten und einander verstanden. Er schien mich zu beschützen, und wenn ich ihn wegen irgendwelcher Probleme fragte, die ich zuweilen hatte, erwiesen sich seine Antworten immer dann als richtig, wenn ich seinem Rat gefolgt war. Er war voller Güte, schien um mich besorgt und machte sich Gedanken über mein künftiges Leben. Er war hochgewachsen, eine eindrucksvolle Erscheinung, von kräftiger körperlicher Konstitution und großer geistiger Überlegenheit. In seiner Stimme war ein bestimmter Klang, den ich nie vergaß, ich habe ihn noch im Ohr.

Im Herbst 1923 ging ich, nach zwei Jahren Gesangsstudien in München, nach Wien, um mich bei Frau Schlemmer-Ambros, einer berühmten Gesangspädagogin, weiterzubilden. Ich lebte im Haus von Henriette von Motesiczky, Brahmsplatz 7, an die mich ein Freund meiner Mutter, Paul Grümmer – er war der Cellist des Busch-Quartetts – empfohlen hatte. Henriette von Motesiczky, ihre Tochter Marie Louise und ihr Sohn Karl, ein begabter junger Cellist – er wurde nach der deutschen Invasion in Österreich von den Nazis umgebracht –, wurden mir bald liebe Freunde.

Einmal, als ich in Ferien von Wien aus zu Hause war, habe ich bei Mondschein die Arie der »Königin der Nacht« aus der »Zauberflöte« vom Balkon unseres Hauses in die Landschaft gesungen ... Meinen ersten Geigenunterricht gab mir meine

Mutter, ich war erst vier Jahre alt, auf einer kleinen Geige; später unterrichtete mich Eva Bernstein, eine Schülerin von Carl Flesch. Meine Mutter, Frida geb. Schytte, war Dänin und eine sehr bekannte Geigerin; sie trat unter dem Namen Frida von Scotta auf und hat zum Beispiel 1896 in Moskau mit Richard Strauss konzertiert. Nach der Heirat mit meinem Vater, dem Maler Friedrich August von Kaulbach, hörte sie auf, öffentlich zu spielen. Wir drei Schwestern, Doris, Hedda und ich, haben alle das Talent von der Mutter geerbt, und wir hatten zu Hause ein regelrechtes Streichquartett. Meine Mutter und ich spielten Geige, meine Schwester Doris Bratsche, Hedda Cello. Mein Vater hat uns auch so gemalt. Leider ist das Gemälde verschollen, wir besitzen nur noch die Ölskizze. Nur meine Schwester Hedda, die in München an der Akademie die Bildhauerklassen von Hermann Hahn und Bernhard Bleeker besuchte, hatte Talent von Vaters Seite; sie war eine der ersten Frauen, die an der Akademie zugelassen wurden. In erster Ehe war sie mit dem Bildhauer Toni Stadler verheiratet.

Vor meinem Aufenthalt in Wien hatte ich von Max Beckmanns Existenz nichts gewußt, noch weniger hatte ich Bilder von ihm gesehen. Bei den Motesiczkys hörte ich zum ersten Mal etwas von Beckmann. Es war Marie Louise, eine seiner begabtesten Frankfurter Schülerinnen, die mich mit seiner Graphik bekannt machte. Sie zeigte mir eine Lithographie und einen Holzschnitt *Selbstbildnis 1922*, sie besaß beide. Ich fühlte mich sofort von dem Selbstbildnis merkwürdig angezogen.

Eines Tages, im Frühjahr 1924, sagte mir Marie Louise, Beckmann werde am späten Nachmittag zu Besuch kommen. Die Motesiczkys und ich saßen im Wohnzimmer. Die Vorhänge waren schon zugezogen, das Zimmer nur schwach erhellt. Da klingelte es, Beckmann trat herein. Ich konnte sein Gesicht zunächst nicht deutlich erkennen, sah nur, daß er ein hochgewachsener, kräftiger Mann war. Als mich die Motesiczkys mit ihm bekannt machten und ich seine Stimme hörte, war ich starr vor Staunen – vor mir stand der Mann, der in meinen Träumen erschienen war!

An diesem Abend bemerkte ich zum ersten Mal, wie rhythmisch Max Beckmann beim Gehen seine Schritte setzte; sein Gang war wiegend und entspannt, ähnlich dem eines Kapitäns an Deck bei stürmischem Wetter. Er war offensichtlich höchst vital, er beobachtete scharf, nichts schien ihm zu entgehen, er konnte in einem Augenblick lachen und im nächsten äußerst ernst sein. Wenn er sprach, richtete er seine großen, blauen Augen zuweilen in die Ferne, als fixiere er etwas; dann wieder war er ganz präsent und schien alles in seiner Nähe wahrzunehmen. An diesem Abend spürte ich die Wärme und Güte, die von ihm ausging, und ich war tief beeindruckt von seiner starken Persönlichkeit. Und wie in meinen Träumen bestätigte sich das Gefühl, ihn schon lange zu kennen. Freilich begriff ich kaum, wie sehr diese erste Begegnung mit Beckmann meinem Leben eine völlig andere als die von mir geplante Richtung geben würde und daß ich in weniger als zwei Jahren seine Frau werden sollte.

Nicht lange, nachdem ich Beckmann kennengelernt hatte, brach er sich die Hand. Bei einem Skispringen in Garmisch, das er sehen wollte, weil sein Sohn Peter daran teilnahm, stand er oben am Start, war, um möglichst weit sehen zu können, auf eine zufällig dort lehnende Leiter gestiegen. Anders als die meisten Menschen stieg er nicht mit dem Gesicht, sondern mit dem Rücken zur Leiter herunter, mit dem Blick in die Landschaft. Die Leiter fing auf dem vereisten Grund an zu rutschen, und Beckmann stürzte mitsamt der Leiter vornüber, versuchte noch, sich abzustützen, und brach sich dabei die linke Hand.

Die Hand sollte operiert werden, aber das wollte Beckmann nicht. Er rief bei Frau von Motesiczky an und fragte nach einem

»Knochenarzt«. Sie wußte einen, Beckmann kam sofort nach Wien, und sie brachte ihn in die Klinik, wo der Arzt die mehrfach gebrochene Hand unblutig über einer Röntgenplatte einrichtete. Natürlich kam die Hand in Gips. Henriette von Motesiczky besuchte Beckmann in den ersten Tagen. Jedem, der in ihr Haus kam, gab sie einen Spitznamen. Beckmann hieß »Becki«, mich nannte sie »Quappi« (abgeleitet von Kaulbach/ Kaulquappe).

Als sie wieder einmal aus der Klinik kam, sagte sie mir, Beckmann wolle mich sehen. Ich konnte das nicht glauben, meinte, er habe nach Louise verlangt. Nein, nicht die Louise – »die ›Quappi‹ soll kommen«. Also ging ich in die Klinik. Bleich, mit dickem Verband, die Hand geschient mit einem Holzbrett, die Finger schauten heraus, lag Beckmann da. Gesprochen hat er nur wenig, als ich ging, aber zu mir gesagt: »Kommen Sie morgen wieder?« Er wollte mich dann jeden Tag da haben. Nach einigen Tagen hatte er schon einen Pappendeckelverband, konnte wieder die Finger bewegen; nur die Hand war noch geschwollen. Am letzten Tag in der Klinik sagte er unvermittelt: »Wollen Sie mich heiraten? Ich möchte Sie gerne heiraten.« Da habe ich »Ja« gesagt.

Als ich meine Mutter anrief, um ihr zu sagen, daß ich mich verlobt hatte – mit Max Beckmann –, war da einen Moment Pause. – – – Im Frühjahr 1925 erhielt ich ein Angebot an die Staatsoper in Dresden als Koloratursängerin, ich lehnte ab, denn ich wußte, ich konnte nicht mit Beckmann verheiratet und gleichzeitig Sängerin sein; die Geige habe ich bis heute nicht aufgegeben.

Am 1. September 1925 heirateten wir in München und fuhren noch am Abend nach Italien, erst nach Rom und dann nach Viareggio. In den folgenden Jahren lebten wir in Frankfurt. Beckmann war schon einige Jahre dort, die Stadt hatte ihn vom ersten Tag an angezogen. Er liebte die Altstadt mit dem

Domplatz, dem Römerberg, dem Goethehaus und den engen, winkligen Gassen, den Main mit seinen Brücken, die er mehrfach gemalt hat, und auch das kleine »Nizza«, die Anlagen am Frankfurter Ufer. Frankfurt war damals noch keine ausgesprochene Großstadt, aber es hatte seine ererbte kulturelle Tradition. Der Welt war es durch die »Frankfurter Zeitung«, die als eine der führenden Zeitungen der Welt galt, ein Begriff.

Dr. Heinrich Simon, Chefredakteur der »Frankfurter Zeitung« (seine engsten Freunde nannten ihn Heinz), und seine Frau Irma gehörten zu Max' besten Freunden und zu seinen ersten Sammlern. Heinz Simon, kurz gewachsen und kräftig, mit wachen blauen Augen, war äußerst lebhaft – er barst förmlich vor Vitalität. Er bewegte sich rasch und reagierte sehr spontan. Er war hochgebildet, nicht nur ein hervorragender Zeitungsmann und Sammler zeitgenössischer Kunst, sondern er spielte auch ausgezeichnet Klavier.

Mit der Übersiedlung nach Frankfurt begann für mich ein neues Leben: das neue Zuhause, eine andere Stadt, die Bekanntschaft mit den alten Freunden meines Mannes, die nun auch meine Freunde wurden. Einige von ihnen sollten wir, geheimnisvoll, wie das Leben manchmal spielt, nach dem Zweiten Weltkrieg in anderen Ländern wiedersehen. Die ersten, die ich kennenlernte, waren der Maler Ugi Battenberg, der mit Max zusammen bei Frithjof Smith an der Weimarer Akademie studiert hatte, und seine Frau Fridel, eine Pianistin. Max hatte sie schon vor dem Ersten Weltkrieg in Berlin kennengelernt; sie war eine vorzügliche Musikerin, ungewöhnlich gebildet und liebenswert. Max hörte sie gerne spielen. Für mich war es eine Freude, mit ihr zu musizieren, was unsere beginnende Freundschaft immer enger werden ließ.

Mit den Battenbergs gehörten zu unserem engeren Freundeskreis Professor Georg Swarzenski, der Direktor des Städelschen Kunstinstituts in Frankfurt, seine Frau Marie und Hanns, sein Sohn aus erster Ehe, den wir später noch oft in Berlin und in den Vereinigten Staaten wiedersehen sollten. Viele schöne Abende haben wir in Frankfurt bei den Swarzenskis verlebt. Georg Swarzenski kaufte auch die ersten Gemälde von Max Beckmann für das Städel. Beide Swarzenskis, Georg und sein Sohn Hanns, waren Autoritäten für mittelalterliche Kunst; sie waren schon vor unserer Heirat mit Max befreundet, ebenso Lilly von Schnitzler. Schon in Beckmanns ersten Frankfurter Jahren hatte diese Sammlerin auf die Kunst Beckmanns gesetzt und einige Gemälde von ihm erworben. Selbst in den wechselvollen Jahren des Hitler-Regimes, als Beckmanns Kunst als »entartet« erklärt war, stand sie dazu. Gemälde von Beckmann hingen bei ihr zu Hause an der Wand, bis die Gefahr einer Zerstörung durch Bomben der Alliierten sie zwang, die Bilder an einen sicheren Ort zu bringen. Wenig später wurde ihr Haus tatsächlich von einer Bombe getroffen und dem Erdboden gleichgemacht. In ihrem Landhaus in Murnau wurde am 8. Februar 1953 die Max Beckmann Gesellschaft gegründet. Lilly von Schnitzler war deren erster Schatzmeister (ein Amt, das sie lange behielt) und eines der aktivsten Mitglieder. Ich lernte sie kurz nach unserer Hochzeit kennen, und die seitdem bestehende Freundschaft zwischen uns hat sich bis zu ihrem Tod (1980) bewährt.

Zu unserem Freundeskreis in Frankfurt gehörten auch Benno Reifenberg und seine Frau Maryla. Von den frühen zwanziger Jahren bis zu Hitlers Machtergreifung 1933 gehörte Reifenberg zur Redaktion der »Frankfurter Zeitung«. Nach dem Zweiten Weltkrieg gründete er mit Freunden die Zeitschrift »Die Gegenwart« und wurde Mitherausgeber der »Frankfurter Allgemeinen Zeitung«, der Nachfolgerin der alten »Frankfurter Zeitung«. Er hat viele Aufsätze über Beckmann geschrieben, Essays über Beckmanns Bilder zu verschiedenen Büchern beigesteuert und besaß von Anfang an echtes Verständnis und Liebe für Max Beckmann – für den Menschen wie für seine Kunst. Unser lieber Freund Benno Reifenberg war der erste Vorsitzende der Max Beckmann Gesellschaft. Er starb am 9. Februar 1970.

1925 war Beckmann als Lehrer an die damalige Städelschule berufen worden. Außer mit Marie Louise von Motesiczky, die ich schon von Wien her kannte, und außer mit Theo Garve, den ich erst in Amsterdam kennenlernte, hatte ich mit Beckmanns Frankfurter Schülern keine Verbindung. Motesiczky und Garve machten sich später einen Namen: Marie Louise als Malerin und Professor Theo Garve als Maler und Lehrer.

Vor unserer Heirat hatte Max in der Schweizer Straße 3, in der früheren Wohnung des Ehepaares Battenberg, gewohnt. Im obersten Stock war ein riesiges Atelier mit einem angrenzenden Zimmer, das Beckmann als Wohn- und Schlafzimmer gedient hatte. Das Atelier hatte Oberlicht und ein großes Fenster; eine Tür ging zu einem schmalen Balkon, von dem aus man über kleine Gärten und über die Stadt blickte. Für einen alleinlebenden Künstler waren die beiden Räume ausreichend. In jenen Jahren aß Beckmann bei den Battenbergs; deshalb hatte er keine Küche gebraucht, und so reichte die Atelierwohnung nicht für uns beide. Er beschloß darum, die Atelierwohnung nur zum Arbeiten zu behalten und für uns eine zweite Etagenwohnung zu mieten.

Als wir von unserer Hochzeitsreise in Italien nach Frankfurt zurückkehrten, lebten wir mehrere Monate in einem Hotel, weil unsere Neubauwohnung noch nicht fertig war. Wir freuten uns beide auf den Einzug in unsere damals am Stadtrand gelegene Wohnung, Steinhausenstraße 7, auf dem Sachsenhäuser Berg. Von dort war es eine halbe Stunde zu Fuß zum Atelier ; um mehr Zeit zum Arbeiten zu haben, fuhr Max mit der Straßenbahn oder mit dem Taxi. Ein Jahr später kauften wir ein Auto. Seitdem ging er einen Teil des Weges zu Fuß voraus bis zu einer verabredeten Stelle, von der aus ich ihn zum Atelier fuhr und auch abholte, um ihn nach Hause zu fahren. In Berlin, Amsterdam und New York, wo das Atelier zur Wohnung gehörte, arbeitete Max oft zwölf Stunden am Tag und sehr oft auch nachts. Ehe er ins Atelier ging, sagte er mir, wann ich ihn zum Mittagessen oder zum Abendessen rufen sollte. Oft meinte er dann, er müsse noch zehn Minuten oder eine halbe Stunde weiterarbeiten ; manchmal wurden daraus aber eine oder zwei Stunden, je nachdem, was er noch zu Ende bringen wollte.

In Frankfurt ging Max gern am späten Nachmittag in den »Frankfurter Hof« zum Kaffee oder auf einen Drink. Bei besonderen Anlässen, wenn er ein Bild beendet oder verkauft hatte, lud er mich zum Abendessen und zu Champagner in den Grillroom des Hotels ein. Nach dem Essen ging er wie immer nach Hause, um zu lesen. In den Frankfurter Jahren ging er manchmal spät abends noch zum Hauptbahnhof, nur um die Menschen kommen und gehen zu sehen ; auf diese Weise sah er viele »Typen«, die er später in seinen Bildern verwendete. Der Strom der Menschen, ihre Stimmungen und Launen, die Aufregungen der Reise, das ständige Auf und Ab des Lebens, die Freuden und Leiden faszinierten ihn und beflügelten seine Phantasie. Manchmal traf er sich mit einem Freund, dann gingen sie zusammen ins »Fürstenzimmer«, das beste Restaurant im Hauptbahnhof, um etwas zu trinken. Dann und wann gingen wir auch mit einem unserer Freunde essen. Beckmann hatte nämlich etwas gegen zu häufige Einladungen, weil das jedesmal einen verlorenen Tag für seine Arbeit bedeutete. Wenn er sehr intensiv an einem Gemälde arbeitete, war er für jede Art von abendlicher Geselligkeit zu müde.

Max ging gern in den Zirkus und ins Varieté; wir haben viele Vorstellungen besucht, in Frankfurt wie in den meisten anderen Städten, in denen wir gelebt haben. Er war besonders von den bunt kostümierten Zirkusleuten beeindruckt. Die Geschicklichkeit, mit der sie bei den schwierigsten Nummern Balance hielten, machte die Akrobaten für ihn zu einer Art von höheren sich im Raum bewegenden Wesen. Viele seiner Bilder wurden davon angeregt. Wir besuchten auch Konzerte; ins Theater gingen wir selten, nur wenn etwas Außerordentliches gespielt wurde. Einmal in der Woche ging Max gerne in ein Kino in unserer Nähe – ganz gleich, was für ein Film gerade lief, nur um sich zu entspannen und seine Augen vor allzu vielem Lesen zu schonen.

In unseren ersten Jahren spielten wir im Sommer Tennis und fuhren im Winter zum Skifahren nach Bayern oder in die Schweiz. Max konnte beides gut, ich leider nicht. Seit meiner Kinderzeit war ich viel geritten, aber ich gab es nach unserer Heirat auf, weil Max Angst hatte, ich könnte dabei verunglükken, und weil er wollte, daß ich heil, daß ich »eine ganze Person« bleiben sollte, wie er sich ausdrückte.

Wir schwammen beide gern im Meer und fuhren, wenn möglich, jedes Jahr in einen Badeort nach Italien oder nach Holland. Sein Leben lang hat es Max Beckmann ans Meer gezogen. Immer wieder hat er die See gemalt, die für ihn viel bedeutete, das Meer war für ihn ein Symbol der Ewigkeit. Er lief gerne, und einmal in der Woche wanderten wir durch den Frankfurter Stadtwald, der nicht weit von unserer Wohnung lag, oder wir fuhren mit dem Auto irgendwohin, um zu laufen. Max brauchte solche Wege, um sich von der Arbeit zu erholen und um neue Kräfte zu sammeln. Wo immer wir auch wohnten, suchte er nach einer Gelegenheit zum Laufen. Jeden Morgen, ohne Rücksicht auf das Wetter, bei Regen oder Sonnenschein oder brüllender Hitze, selbst im schlimmsten

Schneesturm und bei Frost, lief er mindestens eine halbe Stunde. Er fand, er müsse vor der Arbeit wenigstens eine kurze Zeit ins Freie und an die Luft.

1933 wurde Max seines Amtes an der Frankfurter Kunstschule enthoben, obgleich sein Vertrag noch acht Jahre hätte laufen sollen. Wir zogen nach Berlin, weil Max damals dort nicht so bekannt war wie in Frankfurt. Er hoffte deshalb auch, dort ohne politische Behinderung weiter malen zu können. Als Max Frankfurt verließ – von den deutschen Städten war es ihm die liebste –, fühlte er wohl, daß es ein Abschied für immer sei. Wenn er darüber auch kaum gesprochen hat – ich wußte, wie traurig es ihn machte.

Das Berlin, in das wir 1933 zogen – wir wohnten in der Graf-Spee-Straße, dicht am Tiergarten –, unterschied sich in vieler Hinsicht von dem Berlin, in dem Max Beckmann von 1904 bis 1914 gelebt hatte. Damals hatte die Stadt jene aufregende Lebendigkeit entwickelt, die sie in den zwanziger Jahren zum Zentrum der bildenden Künste machen sollte. Ein Teil dieser erregenden Lebendigkeit ging auf Paul Cassirer zurück, der vor dem Ersten Weltkrieg der erste Kunsthändler war, der Bilder von Beckmann ausstellte.

1917 begann I. B. Neumann graphische Blätter von Beckmann zu drucken und zu verlegen, er wurde in der Folge Beckmanns Händler und ein treuer Freund. Neumann war auch der erste Kunsthändler, der in den Vereinigten Staaten Werke von Beckmann zeigte. Nach dem Ersten Weltkrieg hatte Alfred Flechtheim, der die moderne Kunst zuerst in seiner Düsseldorfer Galerie vertrat, eine Galerie in Berlin eröffnet, wo er sich für zeitgenössische Malerei einsetzte.

Durch Alfred Flechtheim lernten wir Curt Valentin in den späten zwanziger Jahren kennen, als wir zu einem kurzen Galeriebesuch in Berlin waren. Valentin arbeitete damals für

Flechtheim, erschien für einen kurzen Augenblick und verschwand rasch wieder in seinem Büro. Ich erinnere mich, wie Flechtheim zu Max sagte, daß Curt die meisten Verkäufe zuwege brächte, weil er ein besonderes Verkaufstalent besäße – was Flechtheim von sich selber nicht behauptete –, und daß Curt für die Galerie Flechtheim unentbehrlich sei.

Mit Hitlers Machtübernahme 1933 ging dies alles zu Ende. Die zeitgenössische kulturelle Entwicklung in den Künsten und in der Wissenschaft wurde von Hitler erst in Deutschland und später auch in den besetzten Ländern erstickt. Auf diese Weise wurden Kunst und Wissenschaft vertrieben und schlugen in anderen, in zivilisierten Ländern der Welt neue Wurzeln.

Bald nachdem wir 1933 nach Berlin gezogen waren, hatte Flechtheim seine Galerie zugemacht und war nach London emigriert. Wir hörten durch Hanns Swarzenski, daß Curt Valentin jetzt im Hinterzimmer der Buchhandlung von Buchholz arbeite und daß er Gemälde verkaufe, darunter auch einige von Beckmann, die er von der Galerie Flechtheim übernommen hatte.

Gelegentlich traf sich Max mit Curt und mit Hanns Swarzenski im Stoeckler, einem bekannten Berliner Restaurant vor dem Zweiten Weltkrieg, zum Abendessen. Damals entstand die lebenslange Freundschaft zwischen Curt und Hanns. Einige Jahre später wurde Curt Valentin Beckmanns Kunsthändler und blieb es bis zu seinem Tod 1950.

Während der viereinhalb Jahre in Berlin hatten wir kaum gesellschaftlichen Umgang; einer der wenigen, mit denen wir oft zusammenkamen, war Baron Rudolf von Simolin, ein sehr gebildeter, kultivierter Mann, ein großer Kunstkenner, der eine hervorragende Sammlung von Gemälden der Impressionisten und auch Skulpturen besaß; in den späten zwanziger Jahren hat er ihr Werke von Beckmann eingefügt. Simolin war ein entfernter Vetter von mir, der gelegentlich meine Eltern besuchte und auch unser Trauzeuge gewesen war. Er kam oft zu uns, um die neuen Bilder von Max zu sehen. Häufig kaufte er dann eines, danach pflegte er uns zu sich oder auch in ein gutes Restaurant zum Abendessen einzuladen. Er unterhielt sich gern mit Max über Kunst und Literatur; ich erinnere mich, daß Flaubert und Baudelaire zu ihren Lieblingsschriftstellern gehörten. Trotz seiner zurückhaltenden Art – Simolin war nicht leicht zugänglich – entwickelte sich zwischen Max und ihm eine besondere Affinität, die zu einer engen Freundschaft wurde und bis zu Simolins tragischem Tod im Jahre 1945 gedauert hat.

Von Zeit zu Zeit wollte Beckmann der Großstadt mit ihren politischen Spannungen und ihrem Lärm entfliehen. Wir fuhren dann nach Holland und besuchten hin und wieder auch meine Mutter in Bayern. Max malte dort im Atelier meines Vaters, Friedrich August von Kaulbach. Max wanderte auch gern in den Bergen, aber abseits der üblichen Wege. Zweimal bestieg er den Heimgarten, einmal sogar über den Herzogstand und hinunter nach Walchensee, einem Dorf am See auf der anderen Seite der Ohlstädter Berge.

Am 18. Juli 1937 erklärte Hitler die moderne Kunst zur »entarteten Kunst« und hinderte von da an viele Künstler, weiter zu arbeiten. Wer sich widersetzte, den bedrohte er mit Verhaftung, Konzentrationslager oder Schlimmerem. Für uns blieb nur eines: Deutschland sofort zu verlassen.

Wir beschlossen, nach Holland zu gehen. Meine Schwester Hedda hatte viele Jahre in Amsterdam gelebt, und wir hatten sie dort schon mehrfach besucht. Im Juli 1937 war Hedda bei unserer Mutter in Ohlstadt zu Besuch, sie kürzte ihren Aufenthalt auf einen drängenden und verzweifelten Anruf von mir ab und kam sofort nach Berlin. Hedda besaß schon seit einigen Jahren die holländische Staatsbürgerschaft, und darum meinten wir, wenn wir mit ihr zusammen Deutschland verließen, würde eher der Eindruck einer Besuchsreise als einer endgültigen Abreise entstehen. Dennoch bestand immer noch die Gefahr, daß wir an der Grenze zurückgehalten würden, weil Max Beckmann offiziell zum »entarteten Künstler« erklärt worden war.

Nach diesem Entschluß wurde uns klar, daß wir alles, was wir besaßen, in Berlin zurücklassen mußten – selbst Beckmanns Werk. Wir regelten alles sorgfältig mit Frau Ruppelt, der Frau unseres Hausmeisters, die für unsere Wohnung sorgte. Sobald wir abgereist waren, sollte sie das Verpacken und den Versand des Inhalts von Wohnung und Atelier überwachen. Die Ruppelts waren von Anfang an gegen das Naziregime gewesen und versprachen, alles zu tun, um uns zu helfen, und auch für unsere beiden kleinen Hunde zu sorgen, die wir nicht mitnehmen konnten.

Herr Ruppelt hatte von Zeit zu Zeit verschiedene Stellen als Handwerker übernommen, sein gelernter Beruf war Gipsgießer. Das war ein besonders glücklicher Umstand, da Max in Berlin angefangen hatte, Plastiken zu machen. Es gab neben seinem Atelier einen besonderen Raum, in dem er mit Ton und Gips arbeiten konnte, ohne die Oberfläche seiner Gemälde durch den bei dieser Art Arbeit entstehenden Staub zu gefährden. Seine ersten fünf Skulpturen, *Mann im Dunkel* (1934), *Kriechende Frau* (1935), *Spagat* (um 1935), das *Selbstbildnis* (1936) und *Adam und Eva* (1936), wurden von Herrn Ruppelt in Gips gegossen.

Unten in der Straße, nicht weit von unserer Wohnung, lebte ein Rechtsanwalt, den wir konsultierten und der alles für uns regeln wollte, was nach unserer eiligen Abreise noch zu tun sein würde. Schließlich war es soweit – wieder Abschied von einer Wohnung, Abschied von lieben Menschen, die uns getreulich geholfen hatten, sogar Abschied von unseren kleinen Hunden, wenn auch einer von ihnen uns kurze Zeit später nach Amsterdam gebracht wurde.

Als wir in den Zug stiegen, trugen wir jeder nur einen Koffer mit dem Nötigsten, so daß es aussah, als ob wir für kurze Zeit in die Ferien fuhren. Den größten Teil der Reise war Max äußerst angespannt und schwieg – bis zu dem Augenblick, in dem der Zug schließlich langsam über die Grenze auf holländischen Boden rollte und wieder schneller zu fahren begann. In diesem Augenblick warf Hedda Max einen lächelnden Blick zu, den er mit einem tiefen Seufzer der Erleichterung zurückgab. Von da an war er entspannt, froh, in einem freien Land angekommen zu sein, wo damals noch alles friedlich war. Wir sind Hedda ewig dankbar, daß sie uns auf dieser gewagten Flucht aus Deutschland begleitete, die ohne sie womöglich in einer Katastrophe geendet hätte.

Nicht allzulange nach unserer Ankunft in Amsterdam bekamen wir einen Brief von Frau Ruppelt in die Pension Bach, in der wir eine Zeitlang wohnten, während wir uns nach einer dauernden Bleibe umsahen. Frau Ruppelt schrieb, daß am Tag, bevor die Möbelwagen von Berlin abfahren sollten, zwei Männer von der Gestapo ins Haus gekommen waren. Sie protestierten sehr energisch gegen das Verladen der Gemälde, weil es sich offensichtlich um »entartete Kunst« handelte. Frau Ruppelt, eine kurzgewachsene, grauhaarige, beherzte Frau, die begriff, was geschehen könnte, wenn sie nicht umgehend handelte, verlangte daraufhin gebieterisch, die offizielle, mit Siegel der Regierung versehene Order mit dem Ladeverbot der Gemälde zu sehen. Zum Glück hatten die Männer keine bei sich, kündigten aber beim Weggehen an, daß sie am folgenden Tag mit den nötigen Papieren wiederkommen würden. Sie waren kaum weg, da machten sich Frau Ruppelt und die Packer fieberhaft an die Arbeit, um alles zu verpacken. Früh am nächsten Morgen, bevor die Gestapo erschien, rollten die beiden Möbelwagen ab in Richtung Holland. Einer enthielt unsere persönliche Habe, der andere Beckmanns Werk. Frau Ruppelt schloß ihren Brief damit, daß sie hoffe, alles würde sicher ankommen.

Die Möbelwagen kamen ohne Zwischenfall voran, erreichten die Grenze und passierten sie ohne Schwierigkeit, fuhren weiter bis Amsterdam, wo wir sie mit großer Angst erwarteten. Eine Benachrichtigung der Firma teilte uns die Ankunftszeit der Wagen mit. Die Unsicherheit, ob die Gemälde angekommen seien oder nicht, machte Max so nervös, daß er es vorzog, nicht zu ihrem Empfang hinzugehen. Darum ging ich. Als ich auf der Straße stand und den Packern zusah, wie sie die schweren Ketten des ersten Möbelwagens aufschlossen, schlug mein Herz wie eine Trommel. Endlich wurden die Türen aufgemacht, und ich sah Beckmanns Bilder – nun in Sicherheit, durch den Mut und den Scharfsinn unserer guten Freundin Frau Ruppelt vor der Konfiszierung durch die Nazis gerettet.

Ich eilte zum Telephon, um Max zu sagen, daß die Bilder heil angekommen seien. Er war sprachlos, seufzte erleichtert und sagte, er werde sofort herüberkommen. Als er kam, wies er die Männer an, daß die meisten Bilder an Curt Valentin nach New York verschifft werden sollten, darunter das Triptychon *Departure* (*Abfahrt*, 1933/35). Wie wir erst nach dem Krieg erfuhren, hatte es Valentin inzwischen an das Museum of Modern Art verkauft. Auch damals erfuhren wir erst, daß Curt auf der Auktion der deutschen »entarteten« Kunst in Luzern am 30. Juni 1939 alle Beckmann-Bilder erworben hatte. Max war erleichtert, daß auch diese Bilder gerettet waren, darunter *Die Kreuzabnahme* (1917) und *Christus und die Sünderin* (*Christus und die Ehebrecherin*, 1917).

Als wir Deutschland endgültig verließen, konnten Max und ich jeder nur zehn Mark mitnehmen – mehr durfte man damals nicht ausführen. In unseren ersten Wochen in Amsterdam half uns meine Schwester Hedda, später gewährte uns ein junger Freund, Stephan Lackner, der von der Bedeutung der Kunst Beckmanns überzeugt war, monatlich ein Fixum, wofür er Gemälde erhielt. Wir hatten Lackner in Frankfurt kennengelernt; während unserer Anfangsjahre in Berlin hatte er seine ersten Bilder von Beckmann gekauft. Wenig später, nach seiner Emigration nach Paris, schrieb Lackner sein Stück »Der Mensch ist kein Haustier«, das 1937 in Paris bei den »Éditions cosmopolites« herauskam und für das Max sieben Lithographien gemacht hat. Lackner lebte mit seiner Familie bis 1939 in Paris und zog dann – sie leben heute noch dort – nach Kalifornien.

Der Arzt Dr. Jo Kijzer und seine Frau Mimi, Freunde von Hedda, die wir bei früheren Besuchen in Holland öfter getroffen hatten, brachten uns wiederum mit Hans Jaffé zusammen, der damals Assistent des Direktors am Stedelijk Museum war. Durch Jaffé, den wir schon von Berlin her kannten, bekamen wir die Wohnung Rokin 85, in der wir während unserer zehn holländischen Jahre lebten.

Dieses kleine Haus, zwei Stockwerke hoch, hatte ein Giebeldach, von dem ein riesiger Haken herabhing, mit dem man Möbel durch die Fenster herein- oder heraushieven konnte. Holländische Treppenhäuser sind in der Regel zu eng und zu steil, um größere Möbel darin zu transportieren. Im Erdgeschoß war ein Büro, darüber unsere Zweizimmerwohnung, die aus einem Wohnzimmer und einem kleinen Schlafzimmer in der ersten Etage und aus einem großen Atelier mit Oberlicht und einem kleinen Abstellraum in der zweiten Etage bestand. In früheren Zeiten hatten beide Etagen als Tabakspeicher gedient. Im Haus gab es keine Zentralheizung; in jedem

Zimmer stand ein kleiner Kohleofen. Küche und Dusche gab es nicht. Auf Vorschlag von Mimi Kijzer und mit der Hilfe von erfinderischen Handwerkern wurden für uns eine Dusche und eine winzige Kochnische installiert.

Die Kochnische war nicht größer als zwei mal ein Meter, sie war auf eine Plattform montiert und in der Diele eingebaut. Diese sehr ungewöhnliche Lösung war die einzige Möglichkeit, überhaupt so etwas wie eine Küche einzurichten, einen anderen Platz gab es nicht. Um in diese »Küche« zu gelangen, mußte man eine Leiter benutzen. So wurde ich eine Art Akrobat, trug schwere Eisentöpfe und Pfannen, Teller und Schüsseln zum Essen ins Wohnzimmer hinauf und hinunter. Zwar hatte ich zwei elektrische Kochplatten, aber keinen Ausguß mit fließendem Wasser. Der Haushalt war also nicht einfach, doch irgendwie schaffte ich es, und wir beide mochten unser Amsterdamer Zuhause recht gerne.

Als wir uns in Amsterdam eingerichtet hatten, fragte ich Max einmal, ob er Heimweh nach Berlin habe oder ob er traurig sei, wie damals, als er von Frankfurt fortgegangen war. Er antwortete »nein«, er sei entsetzt über das, was sich in Deutschland ereignete; er habe auch das Gefühl von Heimweh verloren und begraben: »Wo immer ich arbeiten kann und Freunde finde, bin ich zu Hause.«

Im Oktober 1938 gingen wir für den Winter nach Paris. Wir mieteten eine möblierte Wohnung in Passy, nahe beim Bois de Boulogne. Beckmann malte in einem der Wohnzimmer. Nach einem Arbeitstag ging er gerne in den Park und fütterte die Schwäne. Manchmal sahen wir die Lackners und ein paar andere Freunde – mehr Umgang hatten wir nicht. Den Frühling verbrachten wir an der französischen Riviera in Cap Martin bei Nizza, wo sich Max nach langer, anstrengender Arbeit erholte.

Ein Aufenthalt in Paris war für uns nichts Ungewöhnliches,

wir hatten von 1929 bis 1932 jedes Jahr einige Monate dort verbracht. Einige seiner großen Bilder hat Max dort gemalt und zuerst in der Galerie de la Renaissance (1931) und in der Galerie Bing (1932) ausgestellt.

Im Mai 1939 kehrten wir nach Amsterdam zurück. Damals erhielt Max eine Einladung von Daniel Catton Rich, dem Direktor des Art Institute in Chicago, um im Sommersemester an der Kunstschule des Museums zu unterrichten. Max war überglücklich und hätte die Einladung gerne angenommen – aber das Schicksal wollte es anders.

Der amerikanische Konsul verweigerte uns das Visum. Zur Begründung sagte er, es werde Krieg geben, und Beckmann würde nach Abschluß des Sommerkurses der öffentlichen Wohlfahrt seiner Regierung zur Last fallen. Max war sehr enttäuscht, gab aber die Hoffnung nicht auf. Ermutigt durch unseren Freund Rudolf Heilbrunn, einen großen Bewunderer von Beckmanns Kunst, der Max oft moralisch beistand und dadurch seinen Pessimismus minderte, beschloß Max, daß ich den Konsul aufsuchen und mit ihm sprechen sollte, weil ich Englisch könne. Da Max mich nicht allein fahren lassen wollte, bat er Heilbrunn, mich nach Den Haag zu begleiten. Unglücklicherweise, und obwohl wir dem Konsul die wichtigen Referenzen aus den Vereinigten Staaten vorgelegt hatten, war dieser Besuch vergebens. Der Konsul weigerte sich, mich noch länger anzuhören, nachdem er seine Entscheidung einmal nachdrücklich ausgesprochen hatte. Hinter seinem großen Schreibtisch erhob er sich vom Stuhl – deutliches Zeichen für Heilbrunn und mich, zu gehen. Als ich Max das erfolglose Ergebnis meiner Reise mitteilte, war er sehr deprimiert. Es war ein Schlag, den er nicht vorausgesehen hatte. Der Konsul hatte übrigens mit seiner Voraussage, was mit Beckmann in den Vereinigten Staaten geschehen würde, unrecht. Aber damit, daß es 1939 Krieg geben werde, hatte er recht, wenn auch die

Niederlande erst im Mai 1940 beim Einmarsch der Deutschen in den Krieg hineingezogen wurden und wir in der Falle saßen.

Trotz der häufigen Depressionen, die Max befielen, weil er sich das Elend des Krieges so zu Herzen nahm, liebte er Amsterdam immer mehr. Er wanderte oft die Kanäle entlang, ging auch oft ins Rembrandt-Haus, um über Rembrandt, den er über alles schätzte und verehrte, nachzudenken. Auch die Umgebung von Amsterdam hatte es ihm angetan; in den ersten Kriegsjahren fuhren wir oft an die See.

Von 1942 an waren Ausflüge an die Küste nicht mehr erlaubt. Wir fuhren dann mit der Bahn nach Hilversum, mieteten uns Fahrräder und radelten stundenlang durch den Wald oder durch die blühende Heide. »Wunderbare Radtour Hilversum, Eykenstein. Brachte Fingerhutbouquett mit heim«, schrieb Max am 7. Juli 1942 in sein Tagebuch. Als es noch erlaubt war, fuhren wir nach Haarlem und Overveen und radelten auf der Landstraße hinter dem Strand durch die Dünen. Aber diese Ausflüge ließen sich nicht lange fortsetzen, weil die Luftangriffe der Alliierten immer häufiger und heftiger wurden.

Als wir ein letztes Mal beschlossen, in die Dünen zu fahren, versäumten wir den Zug, der uns nach Haarlem hätte bringen sollen. Wir wollten den nächsten nehmen, der eine halbe Stunde später abfahren sollte, als über Lautsprecher mitgeteilt wurde, daß an diesem Tag kein weiterer Zug mehr nach Haarlem fahren würde. Der, den wir versäumt hatten, so erfuhren wir später, war von alliierten Flugzeugen aus mit Maschinengewehren beschossen worden, in der falschen Annahme, er transportiere deutsches Militär und Ausrüstung. Die meisten Reisenden wurden getötet und die wenigen, die den Angriff überlebten, schwer verwundet. Ein Wunder, daß wir noch lebten! In den folgenden Wochen vermied es jeder, der nicht unbedingt reisen mußte, mit der Bahn zu fahren, auch wir. »Fehler« dieser Art ereigneten sich in den folgenden Monaten immer wieder.

Zu Beginn des Krieges, als die ersten Fliegerangriffe einsetzten, suchten wir in einem öffentlichen Schutzraum Zuflucht, der im Keller eines fünfstöckigen Hauses in unserer Nähe eingerichtet war. Als wir später hörten, daß diese Schutzräume nicht wirklich sicher waren, beschloß Max, unsere Wohnung bei Alarm nicht mehr zu verlassen. In einer Nacht sah ich, wie eine Maschine der englischen Royal Airforce von der deutschen Flugabwehr getroffen wurde. Obwohl das Flugzeug in großer Höhe flog, wurde es von Scheinwerfern erfaßt; nachdem es einen Treffer erhalten hatte, versuchte der Pilot noch, die Maschine von der Stadt wegzusteuern, um den Absturz in einem dicht bevölkerten Viertel zu vermeiden. Zu meinem Entsetzen sah ich, daß die Maschine einen zweiten Treffer erhielt, sah, wie sie in Flammen auseinanderbrach und mit ungeheurer Schnelligkeit auf die Gegend zutrudelte, in der wir wohnten.

Ich rannte zu Max ins Schlafzimmer, weil ich lieber mit ihm sterben wollte als von ihm getrennt oder womöglich halb lebendig im Schutt begraben zu werden. In dem Moment hörten wir eine ohrenbetäubende Explosion – das Haus schwankte, war aber nicht getroffen. Das Flugzeug krachte in ein Hotel nicht weit von unserer Wohnung und setzte eine Anzahl der umgebenden Häuser in Brand. Es gab viele Verletzte; viele Menschen verloren ihre Wohnung.

Kurz nach diesem erschreckenden Ereignis fuhren wir nach Laaren, einem stillen und angenehmen Ort, wo Max sich von Zeit zu Zeit von seiner Arbeit erholte. An Stelle der erhofften erholsamen Ferien verfolgte uns unglücklicherweise das Bombardement; ein ähnlicher Zwischenfall wie der eben geschilderte ereignete sich schon in der ersten Nacht. Aber das war noch nicht alles. Wegen Sabotage gegen die Nazis befahlen die deutschen Besatzungstruppen, daß sich nicht mehr als fünf Leute auf der Straße versammeln dürften. Vom Hotel aus sahen wir eines Tages beim Mittagessen aus dem Fenster des Speisesaals fünf Personen in einer Gruppe zusammenstehen und sich unterhalten. Eine sechste – eine Frau – kam dazu. Plötzlich hörten wir Schüsse und sahen die Frau zu Boden stürzen, sie war sofort tot. Max wurde kreideweiß, seine Augen waren voller Wut, sein Gesichtsausdruck war der eines zum Sprung bereiten Tigers. Aber es gab nichts, was man hätte tun können.

Während des Krieges, der in Holland mit der deutschen Invasion 1940 begonnen hatte, wurde der Alltag immer schwieriger. Die Besetzung Hollands durch die Nazis und der Eintritt der Vereinigten Staaten in den Krieg machten den finanziellen Abmachungen zwischen Beckmann und Stephan Lackner ein Ende. Wir wären in große Schwierigkeiten geraten, wäre nicht unsere Freundin Ilse Leembruggen, die Schwester von Henriette von Motesiczky, gewesen, die damals Bilder von Max zu kaufen begann. Sie kaufte sogar noch, nachdem sie von den Nazis in ein Konzentrationslager in Holland gebracht worden war, doch wie durch ein Wunder innerhalb einer Woche wieder entlassen und heimgeschickt wurde. Die antisemitischen Erlasse der Nazi-Besatzungstruppen schränkten jedoch bald ihre Finanzen bis auf das unbedingt Lebensnotwendige ein.

Während der ersten Kriegsjahre besuchte uns der Kunsthistoriker Erhard Göpel, seitdem hielt er zu Beckmann und zu seinem Werk. Max mochte ihn immer mehr, und Göpel war uns immer ein willkommener Gast. Wenn Max nervös und bedrückt war, gelang es Göpel, ihn aufzumuntern. In vielen Fällen war Göpel uns sehr hilfreich, er war auch der Verbindungsmann zwischen Beckmann und Georg Hartmann bei dessen Aufträgen, die *Apokalypse* (1941/42) und Goethes

Faust II. Teil (1943/44) zu illustrieren. Als Kurier zwischen Max und Hartmann ging Göpel ein großes persönliches Risiko ein; er nahm die Zeichnungen und Lithographien mit nach Deutschland und überbrachte Beckmann das Honorar in bar.

1942 traf ich zum ersten Mal Dr. Peter Beckmann, den Sohn aus der ersten Ehe von Max. Als Arzt war er in jenen Jahren bei einer Ambulanzabteilung, die von Zeit zu Zeit durch Holland fuhr. Er war zwar größer als sein Vater, ich fand ihn Max aber sehr ähnlich. Peters linke Hand schien ein Duplikat von Max' linker Hand, er bewegte sie auch so. Für mich war Peter auch kein Fremder, Max hatte oft von ihm gesprochen.

Zwischen 1941 und 1944 freute Max sich nicht nur, Peter zu sehen, er war ihm auch äußerst dankbar für alle Art Hilfe, so wenn er zum Beispiel heimlich in seinem medizinischen Versorgungsfahrzeug Gemälde mitnahm, die später von Freunden in Deutschland erworben wurden. Es war jedesmal ein gefährliches Unternehmen, das anfangs auch gut funktionierte; einmal wurde Peter auch von deutschen Kontrollbeamten über die Gemälde in seinem Lastwagen befragt. Er antwortete, er habe sie selbst als Bühnenausstattung für Theateraufführungen der deutschen Wehrmacht gemalt. Es war jedoch unmöglich, diese Transaktionen weiter fortzusetzen, weil sie zu gefährlich für Peter wurden.

Je länger der Krieg dauerte, um so schlechter wurden die Bedingungen, unter denen wir lebten. Max hatte ein Herzleiden, das sich in Amsterdam entwickelt hatte, aber trotz dieses Leidens und trotz mancher anderer Widrigkeiten arbeitete er härter als je zuvor.

Als er eines Tages auf Anordnung seines Arztes im Bett geblieben war, hörte ich vom Nebenzimmer aus, wie eine fremde Stimme auf holländisch auf Max einredete. So alarmiert rannte ich ins Schlafzimmer und sah dort einen

Mann stehen, weiß wie ein Bettlaken und mit einem angespannten Gesichtsausdruck. Er erklärte, daß er von seiner
Wohnung aus über das Dach zu unserem Haus gekommen sei,
und verlangte, aus unserer Haustür, die auf den Rokin führte,
hinausgelassen zu werden. Er entschuldigte sich, daß er durchs
Fenster zu uns gestiegen war, er habe die Schlüssel für seine
Wohnung verlegt. Vor Schreck achtete ich gar nicht auf seine
unlogische Bemerkung. Er sah schrecklich verzweifelt aus.
Nichts deutete darauf hin, daß er einen Raub plante. So wie er
aussah und auftrat, schien er von der Gestapo gejagt, als wolle
er sein Leben durch Flucht retten. Als ich ihm die Wohnungstür aufmachte, stürzte er die Treppe hinunter und verschwand
auf der Straße. Keine fünf Minuten später kam Frau Post, die
Frau unseres Hausmeisters, um uns zu sagen, daß die Gestapo
den ganzen Block umstellt und Herrn Bieshaar, unseren
Milchmann, wegen Konspiration mit einer für ihre Gewalt-
taten bekannten Untergrundorganisation verhaftet hätte.
Der Mann, der soeben geflüchtet war, war ein Untermieter von
Bieshaars, nur wußte Bieshaar nicht, daß er Anführer einer
Untergrundgruppe war. Frau Post war erschrocken und zitterte
an allen Gliedern, als sie uns sagte, daß sie und ihr Mann schon
von der Gestapo vernommen worden waren. Wir würden die
nächsten sein, sagte sie. Max und ich waren sehr aufgeregt;
Max entschied, daß wir erst einmal einen Spaziergang machen
sollten, um zu überlegen, wie wir mit dieser erschreckenden
Situation fertig werden könnten. Er kleidete sich rasch an, und
wir verließen unbemerkt das Haus. Bei unserer Rückkehr nach
einer Stunde sagte uns Frau Post, daß die Gestapo dagewesen
sei. Die Gestapo-Leute seien aber wieder gegangen, ohne
unsere Wohnungsschlüssel verlangt zu haben. Hinter der
vorderen Haustür, die tagsüber weit offen gehalten wurde,
hatten sie eine Jacke gefunden, die offensichtlich dem Mann
gehörte, der durch unsere Wohnung geflüchtet war. Die

Gestapo-Männer hatten die Jacke mitgenommen. Das trug nicht dazu bei, unsere Nerven zu beruhigen, jedoch hat es vermutlich die unmittelbare Identifizierung und Verhaftung des jungen Mannes verzögert.

Natürlich waren wir entsetzt, daß der Milchmann verhaftet worden war; es verging nur kurze Zeit, bis seine Frau und seine weinenden Kinder mit Frau Post zu uns kamen, um meinen Mann zu bitten, zur Gestapo zu gehen und auszusagen, daß Bieshaar unschuldig sei. Die Familie hoffte auf Bieshaars Entlassung, weil Max deutscher Staatsangehöriger war und als solcher mit der Gestapo reden könne. Andernfalls werde Bieshaar ziemlich sicher in ein Konzentrationslager geschickt, wenn nicht gar hingerichtet. Max war sich im klaren darüber, was für ein Risiko er für sich selbst bei der Gestapo eingehen würde, nicht nur, weil er ein deutscher Immigrant und erklärter »Entarteter« war, sondern weil er selbst bei dem Versuch, Bieshaar zu helfen, in den Verdacht geraten könnte, ein Mitglied der Untergrundbewegung zu sein. Trotz der Gefahr, womöglich verhaftet zu werden, war Max bereit, das Risiko auf sich zu nehmen, und er willigte ein, zur Gestapo zu gehen.

Es war eine schweigsame Fahrt im Taxi zum Hauptquartier der Gestapo in der Euterpe-Straat – »in den Rachen des Tigers«, wie Max es nannte. Schon beim Betreten des Gebäudes fühlte man sich sofort von einer eiskalten, grausamen Atmosphäre verschlungen. Man spürte das Elend und das Leiden der armen Männer und Frauen, die irgendwo im Keller gefangengehalten wurden. Es dauerte nicht lange, bis wir zu dem diensthabenden Offizier geführt wurden, der die kürzlich Festgenommenen in Gewahrsam hatte. Nachdem Max seinen Namen und seine Adresse angegeben hatte, brachte er seinen Einspruch mit großer Autorität und mit kräftiger Stimme vor, erklärte Bieshaars Lage und sagte, er kenne ihn gut genug, um den

Offizier der Unschuld Bieshaars zu versichern. Er sei gekommen, um Bieshaars frühestmögliche Freilassung zu erbitten. Max machte seine Sache so gut, daß in seinem Auftreten keine Spur von Furcht oder Nervosität wahrzunehmen war. Der Gestapo-Offizier schien überzeugt und sagte, er würde gewiß Bieshaars Entlassung beschleunigen.

Als wir wieder zu Hause waren, sagte ich zu Max: »Du warst großartig. Wie hast du das nur fertiggebracht? Hattest du keine Angst?« »Natürlich hatte ich Angst«, antwortete Max, »wer hätte da wohl keine gehabt? Ich hatte nur die eine Hoffnung, daß ich es fertigbringen würde, aufzutreten wie ein General ... ob es wirklich was nützt, bleibt abzuwarten ... aber vielleicht hilft es unserem armen Milchmann doch ...« Und so war's! Zwei Tage später kam Bieshaar frei und wurde heim zu seiner Familie gelassen.

Viel Schlimmeres lag jedoch vor uns. Eine der schlimmsten Erfahrungen jener elenden Jahre war der Gestellungsbefehl, den Max von der deutschen Besatzungsarmee erhielt. Dreimal sollte er eingezogen werden – das letzte Mal war er schon über sechzig. Max und ich waren durch diese Vorladungen jedesmal der Verzweiflung nahe. Wir wußten, daß dies für ihn schier unerträglich sein würde, nicht nur physisch, sondern auch seelisch, weil Max den Krieg haßte und weil dieser Krieg ein Verbrechen des Hitler-Regimes war. Die Wochen, in denen wir auf den Tag warteten, an dem er zur militärärztlichen Untersuchung erscheinen mußte, waren kaum zu ertragen. Aber er wurde jedesmal wegen seines Herzleidens, das sich zu Beginn des Jahres 1942 entwickelt hatte, wieder nach Hause geschickt.

Die Lebensbedingungen in Holland verschlechterten sich. Die Gestapo arbeitete verbissener denn je. Menschen, die in der Untergrundbewegung mitarbeiteten, schwebten in der ständi-

gen Gefahr, gefangengenommen und in ein Konzentrationslager verschleppt oder auf der Stelle getötet zu werden. Das kam
immer häufiger vor – aus Unvorsichtigkeit oder weil eine
Anzahl von Holländern als »N. S. Beer's« ausersehen waren,
um ihre eigenen Landsleute zu verraten. Unsere gute Freundin
Mimi Kijzer wurde eines ihrer Opfer. Sie wurde zweimal
verhaftet und beim zweiten Mal in Konzentrationslager nach
Deutschland und Polen deportiert. Wie durch ein Wunder hat
sie überlebt. Kaum erholt von einer schweren Krankheit, die sie
im Konzentrationslager bekommen hatte, kehrte sie bei
Kriegsende nach Amsterdam zurück. Einige unserer Freunde
wurden gefangengenommen, unter ihnen Johan Limpers, ein
sehr begabter junger Bildhauer, den Max dazu hatte bewegen
können, seines großen Talentes wegen sich nicht mehr politisch
zu betätigen; er wurde mit vier anderen Männern ohne Verhör
in einem öffentlichen Park in Amsterdam hingerichtet.

Auch meine Schwester Hedda war häufig in Gefahr, weil sei
jüdischen Emigranten Obdach gewährte, bis ihnen Mitglieder
der Untergrundbewegung zur Flucht verhalfen. Es gab auch
eine Zeit, wo nicht nur Juden, sondern ungezählte junge
Holländer von den Nazis geschaßt und zur Zwangsarbeit nach
Deutschland verfrachtet wurden. Ich war mehrere Male Zeuge,
als holländische Jugendliche von der Straße weg aufgegriffen,
in Nazi-Lastwagen verladen und wie Kriminelle abtransportiert wurden, ohne daß sie ihren Familien eine Nachricht geben
oder ein paar Habseligkeiten mitnehmen konnten.

Valentijn Schoonderbeek, ein sehr bekannter holländischer
Organist, der später meine Schwester Hedda heiratete, hatte
im September 1944 mit einigen anderen in der großen Kirche
in Naarden Zuflucht gesucht, um einer der Razzien der
Gestapo auf alle Männer unter vierzig Jahren zu entgehen.
Über eine enge Wendeltreppe, die zu einem brüchigen Steg
über den Gewölben führte, hatte er sich auf diesem »Dachbo-

den« verborgen und wurde glücklicherweise nicht entdeckt. Für Valentijn, der gelegentlich nach Amsterdam kam, hatte Hedda ein Versteck in ihrer Wohnung eingerichtet. Auch sie wurde von der Gestapo heimgesucht, die aber nichts Verdächtiges fand.

Im Winter 1944/45 wurden die Lebensbedingungen in Holland sehr schwierig. Keine Straßenbahn fuhr mehr, man sah kaum noch Fahrräder, weil die meisten von den deutschen Streitkräften konfisziert worden waren. Außer den Wagen der deutschen Besatzungsmacht gab es keine Autos. Die Straßen waren leer und still. Es gab so gut wie keine Nahrungsmittel, kaum Heizmaterial, keinen Strom und auch keine Kerzen. Unter diesen Umständen konnten wir das große Atelier nicht mehr heizen. Wir räumten deshalb einige Wohnzimmermöbel ins Atelier und schafften dafür die Staffeleien, Leinwände und alles, was Max zu seiner Arbeit brauchte, hinunter ins Wohnzimmer. Wir kauften uns einen kleinen eisernen Ofen, der nur wenig Kohle brauchte, und konnten so jeden Tag für einige Stunden heizen, damit Max wenigstens arbeiten konnte. Die Temperatur in diesem Raum stieg nie höher als fünf Grad Celsius. Max mußte seine Arbeit immer wieder unterbrechen, um in unser kleines Schlafzimmer zu gehen, das wir nur zwischen elf Uhr morgens und acht Uhr abends mit einem größeren Ofen heizten. Da wärmte er dann seine von der Arbeit im kalten »Atelier« steif gewordenen Hände, weil er sonst den Pinsel nicht mehr so handhaben konnte, wie er wollte.

Als wir schließlich in das kleine Schlafzimmer umziehen mußten, kochte ich nicht nur dort, sondern wusch auch alle Wäsche in einer kleinen Waschschüssel mit einem Stück »Seife«, das eher ein Stein als Seife war. Ich bügelte mit einem altmodischen Bügeleisen, das man auf der Ofenplatte heiß werden ließ. Unser Frühstück bestand damals aus einem Stück

35

trocken Brot – wenn es welches gab; dazu tranken wir »Ersatz«-Kaffee. Mittags aßen wir monatelang die gleiche Suppe; es war eine braune, wäßrige Flüssigkeit aus Ersatz-Bouillonwürfeln und trockenen braunen Bohnen, die wir uns gespart hatten. Abends gab es fast immer Kohl und kleine Stückchen Kartoffeln, manchmal ein paar Mohrrüben, Endivien oder Blumenkohl und eine Scheibe gummiartigen Brotes, das wir auf dem Ofen rösteten, damit es nach etwas schmeckte.

Im Winter war es nach vier Uhr unmöglich, irgend etwas zu tun. Alles mußte bei Tageslicht erledigt werden, um das nur auf dem Schwarzen Markt erhältliche kostbare Karbid zu sparen. Monatelang war um sieben Uhr Sperrstunde; wer sich nicht danach richtete, riskierte, erschossen zu werden. Die Fenster zur Straße mußten geschlossen bleiben. Von Zeit zu Zeit patrouillierten Lastwagen der Armee durch die Straßen. Ihre Scheinwerfer tasteten die Häuser von oben und unten ab, ihre Maschinengewehre waren auf Fenster und Haustüren gerichtet. Trotz all dieser Schwierigkeiten malte Max weiter an seinen Bildern, einige von den damals entstandenen gehören zu seinen bedeutendsten.

Es war Erhard Göpel, der uns mit Helmuth Lütjens bekannt machte. Lütjens vertrat Cassirer in Amsterdam. Im Winter 1944/45 zog Max jeden Freitagmorgen zu den Lütjens, wo er ihn, seine Frau Nelly und die kleine Tochter Rietje – Max nannte sie Rikje – zeichnete. Die Zeichnungen benutzte er später für das große *Familienbild Lütjens* (1944) und auch für das weniger bekannte *Bildnis Nelly und Rietje Lütjens* (1945). Max hatte große Freude an diesen Besuchen; zwischen ihm und Lütjens entwickelte sich eine enge Freundschaft. In Lütjens fand Max einen Freund, mit dem er über Kunst und Künstler reden konnte. Da war jemand, der ihn bewunderte, der seine Bilder verstand und der die Fähigkeit besaß, seine Gefühle und Gedanken über die Bilder in sachliche Worte zu fassen. Das ermutigte Max und ließ ihn sicherer in die Zukunft schauen. Lütjens stärkte Max' Selbstvertrauen, wenn er deprimiert war, und er erwies sich auch als wahrer Freund, wenn wir Hilfe brauchten.

Kurz vor Kriegsende, als Holland durch die Alliierten befreit wurde, ging ein Gerücht um, daß alle deutschen Staatsangehörigen nach Deutschland deportiert werden sollten. Lütjens, der wußte, wie sehr Max das fürchtete, bot uns, falls nötig, in seinem Haus Asyl an. Die holländischen Behörden würden kaum argwöhnen, daß dort deutsche Staatsangehörige versteckt wären. Für den Fall, daß es nötig sein würde, hatte er versprochen, für uns auszusagen. Max und ich waren ihm von Herzen dankbar und nahmen sein großzügiges Angebot, uns zu beherbergen, gerne an. Lütjens hatte uns auch versichert, daß Jonkheer D. C. Roëll, der Direktor des Stedelijk Museum in Amsterdam, alles in seiner Macht Stehende tun würde, um unsere Deportation aus Holland zu verhindern. Roëll hatte dem Künstler Beckmann seinen Respekt schon durch den Ankauf des *Doppelbildnis Max und Quappi Beckmann* (1941) erwiesen, das er 1945, während die deutschen Streitkräfte noch im Lande waren, für sein Museum erworben hatte.

Einige Tage vor Ankunft der kanadischen Truppen in Amsterdam suchten wir im Haus von Lütjens Zuflucht. In der Stadt gab es einige Straßenkämpfe, aber die zurückgebliebene deutsche Militärbesatzung leistete nur geringen Widerstand. Wir blieben mehrere Tage bei unseren Freunden und kehrten, als sich die Verhältnisse beruhigt hatten und die Straßenkämpfe vorüber waren, wieder in unsere Wohnung zurück.

Einige Zeit nach der Befreiung wertete die holländische Regierung den Gulden wieder auf und erließ eine zeitweilige Verfügung, daß niemand mehr als zehn Gulden pro Person und

Woche abheben konnte. Für größere Familien war es nicht so schwer, zurechtzukommen, aber für Alleinstehende oder auch für Paare wie Max und mich war es fast unmöglich, den täglichen Lebensunterhalt damit zu bestreiten. Wieder half unser Freund Lütjens. Ihm standen mit drei Kindern fünfzig Gulden pro Woche zu, und seine Frau sagte uns, daß die Lebensmittel für die beiden jüngsten Kinder fast nichts kosteten, so daß sie glücklich wären, uns in dieser schwierigen Zeit mit Geld auszuhelfen. Das war uns eine große Hilfe, und wir waren den Lütjens, die wir öfter sahen – bald bei uns, bald bei ihnen –, äußerst dankbar. Sie luden uns oft zu köstlichen, von Nelly Lütjens zubereiteten Mahlzeiten ein. Ich weiß nicht, was ohne die Hilfe und Zuneigung dieser beiden treuen Freunde aus uns geworden wäre.

1945, sechs Wochen nach Kriegsende, erhielten wir am 22. und am 25. Juni Telegramme aus New York: eines von meiner Schwester Doris MacFerguson-Cooper, die seit 1925 in den Vereinigten Staaten lebte, und eines von Curt Valentin. Beide wollten wissen, ob wir überlebt hätten und wie wir zurecht kämen. Das war unser erster Kontakt mit der Welt und mit dem Land, das uns half, aus unserer miserablen Lage herauszukommen. Bald erhielten wir von Curt und Doris Pakete mit Nahrungsmitteln und Kleidung, die in dem von Hungersnot geplagten armen Holland höchst willkommen waren.

Der Frühsommer dieses Jahres brachte einige erfreuliche und interessante Ereignisse. Meine Schwester Hedda heiratete Valentijn Schoonderbeek. Die beiden zogen bald in ihr hübsches Haus nach Naarden, wo wir sie von Zeit zu Zeit besuchten. Die drei Gemälde von Max, die Hedda schon früher erworben hatte, sahen in ihrem neuen Heim noch schöner aus als in ihrer Amsterdamer Wohnung.

Im Juni begegneten wir zum ersten Mal Ludwig Berger, der eines schönen Nachmittags Max besuchen kam. Berger,

zwischen den beiden Kriegen in Berlin ein berühmter Theater-
und Filmregisseur, war im Jahr nach der Machtergreifung
durch die Nazis nach Amsterdam ausgewandert. Neben seiner
Theatertätigkeit war er auch Schriftsteller, Musik- und Kunst-
liebhaber und interessierte sich mehr und mehr für Beckmanns
Bilder. Von Berger erfuhr Max im September, daß im Stedelijk
Museum eine Ausstellung sei, die einige seiner Bilder enthielt.
Als Max das hörte, schrieb er in sein Tagebuch: »Per Fiets zum
St. Museum – ›Zigeunerin‹, ›Sekt-Stilleben‹, und Van Gogh
angesehen. Besah meinen etwas in die Ecke gedrückten
Nachruhm wie ein unsichtbarer Revenant.« (20. September
1945)
Im Sommer und Herbst 1945 lud uns Berger zu verschiedenen
Vorführungen in sein Haus: zu Musikabenden mit Kammermusik, an einigen wirkte ich mit, und Berger spielte Cello; zu
literarischen Abenden, an denen er vorlas – einmal auch ein
von ihm verfaßtes Stück. Im großen Wohnzimmer seines
Hauses ließ er den »Sommernachtstraum« spielen und führte
selbst Regie. Alle Rollen waren mit seinen Freunden besetzt,
die bis dahin niemals Theater gespielt hatten – bis auf den Puck,
den eine holländische Schauspielerin verkörperte. Es war eine
ungewöhnliche, phantasievolle Aufführung, die auf Max und
die geladenen Zuschauer tiefen Eindruck machte. Berger
besuchte uns öfter, wir wurden gute Freunde, und Max hat ihn
mehrmals gezeichnet; die Skizzen verwendete er später für das
große *Bildnis Ludwig Berger* (1945). Später trafen wir Berger
noch ein paarmal in New York.
Schließlich wurde im September 1945 auch die elektrische
Straßenbeleuchtung wieder eingeschaltet: »[...] und des
Nachts ist der Rokin wieder hell und ich dachte an mich als
Kind in Leipzig, wenn ich mit Lixer auf die nächtlich
erleuchteten Straßen sah...« (Tagebuch, 14. September 1945).
Später im September konnten wir auch ein paarmal wieder ans

39

Meer nach Zandvoort: »Mit Q. am Meer sehr herrlich grau, wild und ziemlich allein – wieder das Alte ohne Ferienmenschen – und düstere Löcher in den Dünen mit alten Forts, winkte der Oorlog [Krieg] mir zu, nur noch aus weiter Ferne und zur rechten Seite das grau und weiße, fast raumlose Unendliche.« (Tagebuch, 27. September 1945)

Im Frühherbst kam ein Brief von Curt Valentin mit der Anfrage, ob Max Arbeiten nach New York schicken könne. Am 12. Oktober brachte Max eine Rolle mit siebenunddreißig Zeichnungen auf den Weg, die nur in einen Bogen braunen Packpapiers eingewickelt waren. Das Paket wurde als Einschreiben, aber unversichert, abgeschickt. Wir waren sehr erleichtert, als wir hörten, es sei heil angekommen! Am 6. Dezember notiert Max Curts Telegramm in seinem Tagebuch:

»Nun ist Kabel von Valentin:

FIND DRAWING EXTRAORDINARY AND BEAUTIFUL

endlich eingetroffen – und ich habe wieder trotz aller Widerstände und absoluter Unmöglichkeit festen Fuß in Amerika... Noch schlechtes Herz, aber –!!«

Anfang Januar 1946 konnte Max genug Bilder für eine Ausstellung in Curts Galerie nach New York verschiffen. Dazu mußte man von der holländischen Regierung eine Ausfuhrerlaubnis haben, die wir, trotz vieler Schwierigkeiten, mit Hilfe unseres holländischen Rechtsanwalts Herrn Peters erhielten. Der Beginn dieses »neuen Lebens«, nach fast fünfzehn Jahren des ins Schweigen Eingeschlossenseins, ging Max sehr nahe, wie auch seine Bemerkung vom 10. Januar in einem der drei schwarzen Notizbücher zeigt, in die er seine Bilder eingetragen hat:

»Novo Centissimo – 10 Januar 1946
erhielt Ausfuhrvergunning für
Exposition in New York.

Damit fängt die Welt wieder für mich
an, so sie im Spätherbst 1932 in
Frankfurt a/m aufhörte.
      14 Jahr exilé
      et condammné
      nun wieder frei – sehen wir was
      weiter kommt
Novo Centissimo 1946
in Amsterdam«
Die folgenden Eintragungen stehen im Tagebuch des Jahres
1946:
»Endgültige ›Vergunning‹ für Bildertransport nach New York.
Na – Dieu soit bénit – für mich fängt jetzt vielleicht der Friede
an.« (9. Januar)
»Telegramm von Valentin ›Paintings arrived – happy‹ etc.«
(11. Februar)
»Valentin bietet per Kabel für 8 Bilder!
      Tryptic Akrobaten
      Selbstportrait
      Dutch girl's
      4 men arround the table
      young men on the beach
      Café und
      two stillifes
Was sagst Du? Agree per Cable heute morgen.« (28. Februar)
»Na ja, die Eröffnung in New York. Klassisch wie immer. Nicht
mal eine Einladung. Vielleicht hört man später mal was . . . Traf
mich mit Quappi im Pays Bas zu einer Flasche Lançon.«
(23. April)
Zehn Tage später, am 4. Mai, schrieb Max: »Absende
Beschwerdetelegramm an Valentin, erhielt eine halbe Stunde
später Telegramm von ihm mit allen Tönen der Freude über
Erfolg der Exposition und wieder 2 Bilder verkauft. ›Akade-

mie 1‹ und ›Swimming Pool‹ in Cap Martin. So sind bis auf die 2 Portraits und eine holländische Landschaft die *gesamte Ausstellung ausverkauft* – bis jetzt nicht erlebt!«

Zwei Monate später hörte Max von der ersten großen Beckmann-Ausstellung in München bei Günther Franke, die damals in der Stuck-Villa untergebracht war, dem ehemaligen Wohnhaus von Franz von Stuck: »Dolle Sache da in München, 81 Bilder im Stuckpalais mit 400 Personen, darunter Pierre und Minna und eine Eröffnungsrede von Hausenstein. Verrückt traumhaft. Man will mich nach München berufen, und American Bergrün schreibt großen Artikel in seiner Zeitschrift (350000 Auflage). – Ausstellung dauert den ganzen Sommer. – Nun, invisible man, Du wirst unangenehm sichtbar und es ist höchste Zeit, ein neues Pulver des Verschwindens zu erfinden.« (Tagebuch, 9. Juli 1946)

Am 11. Juli rief Curt Valentin aus London an, um sich für einige Tage später in Amsterdam anzumelden. Max war darüber ganz aufgeregt, sagte aber, er glaube nicht daran, bis es wirklich so sei. Dennoch – am 15. Juli, es war ein Montag, traf Curt am Spätnachmittag pünktlich mit dem Flugzeug ein und kam sofort zu uns. Dieses erste Wiedersehen nach fast zehn Jahren werde ich nie vergessen. Er stand unten an der Treppe, die zu unserer Wohnung führte, und strahlte uns an. Seit wir uns zuletzt gesehen hatten, war er etwas voller geworden, er hatte ein rundes Gesicht und vor Freude blitzende Augen. Mit ausgebreiteten Armen rannte er die Treppe hinauf, begrüßte uns liebevoll, und für einen Augenblick hatte man das Gefühl, daß ein ganzes Leben vergangen sei seit unserem letzten Zusammentreffen in Berlin. Später am Abend saßen wir mit ihm im Hotel »Pays Bas«, tranken Champagner und waren sehr vergnügt miteinander.

Zwei Tage später reiste Curt wieder ab, aber er kam noch zweimal im August wieder, das zweite Mal am 22. August, einen Tag nachdem wir von der holländischen Regierung unser Non-Enemy-Dokument erhalten hatten. Zu diesem wichtigen Dokument bemerkte Max: »Wiedermal ein ›historischer Tag‹ – die ›Non Enemy‹ Erklärung ist *endlich nach fünf viertel Jahren gekommen!* [...] nun ist endlich für mich der ›Friede‹ da, 5 viertel Jahr länger hat für mich der Krieg gedauert wie für die anderen. Jetzt wird sich noch mancherlei ereignen und vielleicht werde ich noch einiges von der Welt zu sehen bekommen.« (Tagebuch, 21. August 1946)

Während des zweiten Besuches von Curt zeichnete Max ihn für das *Doppelbildnis Curt Valentin und Hanns Swarzenski* (1946), das später entstand. Einen Monat nach Curts Abreise kam Swarzenski aus den Vereinigten Staaten auf einen kurzen Besuch. Es war wundervoll, diesen lieben Freund nach so vielen Jahren wiederzusehen, viele schöne Erinnerungen an unsere gemeinsamen Abende in Berlin tauchten auf. Im Oktober kam er ein zweites Mal. Am ersten Morgen nach seiner Ankunft machte Max die Zeichnung von Hanns, die er für das Doppelporträt benutzte. Hanns war, wie seine Eltern, zur gleichen Zeit in die Vereinigten Staaten ausgewandert, wie wir nach Holland gingen.

Herbst und Winter 1946/47 arbeitete Max wie stets in dieser Jahreszeit sehr viel, im Frühjahr hatte er eine Ruhepause nötig. Zum ersten Mal seit 1938 konnten wir Holland verlassen. Wir beschlossen, nach Nizza zu fahren und auch andere Orte in Südfrankreich aufzusuchen, wo wir vor dem Krieg gewesen waren. Als wir nach drei Wochen wieder in Amsterdam waren, erhielt Max eine Einladung, in der Art School der Indiana University in Bloomington zu unterrichten. Das hatten unsere Freunde Bernhard und Cola Heiden zuwege gebracht, die wir von Frankfurt und Berlin her kannten. Sie gehörten zum Music Department der Universität und waren mit Henry Hope, dem damaligen Direktor der Art School, befreundet. Max freute sich über die Aufforderung und sagte zu. Er schrieb an Curt. Curt antwortete, daß er und sein Freund Perry Rathbone, damals Direktor des City Art Museum in St. Louis, meinten, Max solle lieber nach St. Louis kommen und an der Art School der Washington University unterrichten. Wir hatten Rathbone noch nie gesehen, wußten aber, wie stark er an Max' Kunst glaubte – nicht nur durch seine freundlichen Briefe, sondern auch durch seinen Ankauf der *Jungen Männer am Meer* (1943) für das City Art Museum und des *Stillebens mit zwei Blumenvasen* (1944) für seine eigene Sammlung. Ein weiteres Gemälde, *Les Artistes mit Gemüse* (*Vier Männer um einen Tisch*, 1943), war zur gleichen Zeit von der Washington University erworben worden. Max stimmte den veränderten Plänen von Curt und Perry zu, und die beiden regelten die Angelegenheit mit Hope, damit Max im Herbst 1947 nach St. Louis gehen konnte.

Die Einladung an die Washington University galt für ein akademisches Jahr. Max sollte Philip Guston ersetzen, der Studienurlaub hatte, und er freute sich über diese Aufforderung, wenn er sich auch wegen der Sprache etwas unsicher fühlte. Max meinte, er könne deshalb womöglich seinen Lehrverpflichtungen nicht gerecht werden. Trotzdem freute er sich auf diese neue Erfahrung und notierte am 31. Mai im Tagebuch: »Wieder mal eine *Sensationsnachricht: Washington University St. Louis* wünscht Herrn Beckmann als Teacher. Na, – Hoppla – da kann man stolpern. Habe daher telegraphisch zugesagt, walte ›Gott‹ was daraus wird.«

Zu den Einladungen, in den Vereinigten Staaten zu unterrichten, kam eine Einladung aus Frankfurt an die Städelschule und auch ein Angebot, Lehrer an der Berliner Hochschule für bildende Künste zu werden.

Etwa zwei Monate vor unserer Abreise in die Vereinigten Staaten kam ein Luftpostbrief an Mr. Max Beckmann, Ro-

kin 85, Amsterdam Holland adressiert, mit Poststempel vom
20. Juni 1947, St. Louis. Er enthielt ein Gedicht über die *Jungen
Männer am Meer* – der Absender war anonym. Max war sehr
gerührt und erstaunt, auch verblüfft, weil der Verfasser in
seinem Gedicht genau das in Worte gefaßt hatte, was Max in
diesem Bild ausgedrückt hat. Max sagte zu mir: »Das ist doch
nicht möglich, daß jemand meine Gedanken so genau zu lesen
versteht. Es ist ganz unglaublich, um so mehr bei einem
Ausländer, den ich nie gesehen habe!« Max bedauerte sehr,
daß er dem Absender nicht antworten konnte, und hoffte, ihn
vielleicht in St. Louis zu finden. Aber trotz aller unserer
Bemühungen haben wir den Namen des Verfassers dieses
Gedichtes nicht ausfindig machen können.

Four Men By the Sea

Young man partaking of leisure:

I called three young men and they came
    From the earth and they stood by the sea,
And I laughed and I named them my name;
    I was nakedly free.
The moon and the sky were halved
    and all things goodly to see;
But only for the rest I craved
    When I called them to me.

Young man with a flute:

I have borrowed some wood from a tree,
    From a river severed a reed;
For this was the will in me,
    And this was my need.

Young man of experience:

Men rest but to be strong
    And sing but to be merry;
And be life sorrow or song,
    Man has not long to tarry.
Too many roads are to take,
    Bridges and ships to shape in the sun,
Houses to hue and maps to make,
    Wars to win, to be long undone.

We must go our ways,
    We must meet no more
To shout at the sea
    And part at the shore.
The sea must remain
    And the tides draw in,
And day and labor
    And life begin.

Here three male voices rising strong
Give to the sky and earth their song:

There is too much beauty,
    Too much young grass growing,
For the young men in their passion
    And the old men in their knowing,
For the poet and the ploughboy,
    For the matron and the maid,
To stand idle, to sit weeping,
    To lie sleeping in the shade.

Only the mystic does not join in;
This silent man seems little kin.

The young mystic:

The sea and the shore
And the sky and we
Shall never be bound,
Nor ever set free.

Everything is a part of me
As I am a part of infinity.

Im Sommer 1947 begegneten wir Perry Rathbone und seiner Frau Rettles zum ersten Mal. Curt brachte sie mit nach Amsterdam. Während ihres einwöchigen Besuchs verstanden wir uns auf Anhieb, und zwischen Max und Perry entwickelte sich eine enge Freundschaft. Nachdem Perry im Atelier viele Bilder angesehen hatte, war er so beeindruckt, daß er sagte, er wolle im folgenden Jahr im City Art Museum in St. Louis eine große Beckmann-Retrospektive machen.
»Ganzen Tag mit Rathbone und Frau, morgens Bilder, auch Neue (auch ›Pariser Gesellschaft‹) von Rathbone für St. Louis ausgesucht [...] Abends wieder mit Rathbone's, Europe dann Dinner im Amstel [...] lernte Schniewind aus Chikago kennen und Frau Palmer, übrigens eine reizende alte Frau. Im Auto zurück zum Europe [...]« (Tagebuch, 4. Juli 1947) Natürlich war Max glücklich; es machte ihm Mut, zu wissen, daß wir in St. Louis schon zwei liebe Freunde hatten.
Unsere letzten Monate in Amsterdam waren voller Glück und Angst, Hoffnung und Depression, dazu kam eine Krankheit durch die Impfungen. Wir fuhren zu meiner Schwester Hedda und ihrem Mann, besuchten Freunde. Max arbeitete bis zur letzten Minute wie wahnsinnig. Es gab Spannungen und Befürchtungen, weil wir Schwierigkeiten mit der Beschaffung der Pässe, der Visa und der Kabinenreservierung auf dem Schiff hatten. Max war nervös, daß er wieder lehren sollte

– nicht nur wegen der sprachlichen Schwierigkeiten, sondern auch, weil sein letzter Lehrauftrag in Frankfurt fast fünfzehn Jahre zurück lag und er seitdem nicht unterrichtet hatte. Dazu kam, daß er eine ihm unbekannte Lebensweise in einer für ihn neuen Umgebung vor sich hatte. Wegen all dieser Ungewißheiten entschied Max, daß wir unsere Wohnung in Amsterdam halten sollten, damit wir, falls etwa die Zukunft uns nicht befriedigen würde, einen Ort hatten, wohin wir zurückkehren könnten.

Bevor wir aufs Schiff gingen, hatten wir meine Mutter in Ohlstadt besuchen wollen – ich hatte sie nicht mehr gesehen, seit sie im Frühjahr vor Kriegsausbruch bei uns in Amsterdam gewesen war. Der Besuch war aber nicht mehr möglich, weil wir unsere Passagen früher erhielten als erwartet. Ich hoffte auf ein Wiedersehen, wenn wir in nicht allzu ferner Zeit auf Besuch nach Europa zurückkehren würden. Es sollte nicht sein, sie starb im April 1948, noch während wir in den Vereinigten Staaten waren.

In Rotterdam liefen wir am 29. August 1947 aus, auf dem kleinen holländischen Schiff »Westerdam«. Es war mit Passagieren überfüllt, die meisten waren Emigranten, auch Thomas Mann und seine Frau waren an Bord. Plätze waren nur sehr schwer zu erhalten gewesen, wir hatten deshalb keine Kabine für uns allein bekommen können und wurden statt dessen in eine Art Schlafsaal eingewiesen – jeweils vier Männer und vier Frauen in Kabinen, die ursprünglich für zwei Personen vorgesehen waren! Trotz der drangvollen Enge und der Unbequemlichkeit waren wir froh, auf dieses neue Abenteuer auszuziehen, waren wir voller Neugier und Erwartung. Die Fahrt über den Atlantik dauerte zwölf Tage. Manchmal war die See stürmisch – Max machte das überhaupt nichts aus. Leider kann ich das von mir nicht sagen. Erst in späteren Jahren

Doris, Hedda und Mathilde von Kaulbach im Wohnzimmer des Kaulbachschen Hauses.

Max Beckmann mit Marie Louise von Motesiczky (links) und »Quappi« (rechts) in der Wohnung der Motesiczkys, Brahmsplatz 7 in Wien, 1924. Der Name »Quappi« wurde von Frau von Motesiczky erfunden, nicht von Max Beckmann.

Links: Max Beckmann, 1923. Rechts: Mathilde Q. Beckmann mit Maiglöckchen
und dem Pekinesen Majong in Berlin.

Max Beckmann im Atelier Schweizer Straße 3 in Frankfurt am Main, Anfang
der zwanziger Jahre.

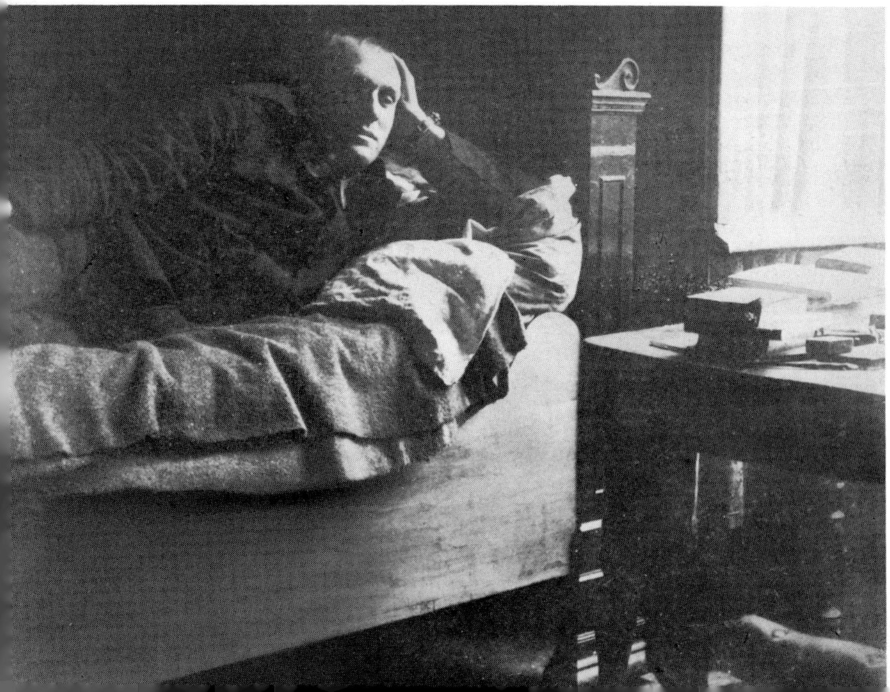

Mathilde Q. Beckmann im Garten des Kaulbachschen Hauses in München, 1. September 1925. Kleid und Schleier waren der
Wunsch der Brautmutter.

Mathilde Q. Beckmann vor einem Kostümfest 1925 im Garten des Kaulbachschen Hauses. So dargestellt im *Doppelbildnis Karneval, Max Beckmann und
Quappi*, 1925 (G 240), heute Kunstmuseum Düsseldorf.

Links: Das Ehepaar Beckmann vor der Kulisse eines Photographen, zwanziger Jahre. Rechts: Beckmanns auf Schlittschuhen im Amsterdamer Stadion, 1940.

Links: Beim Skifahren in St. Moritz, 1929. Rechts: Beckmanns in Berlin vor dem Hotel Esplanade, 1929.

In der Wohnung Rokin 85 in Amsterdam mit Butschi, 1947. An der Wand *Butschi,*
1946 (G 729) und *Rivieralandschaft mit Felsen, 1942* (G 594).

Max Beckmann auf dem Balkon seines Ateliers Schweizer Straße 3 in Frankfurt, 1932.

Steinhausenstraße 7 in Frankfurt auf dem Sachsenhäuser Berg, 1930. – Hier hatten Beckmanns eine Etagenwohnung.

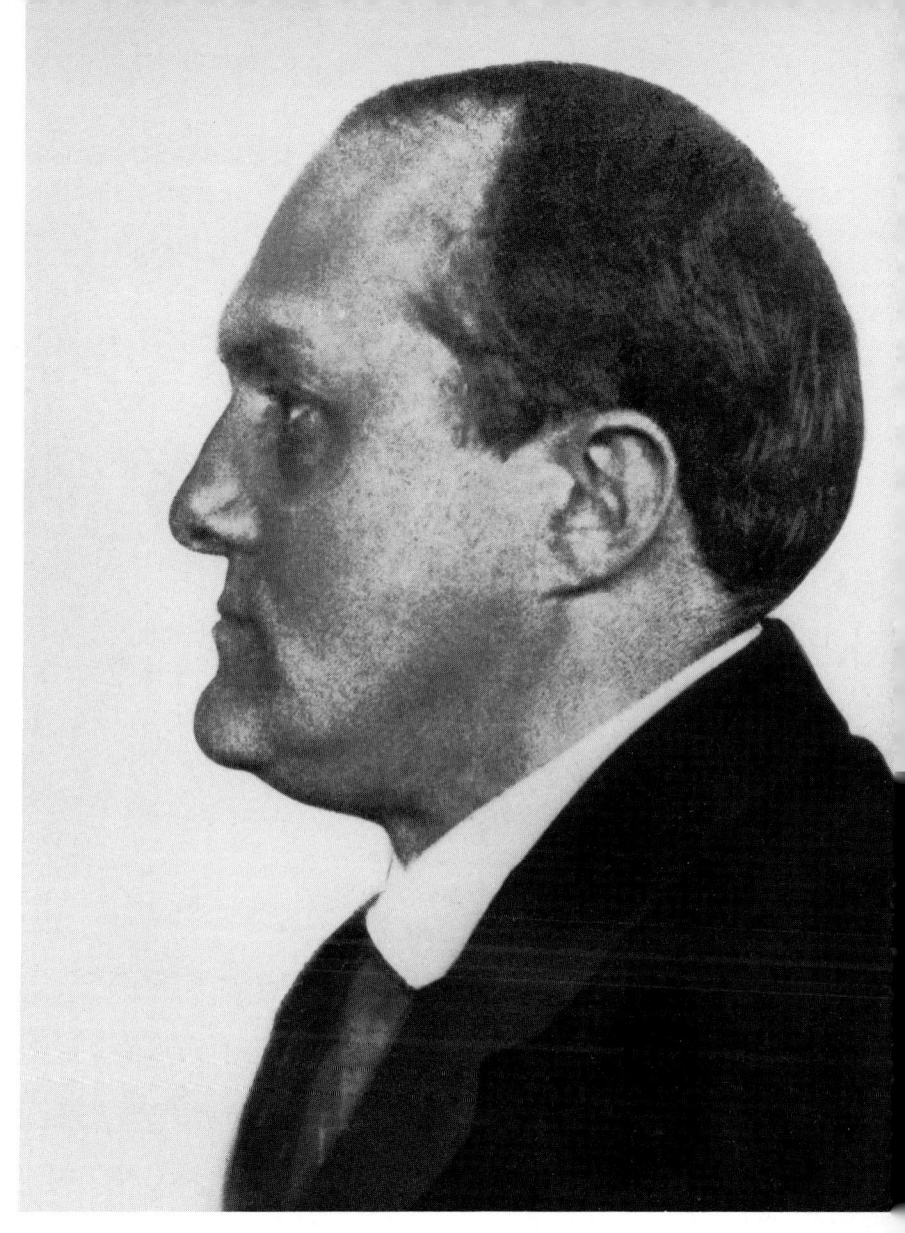

Max Beckmann, 1928 (signiert Hugo Erfurth).

Mathilde Q. Beckmann in Viareggio, 1926.

Das Ehepaar Beckmann in Baden-Baden, 1929.

wurde ich gegen Seekrankheit immun, selbst beim heftigsten Sturm.

Am Abend vor unserer Ankunft wurden wir erinnert, daß wir den Anblick der Freiheitsstatue und die Skyline Manhattans nicht versäumen dürften. Am nächsten Morgen konnte Max sich erst spät rasieren, weil seine Kabine so dicht besetzt war. Er war ärgerlich, deshalb den Anblick der Freiheitsstatue versäumt zu haben. Unter Montag, dem 8. September 1947 steht in seinem Tagebuch: »Ankunft bei Morgengrauen, verhängte Riesen standen schläfrig im feuchten Nebel auf Manhatten – und ich vor der Badestube, auf einen langweiligen Holländer wartend und fluchend, während draußen die vernebelte Freiheits-Statue vorüber glitt.«

Trotz allem war unsere Ankunft in den Vereinigten Staaten unerhört aufregend und schön. Nur wenige Minuten, nachdem wir von Bord gegangen waren, erschien Curt Valentin und begrüßte uns mit einem Rosenstrauß und herzlichem Hallo. Kurz darauf entdeckte ich meine Schwester Doris, die uns atemlos entgegenlief. Wir waren sehr bewegt, einander nach so langer Zeit – unsere letzte Begegnung lag viele Jahre vor dem Krieg – wiederzusehen. Als unser Gepäck den Zoll passiert hatte, fuhren wir miteinander ins Hotel Gladstone (das nicht mehr existiert) und aßen zu Mittag. Doris fuhr dann in ihre Wohnung auf Long Island zurück, und wir gingen zu Curt Valentin in die Galerie, wo Max seine Bilder zum ersten Mal in ihrer neuen Umgebung sah. Später am Abend aßen wir mit Curt, Jane Sabersky, Mary Callery und Ludwig Mies van der Rohe, den wir seit unserer ersten Berliner Zeit nicht wiedergesehen hatten. Nach dem Essen fuhren uns Mies van der Rohe und Mary Callery durch die City; die Rundfahrt endete mit einem Besuch oben auf dem Empire-State-Building: Das war der angemessene Höhepunkt dieses ersten Tages in den Vereinigten Staaten – unserer neuen Welt.

Während unseres Aufenthalts in New York war es schrecklich heiß; niemals vorher hatten wir eine so tropisch-feuchte Hitze erlebt. Max spürte sie besonders, weil er einen schweren wollenen Anzug anhatte. Meistens war es mühsam, ihn zum Kauf eines neuen Anzugs zu überreden, weil er die Anproben für Zeitverschwendung hielt. Aber an diesem Tag unserer Ankunft in New York war es wegen der fürchterlichen Hitze nicht schwierig, ihn zum Kauf von zwei Sear-Sucker-Anzügen, wie auch Curt sie trug, zu überreden.

Später besuchte ich meine Schwester Doris und ihren Mann Tom MacFerguson-Cooper in ihrem reizenden Haus, einem Leuchtturm in Setauket auf Long Island; ich verbrachte einige Tage allein bei ihnen. Max blieb in New York, um sich mit der Stadt vertraut zu machen, Museen und Galerien zu besuchen, neue Menschen und alte Freunde zu treffen und mit Curt Geschäftliches zu besprechen.

Nach einigen hektischen Tagen in New York kam Max im Auto mit Doris auch nach Setauket heraus; sie hatte ihn in der Stadt abgeholt. Er blieb ein paar Tage, der Besuch bei den Verwandten im Leuchtturm machte ihm Spaß. Max hatte nach der turbulenten Zeit in New York auf ein paar stille, erholsame Tage gehofft. Toms und Doris' Freunde wollten alle Max kennenlernen und luden uns ständig zum Mittag- oder Abendessen ein. Das war natürlich nett, aber so kam Max nicht zu der Ruhe, die er brauchte. Wieder zurück in New York, gingen wir gleich zur Eröffnung einer Ausstellung von Mies van der Rohe im Museum of Modern Art.

Diese gesellschaftlichen Unternehmungen kommentierte Max auf folgende Weise: »[...] um 6 Uhr mit Valentin im Plaza Kaffee getrunken, schon im Smoking. Dann mit ihm in seine Wohnung, wo er sich ebenfalls in Dreß warf und [auf dem Grammophon] Mozart dazu spielen ließ [...] Nachher noch Quappi geholt und zu Dorothy M. wo mit Gewieher ein

(Kunsthändler?) und Ed. Fischer bei entsetzlichen Coctails uns erwarteten. Dann hop hop zum Modern Art Museum, Mies van der Rohe Show. (Eröffnung.) Entsetzlich heiß und von einer Hand in die andere, von Mrs. Rockefeller bis Alfred Barr und unzähligen Direktoren – kurz große Vanity Fair. Später noch in St. Regis-Bar wo Valentin, so gut wie mir, etwas schlecht wurde. Kaputt nach Hause Hotel Gladstone – na ja erledigt – Gott sei Dank.« (Tagebuch, 16. September 1947)

Am 17. September fuhren wir mit der Bahn nach St. Louis. Die Fahrt, fast drei Stunden den Hudson River entlang, war einer unserer ersten, unvergeßlichen Eindrücke in diesem Land. Auf jeder folgenden Reise war Max davon ebenso beeindruckt wie beim ersten Mal.

»Braver Valentin brachte uns bis zur Centralstation – endloses Handgepäck und herrliche Alone-Kabine im ›Marmorcascade‹-Zug [Name des Schlafwagenzuges]. Prachtvolle Ausfahrt unter New York, dann dem Hudson entlang über Indianapolis, lange Nacht – immer tiefer in Amerika. Unendlich langsame Einfahrt am Mississippi in St. Louis. Herzlicher Empfang von Rathbone. Chase-Hotel, – Lunch im Park-Hotel [Plaza]. Ausruhen. – Abends Rathbone's reizend.« (Tagebuch, 17. September 1947)

Im Chase Hotel blieben wir ein paar Wochen, bis unser Apartment im neuen Fakultätsgebäude fertig war. Max brauchte nicht lange, um St. Louis kennenzulernen. Er mochte die Stadt schon bald sehr gerne.

Am Tag nach unserer Ankunft schrieb er in sein Tagebuch: »Endlich ein Park. Endlich Bäume, endlich Boden unter den Füßen.« (Max ging dort morgens immer spazieren.) »Mittag Dean Hudson mit Frau. Geluncht zusammen, nette Leute. – Grillengezirp durch das Weltall. Heiß. Nachher University ansehen mit Hudson.

Es ist möglich, daß es hier noch einmal möglich sein wird zu leben.« (Tagebuch, 18. September 1947)

Am 23. September fährt er fort: »First Day of school!! Voller Grausen mit Quappi hingefahren im Taxi und recht *angenehme* Enttäuschung! Ein wirklich hübsches Bild, von teils sehr hübschen Mädchen und Jungens. Die ›Erstaufführung‹ interpretiert von Ken Hudson, Dean of School. (›Honor we have Mr. Beckmann‹) – recht nett – auch die Bilder möglich und wie gesagt ganz amüsant – vielleicht sogar schön. – Selbst das Atelier gefiel mir besser und Mr. W. Barker ›Jungleiter‹ – Monitor – recht sympathisch, nervös. Quappi hat gut vorgelesen und der Vortrag wurde gewünscht zum Weiterdruck.«

Nach dem Vorlesen seiner Rede an die Studenten gingen Max und ich ins unmittelbar neben der Klasse liegende Atelier zurück. Max setzte sich, zündete sich eine Zigarette an und sah ganz erleichtert aus. Kaum fünf Minuten waren vergangen, da klopfte es an die Tür, und herein kam Walter Barker. Er sagte ganz aufgeregt, daß er Herrn Beckmann nicht stören wolle, aber er wolle seinen Dank und den der Studenten bringen für die Worte, die Mr. Beckmann an seine Klasse gerichtet hatte. Barker bat auch um Erlaubnis, die Rede für die Studenten und für Dean Hudson zu kopieren. Max gab natürlich die Erlaubnis. Er freute sich über das Gespräch mit Barker, der ihm sagte, er und seine Freunde seien ganz aufgeregt darüber gewesen, daß Max Beckmann kommen und an der Washington University Art School unterrichten werde. Er habe Bilder von Beckmann schon vor seiner Ankunft in St. Louis gesehen: *Junge Männer am Meer* im City Art Museum und *Les Artistes mit Gemüse (Vier Männer um einen Tisch)* in der Sammlung der Universität. Nach wenigen Unterrichtsstunden war bei Max aller Zweifel über seine Rückkehr ins Lehramt geschwunden. Zwischen Max und seinen Studenten entstanden eine besondere Beziehung und ein gegenseitiges Verstehen, das sich in jeder der Kunstschulen in den Vereinigten Staaten aufs neue herausbildete, an denen er unterrichtet hat.

Wenige Tage vor Beginn des Herbstsemesters gab es zwischen Dean Hudson und Max eine Diskussion über Unterricht und Stundenplan. Hudson wollte – und erwartete offensichtlich –, daß Max täglich mit seinen Studenten zusammentreffen sollte. Max aber war ganz dagegen, fortgeschrittenen Studenten täglich Korrektur zu geben. Seiner Meinung nach war das nur für Anfänger richtig, aber nicht für die Meisterklassen. Er schlug vor, daß er nur zweimal in der Woche in die Klasse gehen wolle, damit die Studenten unabhängig arbeiten könnten. Max hielt das für wichtig und auch notwendig für ihre Entwicklung; seine Schüler sollten sich nicht ständig auf Rat und Kritik des Lehrers verlassen. Später, als er besser Englisch sprechen und verstehen konnte, gewöhnte Max sich an, einfach aus seinem Atelier hinüber zu den Studenten zu gehen. Er wollte sehen, wie sie zurecht kamen, und gab ihnen, wenn nötig, Kommentare oder Ratschläge für ihre Arbeit.

Wenn auch Beckmanns Vorstellungen über Unterrichtstage und -stunden nicht mit der gewohnten Routine der Art School übereinstimmten, so gab Dean Hudson Max doch die Chance, drei Monate auf seine Art zu unterrichten. Es verstand sich dabei von selbst, daß Hudson sich das Recht vorbehielt, zu entscheiden, ob der Lehrplan in dieser Weise weiterlaufen sollte – das sollte von den Arbeitsergebnissen der Studenten abhängen. Max willigte in diesen Vorschlag ein. Nach den ersten drei Monaten war die Arbeit der Studenten mehr als zufriedenstellend, Kenneth Hudson war von Max' Unterrichtsmethode überzeugt und gab ihm von da an völlige Freiheit, so zu verfahren, wie er wollte.

Für gewöhnlich begleitete ich Max in seine Klasse, weil er mich gebeten hatte zu dolmetschen, was ich als Auszeichnung empfand. In der Regel lag ihm nichts daran, durch das gesprochene Wort zu unterrichten, er zog es vor, den Studenten mit dem Pinsel oder mit der Zeichenkohle in der Hand bei der Lösung ihrer Probleme zu helfen und seine Korrekturen direkt auf der Leinwand, über die man gerade diskutierte, zu machen. Wenn er einen Gedanken ausdrücklich in Worten mitzuteilen wünschte oder wenn es nötig schien, eine Frage zu beantworten, fiel mir des öfteren die Aufgabe zu, seine Meinung zu erläutern oder zu verdeutlichen.

Wenn Max selbst eines seiner Bilder vollendet hatte und ihm danach zumute war, bat er zuweilen ein paar Studenten in sein Atelier, sein fertiges Bild anzusehen. Manchmal lud uns Wally Barker zu sich nach Hause ein, wo wir dann immer einen heiteren Abend verbrachten. Oder er fuhr uns in St. Louis und in der umliegenden Gegend herum und »zurück über herrliche Mississipi Brücken«, wie in Max' Tagebuch steht (25. September 1947). »Morgens im kalten Park in heißer Sonne, wie immer schön. Versuch zu ruhigem Tag, aber nicht geglückt durch Studenteninterview, – komisch, dann durch Literaturgespräche ›Schau rückwärts Engel‹ Th. Wolfe – ganz nett.« (Tagebuch, 30. September 1947)

Max brauchte nicht lange, um sich auf das neue Leben in St. Louis einzustellen. Am zweiten Tag in der Art School notierte er: »[...] etwas weniger sensationell aber immer noch nett.« (Tagebuch, 25. September 1947), und am 27. September heißt es: »In frischer Morgenstunde 8 Uhr morgens sieht manches wieder ein bißchen besser aus. Wie Alles ja so lächerlich relativ ist und nichts absolut.« Wie in Frankfurt, Berlin und Holland nahm er in St. Louis seine täglichen Spaziergänge wieder auf. »Den schon üblichen Parkspaziergang und Springbrunnen [...] Erste Zeichnung gemacht, ›Begrüßung‹, dann in Forestpark Bar zu Abend gegessen [...]« (Tagebuch, 26. September 1947)

Was Max immer aufs neue faszinierte, war die räumliche Weite Amerikas. Wenn er es auch erst auf späteren Reisen richtig kennenlernte – seine ersten Eindrücke davon hatte er in St. Louis. »Die Frühmorgen sind hier vom hohen Hotelzimmer aus gesehen von unbeschreiblicher Schönheit über den end-losen Park in dessen weitesten Hintergrund ein paar ver-waiste Hochhäuser wie ferne phantastische Riesenschlösser aus braunroten Frühnebel auftauchen [...] Quappi schlief noch als ich leise in das große Zimmer mit der weiten Aus-sicht in der Morgensonne trat.« (Tagebuch, 27. September 1947)

Erst in der ersten Oktoberwoche konnten wir in unsere Wohnung im neuen Fakultätsgebäude, 6916 Millbrook Avenue, nicht weit von der University Art School gelegen, einziehen. Sie bestand aus zwei Zimmern, Küche und Bad. Rathbones und andere Freunde halfen uns, liehen Möbel und Vorhänge. Mrs. Hudson ging mit mir Wäsche, Geschirr und Koch-töpfe besorgen, und Theodore Fitzwater, der in der Verwal-tung der Kunstschule arbeitete, begleitete mich beim Kauf von erschwinglichen Küchenmöbeln und Couches für das Studio.
In St. Louis lernten wir einige Menschen kennen, die unsere engsten Freunde wurden. Die Rathbones hatten ein reizendes Haus und luden uns oft zum Essen und zu Cocktailpartys ein. Eines Abends war Max hingerissen von Rettles Rathbone (Perrys Frau), die einen langen, bunt gestreiften Rock und eine Rüschenbluse trug. Er malte sie, es war sein erstes Porträt in den Vereinigten Staaten. An einem anderen Abend wurden wir mit Joseph Pulitzer und seiner Frau Louise bekannt – es war Pulitzers erste Frau, sie starb früh –, die Max auch porträtierte. 1946 kauften die Pulitzers aus Curt Valentins erster Beck-mann-Ausstellung nach dem Krieg das *Bildnis N. M. Zeretelli*

(1927); ihr wachsendes Interesse für Beckmanns Kunst führte zu weiteren Erwerbungen.

Trotz des Unterrichts und der gesellschaftlichen Verpflichtungen war Max unablässig bei seiner Arbeit. Während der ersten Zeit in St. Louis von September 1947 bis Mai 1948 malte er fast fünfundzwanzig Bilder, es entstanden viele Aquarelle und Zeichnungen. Die ihm so entgegenkommende neue Situation, die herzliche Freundschaft der Menschen, die Max dort kennenlernte – das alles war für ihn ungeheuer anregend. Schon nach kurzer Zeit stand es für ihn fest, daß er amerikanischer Staatsbürger werden und für immer in den Vereinigten Staaten leben wollte.

Gegen Ende Dezember kam Mr. Montmini, Chef des Art Department an Stephens College, Columbia, Missouri, nach St. Louis, um Max zu einem Vortrag in seinem College für den 3. Februar 1948 einzuladen. Max war darüber erfreut, war sich aber erst nicht sicher, ob er die Einladung annehmen sollte. Wenige Wochen später, wie er auch im Tagebuch schreibt, beschloß er hinzufahren.

Am 3. Februar, pünktlich acht Uhr morgens, holte uns Wally Barker ab und brachte uns an den Bahnhof zum Zug nach Centralia, wo uns Mr. und Mrs. Montmini abholten. Von da fuhren sie uns über eine vereiste und verschneite Straße nach Columbia. »Im Hotel schnell geluncht und Q. las dann vor 600 Menschen, women and men meine Lecture wirklich sehr schön, so daß ich fast gerührt war (Publikum ebenfalls) – kurz es war doch etwas aufregend meine blöden Worte vor so vielen Menschen aus Quappi's Mund am Mikrophon zu hören. – Na jedenfalls große Begeisterung. Dann erschöpft, Hotel – Ruhe!« (Tagebuch, 3. Februar 1948) Abends aßen wir mit dem Dekan und gingen dann noch ins Haus eines Fakultätsangehörigen, um die Lehrer und ihre Frauen kennenzulernen. Sie scharten sich alle dicht um Max.

Der nächste Tag war anstrengend. Wir gingen mit Mr. Montmini in mehrere Klassen und lunchten mit dem College-Präsi-
denten und dessen Frau; dann zu einem Interview – einem
zwanglosen Gespräch – mit fünfzig jungen Mädchen, einige
hübsch, die kluge und auch dumme Fragen stellten. Ich
beendete die Diskussion, als eine von ihnen mich nach meiner
Lieblings-Zigarettenmarke fragte . . .
Während dieses Besuches im Stephens College wurde Max
mehrfach in den Klassen photographiert. Eine Aufnahme, von
vorn, mit einer Zigarette in der Linken (war es Absicht, daß der
Photograph Max in einer Pose festhielt, in der er sich selbst
mehrmals gemalt hat?), ist vielleicht das am besten bekannte
und am häufigsten reproduzierte Photo von Beckmann.
Am Morgen des 5. Februar 1948 besuchten wir eine andere von
Mr. Montminis Klassen. Die Mädchen waren dabei, ein
Stilleben aufzubauen. Montmini begleitete uns anschließend
ins Büro des Direktors, wo ich »Love and my fee«, das einzige
Honorar, das ich je fürs Vorlesen erhielt, bekam! Am späten
Nachmittag fuhren wir mit einem ehrwürdigen alten Zug – in
unserem Wagen stand ein großer eiserner Ofen in der Mitte
– nach Centralia und stiegen dort in einen Expreß nach
St. Louis um. Bei unserer Rückkehr fand Max in seiner Post
eine Einladung für einen Vortrag in Boston. »Alles in Allem
hat's mir gut getan.« (Tagebuch, 5. Februar 1948)
Am 10. März, einem kalten Tag mit Schnee, brachen wir nach
Boston auf: »Unter angstvollem Geschrei um halb neun Uhr,
– Schneefall mit Glatteis –, von Wally im Auto zur Bahn.
Kamen aber doch noch mit. Nun ging's los. Zwei Bedroom's
[. . .] mit Windeseile durch Mittelwest, noch mit leichtem
Schnee bedeckt über Cleveland – Albany. Nachtfahrt. Am
anderen Morgen, Donnerstag gegen Mittag, mit Geschrei und
Tränen von Maruschka abgeholt. In Boston lag noch überall
viel Schnee und wir sausten durch die unbekannte aber

freundliche Stadt in die Swarzenski-Wohnung wo auch der Professor auftauchte. Lunch [...]« (Tagebuch, 10. und 11. März 1948)

»Des Morgens holte uns Zerbe zum netten Kunstschuldirektor, sah meine Bilder. Danach fuhren wir nach Harvard University wo ein Herr R. uns in Empfang nahm und wir Newberry's Collection-Exposition, mit Beckmann und Graphik-Expressionismus bewundern mußten. Lunch später mit Prof. Köhler, Herr und Frau Rosenberg (geb. Husserl), Maruschka und young man Mr. C. der sich als Beckmann Besitzer vom ›Swimmingpool Cap Martin‹ und zukünftiger Museumsdirektor von Harvard-Museum herausstellte. Prof. K[öhler] früher in Weimar – (Geschrei über ›Junge Männer am Meer‹)... Später ich noch allein bei R. mit meiner Graphik. – Na ja. – Dann noch allein in Harvard-Cambridge, nettes Städtchen und zurück im Auto am schönen Hafenfluß, wieder zu Swarzenski's. Abends Festdinner bei Tannhauser's mit einer Riesenflasche Mumm, Prof. Panofsky und Frau, Swarzenski's. –

Froh als alles zu Ende, müde...« (Tagebuch, 12. März 1948)

»Morgens nach einigen Kämpfen mit Q. im Auto Stadtrundfahrt durch Boston, wo sich in der Hafengegend wirklich sehr hübsche Bilder entrollten. Angstvoll gehetzt zurück zum Prof. Swarzenski ins Museum, entsetzlich müde schon – sah aber schöne Figur aus Kreta mit Schlangen. Dann Lunch mit Swarzenski und Artschooldirector und dann endlos gelaufen zur Schule zum Lecture. 150 Students, Teacher und andere. Quappi las recht gut vor, Beifallsgeschrei [...]« (Tagebuch, 13. März 1948)

Mehrfach wurde Max gebeten, sich bei solchen Lesungen neben mich aufs Podium zu setzen. Immer lehnte er das entschieden ab. Er konnte es nicht leiden, so im Mittelpunkt des Interesses zu stehen, und setzte sich statt dessen irgendwo unter die Zuhörer.

»(Von Boston nach New York.) Abfahrt so um 12 Uhr herum. Maruschka brachte uns noch an die Bahn und man fuhr durch New England zum Teil am Atlantik mit recht hübschen Landschaftsbildern, sehr schön bei New London und New Haven.« (Tagebuch, 14. März 1948)

»Morgens zuerst mit Quappi im Centralpark in schöner Morgensonne von den ›Giganten‹ kalt betrachtet [...] Vorher [vor dem Lunch] besah ich mir noch eingehend den Zoo mit den 3 Gorillas, schön und friedlich da alles. Um 6 Uhr erschien der junge Swarzenski wie immer liebevoll und aufgeregt weil er im St. Louis Katalog über mich schreiben soll.« (Tagebuch, 15. März 1948)

»Am Morgen allein im Metropolitan Museum. Schöne Goya's – Rembrandt ›Alte Frau Nägel putzend‹ – Maria Stuart, englischer Primitiver, Breughel und ein schöner Bosch. Zerschmettert verließ ich die Riesenräume um Lunch mit Quappi (die zurück von Doris) – Mr. S. und Valentin zu haben. S. ist ganz netter Halb-Ire, wir hatten nicht uninteressante Gespräche über alte Griechen u. Irland.« (Tagebuch, 16. März 1948)

»Letzter Tag in New York, ziemlich todmüde schon am Morgen, mußte aber doch von Jane am Telephon hören, daß Österreicher vom Modern Art Museum noch zum Lunch käme. In der Stadt große Irenparade. Ich sah mir nochmal das Rockefeller Building in der Nähe an und wurde fast erdrückt von Polizisten und Publikum. – Um 1 Uhr kam dann auch der Riese zum Lunch, netter Mann, leider habe ich seinen Namen vergessen. Onkel war Graf Berchtold (im first world war). Erzählte umständlich seine Lebensgeschichte von Wien bis Mexiko und New York – und Truman hielt gleichzeitig seine Rede (am Radiolautsprecher). – Na ja, dann sausten wir zum

Central Station in unsere Roomettes – (kamen glücklich durch Iren-Volksmenge) und die Rückreise und später die Nachtfahrt begann.« (Tagebuch, 17. März 1948)

»Morgens erwachte man im endlos flachen Mittelwest etwa um Cleveland herum und tranken lustig Kaffee im Speisewagen, – immer mehr tauchten die nun schon bekannten Gegenden auf und zuletzt als großer Gruß der wirklich großartige Mississippi, am Rand noch alte Schauboote mit denen ich gern nach New Orleans fahren würde. – Auf dem Weg nach Haus schon Freß-Einkäufe bei Schenberg, geschlafen – und dann heimlich anonym ins Atelier – und ›Helena‹ 4 Stunden – sehr frisch fertig gemacht in selten verzauberter Stimmung. – War schön. – Q. holte mich ab.« (Tagebuch, 18. März 1948)

»Zuerst Spaziergang nach Clayton in Frühlingssonne. Dann Lunch mit Quappi im Claytonroom [...] *Ja übrigens: wieder engagiert in St. Louis!!*« (Tagebuch, 24. März 1948)

»Sehr warm. Morgens beim Dean mit sehr freundschaftlichen Gesprächen und allgemeine Begeisterung über mein Hierbleiben – (aber erst noch nach Holland, Cuba oder Mexiko). Trotzdem – der erste wirkliche Grundstein ist gelegt und man kann wenigstens nun operieren und – mit Freuden.
– – – *Gott sei Dank.* – – –« (Tagebuch, 25. März 1948)

Bei unserer Rückkehr nach St. Louis fanden wir einen Brief vom Justizdepartment vor, in dem man uns die Verlängerung unserer Visa verweigerte und wir angewiesen wurden, die Vereinigten Staaten innerhalb einer knappen Frist zu verlassen – andernfalls würde Order zur Deportation ergehen. Das bedeutete, daß man uns nach Ellis Island schicken und uns dort festhalten würde, bis auf irgendeinem Schiff, das aus New York auslief, eine Passage zu haben wäre. Der Grund für diesen unglückseligen Zwischenfall war, daß man uns nicht im voraus gesagt hatte, daß Max auf sein Besuchervisum hin ohne eine besondere Arbeitserlaubnis keine bezahlte Stellung hätte annehmen dürfen. Diese Nachricht versetzte uns in Aufruhr und war ein schwerer Schock für Max; sie rief die ihn noch immer umtreibenden Erinnerungen an sein Leben unter der Nazi-Besatzung in Holland wieder herauf. Am Abend des Tages, an dem wir diesen Brief bekommen hatten, waren wir zur Eröffnung einer Ausstellung im City Art Museum eingeladen. Max war so aufgeregt, daß es einige Anstrengung kostete, ihn zum Mitgehen zu überreden. Ich sagte ihm, wir würden dort Freunde treffen, die uns vielleicht helfen könnten. Mit Perry und mit Dean Hudson hatte ich schon telephoniert. Sie würden, ebenso Arthur Holly Compton, der Kanzler der Universität, alles nur mögliche tun, um zu helfen.

In den folgenden Wochen lebten wir in einem Zustand der Ungewißheit, bis schließlich am 24. Februar die Mitteilung vom State Department kam, die uns eine besondere Aufenthaltserlaubnis in den Vereinigten Staaten bis zum 20. Juni garantierte. Daraufhin notierte Max im Tagebuch: »Große Sensation: Der Amerikanische Staat hat uns Erlaubnis gegeben bis 20ten Juni hier zu bleiben! Also ist die Sache erledigt.« (24. Februar 1948)

Wir hatten schon einige Wochen vorher die Passage auf der »S. S. Nieuw Amsterdam« für den 5. Juni gebucht, um nach Holland zurückzukehren und die nötigen Papiere für die endgültige Emigration in die Vereinigten Staaten zu besorgen. In der uns verbleibenden Zeit besuchten wir kurz die Universität von Indiana, wo Max zu einer Jury von Schülerarbeiten aufgefordert war. »[...] die Jury über Prints und Drawings war unsterblich langweilig – viel zu viel ›Tapeten‹ – sehr langweilig alles [...] Nachmittag wieder Jury mit Preisverteilung – oh Gott – nie wieder.« (Tagebuch, 30. April 1948)

Auf diese Weise sahen wir nach langer Pause unsere alten Freunde Bernhard und Cola Heiden wieder und lernten Henry

Hope, den Direktor des Department of Fine Arts, und seine Frau Sally kennen. Es war unsere erste Begegnung mit den Hopes. Das bekannte Familienbild der Hopes, das *Gruppenbild Hope*, entstand erst im Frühjahr 1950 in New York. Henry Hope war eng mit Curt Valentin befreundet, und Curt hatte, laut Hope, alles für das Familienporträt in die Wege geleitet.

In St. Louis waren mittlerweile die Vorbereitungen für die Eröffnung der Max-Beckmann-Ausstellung stetig weitergegangen. Perry Rathbone hatte eine sehr angemessene und tiefgründige Einführung für den Katalog geschrieben und Hanns Swarzenski ein schönes, verständnisvolles Vorwort. Perry hatte diese Ausstellung mit viel Liebe und Verständnis arrangiert und gehängt. Daniel Catlin, der Präsident des Museums, sagte mir später, es sei überhaupt die erste Einzelausstellung eines lebenden Künstlers gewesen, die im City Art Museum stattgefunden habe; es war auch die erste Retrospektive von Max Beckmann in den Vereinigten Staaten.

Schließlich kam Montag, der 10. Mai. Curt traf am Morgen ein, und den ganzen Tag über kamen Freunde und Gäste von außerhalb. Der »St. Louis Dispatch« reproduzierte sieben Gemälde von Max farbig. Am Nachmittag wurden seine »Drei Briefe an eine Malerin« im Rundfunk gesendet. Ich las den Text, der, fünf Minuten, bevor die Sendung begann, etwas drastisch redigiert worden war. Zu Abend aßen wir bei Perry mit Curt, den Hopes und mit Martha Love. Dann fuhr uns Perry zur »offiziellen« Eröffnung zum Museum. Es war eine bewegende Sache. Alles war wunderschön vorbereitet – Blumen, Musik, Glückwunschtelegramme für Max und eine große Versammlung begeisterter Leute. Später gingen wir noch zu Martha Love, wo wir Joe und Lulu Pulitzer vorfanden. Um zwei Uhr morgens kamen wir schließlich müde und glücklich nach Hause. Es war die größte Eröffnung, die Max jemals hatte, und ein Riesenerfolg. Die Berichte in den Zeitungen am nächsten Morgen waren außergewöhnlich. Max war, glaube ich, sehr gerührt. Ich weiß, wie sehr er sich darüber freute, daß die Bilder gut gehängt waren und wie das Publikum die Ausstellung aufnahm. Nach der Eröffnung ging er mehrmals in die Ausstellung, um seine Arbeiten lange anzusehen ; es war dies das erste und einzige Mal, daß er seine künstlerische Entwicklung über Jahre hinweg überblicken konnte. Bald kehrte er zu seiner täglichen Ordnung und zur Arbeit zurück.

Ein paar Wochen später gab es im Zusammenhang mit unserer Auswanderung neue Schwierigkeiten. Unser Reisebüro teilte uns mit, daß wir von der Regierung eine Ausreiseerlaubnis haben müßten, um die Vereinigten Staaten verlassen zu können, und daß wir diese unmittelbar nach dem Antrag ohne alle Umstände erhalten würden. Noch am selben Tag stellten wir unseren Antrag mit einem eingeschriebenen Luftpostbrief und baten um Bestätigung. Die Annahme des Antrags wurde uns auch prompt bescheinigt, aber es vergingen Tage und Wochen ängstlichen Wartens auf das so notwendige Dokument. Der 5. Juni, der Tag unserer Abreise, näherte sich rasch ; aber wir, noch in St. Louis, hatten das Exit-Permit, um das wir eingekommen waren, noch immer nicht. Max wurde natürlich wieder sehr nervös.
Wir hatten die Pulitzers von dieser Schwierigkeit in Kenntnis gesetzt, und Lulu, mit ihrer immerwährenden Güte, erschien am nächsten Morgen bei uns und bot ihre Hilfe an. Sie telephonierte mit einem Beamten im State Department in Washington und erbat umgehende Bearbeitung der Angelegenheit. Sie erhielt zur Antwort, daß dort kein entsprechender Bittbrief von uns vorliege. Daraufhin teilte Lulu dem Mann am anderen Ende der Leitung die Eingangsnummer unseres

Antrags mit, den sie in der Hand hatte, und erhielt nach kurzer Zeit zur Antwort, daß der Brief nicht zu finden sei – möglicherweise sei er verlegt worden oder verlorengegangen. Darauf wurde Lulu sehr ärgerlich und nahm dem Beamten das Versprechen ab, daß die Exit-Permits unverzüglich an unser New Yorker Hotel geschickt würden. Als wir im Gladstone Hotel ankamen, war der Brief aus Washington tatsächlich da! Wir stießen beide einen Seufzer der Erleichterung aus – aber als wir den Brief öffneten, war nur *eine* Ausreiseerlaubnis, auf den Namen von Max lautend, darin! Vollkommen aus den Fugen baten wir Lulu noch einmal um Hilfe. Ich rief sie in St. Louis an, und wieder wandte sie sich an die Regierung in Washington und rief mich sofort zurück, um mir zu sagen, daß die Ausreisegenehmigung für mich direkt auf das Schiff geschickt würde, mit dem wir am nächsten Tag abreisen sollten.

Noch mehr Ängste! Max war völlig entsetzt bei dem Gedanken, daß das Papier nicht rechtzeitig eintreffen und ich womöglich nicht mit ihm zusammen würde reisen können und in den Vereinigten Staaten allein würde zurückbleiben müssen. Aber wieder, dank unserer guten Freundin, kam das Papier noch an, und mit unendlich dankbaren Gefühlen für Lulu fuhren wir glücklich ab wie geplant.

Die Fahrt nach Holland war bequem und angenehm, wir liefen pünktlich in Rotterdam ein. Gisela Waterschoot van der Gracht, eine alte Bekannte aus unserer holländischen Zeit – sie war mit Wolfgang Frommel befreundet, und wir hatten oft zusammen musiziert –, war gekommen, um uns abzuholen und nach Amsterdam zu unserer Wohnung zu fahren. Wir wurden äußerst herzlich von der Familie Post und von unserem kleinen Pekinesen Butschi begrüßt, den wir bei ihnen gelassen hatten. Butschi war, als er uns nach den zehn Monaten wiedersah, außer sich vor Freude. Max hatte so viel Anhänglichkeit von einem Hund nicht erwartet und schrieb in sein Tagebuch: »[...] immerhin er scheint uns *wirklich zu lieben*.« (13. Juni 1948) Wir hatten Butschi sehr vermißt und beschlossen, ihn bei unserer Rückkehr in die Vereinigten Staaten mitzunehmen. Es war ein seltsames Gefühl, in unsere Amsterdamer Wohnung zurückzukommen, in der wir zehn Jahre unseres Lebens verbracht hatten; es machte auch Freude, wieder in der vertrauten alten Umgebung zu sein – aber auf der anderen Seite wollten wir doch gern in das Land zurück, das unsere künftige Heimat sein sollte. Nach den ersten zwei Wochen schrieb Max in sein Tagebuch: »Amsterdam gefällt mir trotz dauerndem Regen wieder sehr gut, doch möchte ich Amerika nicht mehr missen.« (30. Juni 1948)

Die folgenden Monate waren wir zum Teil damit beschäftigt, mit Hilfe unseres freundlichen Anwalts H. B. J. A. Peters zu unseren Auswanderungspapieren zu kommen. Wir fuhren nach Den Haag und Rotterdam, um die Visa vom amerikanischen Konsulat zu beantragen, mußten unseren Steuerberater wegen der hohen Auswanderungssteuer, die von der holländischen Regierung verlangt wurde, konsultieren; dann den Arzt aufsuchen, um uns impfen zu lassen und die Gesundheitsatteste zu holen – alles brauchte viel Zeit. Auch sonst war viel zu erledigen. Die Zeit verging nur zu schnell, bis wir alles für die Auswanderung Notwendige beisammen hatten, Freunde besucht, auch kleine Fahrten aufs Land unternommen und Hedda und ihren Mann in Naarden noch einmal gesehen hatten. Mitten in all diesen Vorbereitungen arbeitete Max an einer Anzahl großer und kleiner Gemälde, darunter *Cabins* und *Großes Frauenbild. Fischerinnen*.

An dem Tag, an dem vom amerikanischen Konsul in Rotterdam die Aufforderung kam, wir möchten aufs Konsulat kommen, um die letzten Formalitäten zur Erlangung unserer Visa zu erledigen, heißt es in Max' Tagebuch: »*Die Entscheidung aus*

Rotterdam, jetzt also bin ich schon halber Amerikaner – Oh
Gott, ob's richtig ist? Egal es muß sein, und damit basta...«
(22. Juli 1948)
Am 27. Juli waren wir auf dem Konsulat, und Max notierte:
»Na also, auch das wäre erledigt. ›Nacktuntersuchung‹ für
Mann und Weib, recht unsympathisch. Mußten 20 Minuten
nackt in heißester Kabine warten, jeder einzeln. Schließlich
wurde ziemlich gründlich abgehorcht und scheinbar hat der
(kleine dicke) Doctor nichts Interessantes gefunden. Alles
allright – na, wer's glaubt? – Dann noch endlose Papiere von
einem Jüngling ausfüllen (der endlose Fragen stellte), zwischendurch Beobachtung eines Mißvergnügten (gelbes Hemd,
schwarzrasiertes Schnurrbärtchen) dessen Papiere ungenügend waren, – dann Fingerabdrücke (endlos – – lächerlich) alles
wie beim Verbrecher – schließlich schwören beim netten
Vize-Consul – und ›in a few day's you have your Visa‹ – wenn's
nur nicht verloren geht mit der Post!? (Siehe Brief nach
Washington State Department) – Na – abwarten. – Dann zu
Fuß zum Börsen-Hotel, Fisch, heiße Bahnfahrt, zu Hause
Freude von Butshy – *so wurde ich Amerikaner!*« (Tagebuch,
27. Juli 1948)
Einen Monat später kamen die amerikanischen Visa – es war
ein Glückstag! Aber es gab noch immer Schwierigkeiten. Da
waren die hohen Steuern, die von den Holländern bei der
Auswanderung verlangt wurden. Um sie zu bezahlen, mußten
wir einiges von meinem Schmuck, einen barocken Kristall-
lüster, den Steinway-Flügel und einige andere Dinge verkaufen. Eine weitere Schwierigkeit war die Ausfuhrerlaubnis für
die Kunstwerke. Die Genehmigung kam am 3. September, am
selben Tag wurden alle Kisten vom Zollbeamten für die
Verschiffung versiegelt; »also – finish in governess«.
Unsere Abreise rückte immer näher. Wir besuchten Freunde,
um Abschied zu nehmen; einen Tag fuhr ich nach Naarden, um

Hedda und ihrem Mann auf Wiedersehen zu sagen. Unglücklicherweise war Hedda krank und lag mit Fieber im Bett. Ich war
traurig, daß sie nicht nach Rotterdam kommen konnte, um uns
zu verabschieden. Valentijn radelte mit mir wie immer, wenn
ich nach Amsterdam zurückfuhr, zum Bahnhof. Dieses Mal
fragte ich mich, wann ich meine Geschwister wohl wiedersehen
würde...

Unser letzter Morgen in Amsterdam war gekommen; wir
ließen leere Zimmer und ein leeres Atelier zurück, bis auf eine
etwa siebzig Zentimeter hohe Gestalt, die Max mit Kohle direkt
auf die Wand gezeichnet hatte: einen stehenden Mann im
Profil, einen Fuß auf einem Podest, eine Kugel in Händen
haltend. Ich bat die Familie Post, doch zu versuchen, ob diese
Zeichnung womöglich erhalten werden könnte, da sie das
einzige greifbare Zeugnis von Max Beckmanns Aufenthalt in
diesem Haus sein würde, in dem er einige seiner bedeutendsten
Werke geschaffen hatte. Die Zeichnung soll nach einiger Zeit
weiß übertüncht worden sein, ich habe keine Ahnung, ob sie je
unversehrt freigelegt werden könnte. Der Abschied von diesem
Haus am Rokin, der Abschied von Amsterdam bedeutete für
uns das Ende einer langen Zeit der Unsicherheit: Wir hatten in
den zurückliegenden Jahren unser Schicksal nur selten von
einem Tag zum anderen voraussehen können, wir hatten
Schrecken und Gefahren, Freude und Hoffnung durchlebt und
auf eine friedliche Zukunft gehofft.

Als wir am 14. September an Bord der »S.S. Nieuw Amsterdam« gegangen waren, um in die Vereinigten Staaten zurückzukehren, schrieb Max am Abend ins Tagebuch: »[...] endlich
Pier Holland Amerika-Line. Sofort zur Douane und sieh da
– alles klappte, überhaupt nichts geöffnet, aber die arme
Quappi und mein Portefeuille wurden genauestens untersucht,
sie bis auf's Hemd nach Geld. Nichts zu finden natürlich. – Na,
also endlich an Bord. – Das klingt alles so einfach, wenn man

aber diese entsetzlichen drei Monate scheußlichster Vorbereitungen – in denen man immer als german Emigrant in einer widerlichen Situation war – bedenkt – nicht auszudenken, daß nun doch alles gelungen ist [. . .]« (14. September 1948)
Diese Überfahrt nach New York war jedenfalls bequemer als unsere erste Amerikareise. Wir kamen am 21. September in New York an: »[. . .] mit allen nur möglichen Abwechslungen an Chikanen der Immigration. Nach dem Lunch ging's los und man wurde zwischen hunderten von Menschen durch schlechte Organisation wahrhaftig zu ›Cattles‹ herabgedrückt und halb ohnmächtig. Dann wurde Butshy auch noch herauf geholt aus der Cabine und zwischendurch die wichtigste Aktentasche (mit allen Immigration papers) verlegt – Tränen von Q. – Tasche wurde gefunden und zurück gebracht – wieder neu angestellt in wartende Reihe – wieder zermanscht – und schließlich endlich ins große Examenszimmer herein gelassen – wo natürlich alles glatt ging. Auch die Vaxination noch in Ordnung. Halb ohnmächtig taumelte man von Bord in die Arme von Valentin und Jane.« (Tagebuch, 21. September 1948)
Am nächsten Tag heißt es: »Nun ist es glücklich so weit!! – Morgens schon im Centralpark mit Q. und Butshy in wahrhaft paradiesischer Heiterkeit und Ruhe da hinten am See [. . .] Nachmittag und Abend im Hotel todmüde – aber befreit!!« (Tagebuch, 22. September 1948)
Wir verließen New York schon wieder am 26. September und kamen am nächsten Tag in St. Louis an. Am Bahnhof holten uns die Hudsons und die Conways ab, die uns zu unserer Wohnung fuhren. Am nächsten Morgen ging Max in die Art School, um seine neuen Studenten zu begrüßen und kennenzulernen.
Ganz anders als beim ersten Mal war Max über die Rückkehr ins Lehramt nicht mehr nervös. Er fing sogar gleich ein neues Bild an. Freunde kamen, uns guten Tag zu sagen, und die

Rathbones luden uns zum Abendessen ein, um unsere Rückkehr zu feiern. Ein paar Tage später gingen wir downtown zum Einwandereramt, um die Formulare für die »First Papers« unserer Einbürgerung auszufüllen. Um das zu feiern, aßen wir im Jefferson Hotel zu Mittag und gingen, wie Max im Tagebuch notierte, »den ›Mister Sippi‹ in voller Pracht mit der Richtung nach dem South« anzusehen – »oh Ziel meiner letzten Sehnsucht«. (Tagebuch, 5. Oktober 1948)

In den folgenden Monaten malte Max eine Anzahl von Porträts und auch andere Bilder. Das erste Porträt war das von Rettles Rathbone, es wurde im Oktober fertig. Das nächste war das von Wally Barker, der mehrmals aus Iowa kam, um uns zu besuchen; er hatte inzwischen dort eine Stelle als Lehrer angenommen.

Mit dem Antrag für unsere »First Papers« waren wir »permanent residents«. Max konnte nun ohne Einschränkungen arbeiten. Aber es gab neue Fragen. Würde Philip Guston, der ja nur einen Arbeitsurlaub hatte, am Ende des Jahres wiederkommen? Wenn nicht – würde Beckmann für die beiden folgenden Semester erneut engagiert werden? Oder würde er sich anderswo nach einem Lehrauftrag umsehen müssen? In jedem Fall mußte Max beizeiten wissen, wie der Dekan entscheiden würde, weil solche Lehraufträge lange im voraus geregelt werden mußten. Bei der ersten sich bietenden Gelegenheit sprach Max darüber mit Ken Hudson und vor allem über die Rückkehr von Guston. Hudson sagte, daß er nicht sicher sei, ob man Guston ein drittes Jahr freistellen werde, und daß er auch nicht wisse, ob Guston überhaupt zurückkommen wolle. Der Dekan versprach, gleich an Guston zu schreiben und ihn nach seinen Plänen zu fragen. Einige Zeit später fragte Max Ken Hudson, ob er auf seinen Brief eine Antwort bekommen habe; dieser verneinte. Die Unsicherheit dauerte Monate – bis kurz vor Weihnachten. Obgleich Hudson noch ein Telegramm an

Guston geschickt hatte, kam noch immer keine Antwort. Am 23. Dezember, zwei Tage bevor wir zu unseren Weihnachtsferien nach New York aufbrechen wollten, erhielt Max einen Brief von Augustus Peck, dem Direktor der Art School des Brooklyn Museum. Peck bat Max, ihn aufzusuchen. Wir hatten gehört, daß Rufino Tamayo von der Brooklyn Museum Art School weggehen wollte und daß sich da eine Aussicht eröffnen würde.

Am Tag nach Weihnachten kamen wir in New York an, konnten aber Augustus Peck nicht erreichen, weil er schon in die Ferien gefahren war und erst nach Neujahr zurück sein würde. Während unserer zwei Besuchswochen sahen wir Curt Valentin, Jane Sabersky, Hanns Swarzenski und meine Schwester Doris. Der Künstler-Club »Artists Equity« gab Max zu Ehren ein großes Dinner im Plaza-Hotel. Dreihundert Gäste waren versammelt, um Max zu begrüßen – Museumsdirektoren, Künstler, Sammler und Presseleute. Unter den Sammlern war Adelaide de Groot, die wir hier zum ersten Mal sahen. Am 29. Dezember kam ein Telegramm von Hudson: »Hätten Sie gerne für ein weiteres Jahr«, worauf Max notierte: »[...] – aber then Guston returning! [...]« (Tagebuch, 29. Dezember 1948) Max war sich nicht klar, was er tun sollte, und beschloß, mit seiner Antwort zu warten, bis er mit Augustus Peck gesprochen hätte.

Am 4. Januar 1949 waren wir bei Peck. Er begrüßte uns herzlich. Nach einer kurzen Unterhaltung sagte er, daß er glücklich wäre, wenn Max Beckmann vom nächsten September an zur Fakultät gehören würde. Die Stelle stehe Max offen, solange er sie haben wolle. Max Beckmann, fügte er noch hinzu, sei zur Zeit der am meisten begehrte Lehrer im Lande. Das klang alles sehr beruhigend, zwischen Peck und Max bestanden gegenseitige Sympathie und Verständnis. Max stimmte dem Angebot grundsätzlich zu, erbat sich aber noch einige Tage Bedenkzeit. Zwei Tage später nahm er das Angebot für diesen neuen Lehrauftrag für September 1949 an. Natürlich gab es gleich wieder neue Probleme. Wohnungen in New York waren knapp, und es würde schwer sein, ein Apartment zu finden. Da war auch die Frage des Ateliers, ob außerhalb oder innerhalb der Wohnung. Meine Schwester Doris, Curt Valentin und andere Freunde wollten für uns eine Wohnung suchen, wozu wir gar nicht in der Lage waren ... Max mußte ja bis Ende des Sommersemesters in St. Louis sein.

Gleich nach unserer Rückkehr aus New York gingen wir zum Dekan, um ihm Max' Entscheidung mitzuteilen. Unsere Freunde waren traurig, als sie hörten, daß wir St. Louis verlassen würden. Im folgenden Monat wurden Max noch andere Lehraufträge angeboten: aus Salem, Oregon; vom Stephens College, Columbia (Missouri), und aus Hamburg. Max freute sich, er war gerührt, ein so gesuchter Lehrer zu sein. Über seine neue Position an der Brooklyn Museum Art School, die er so lange haben konnte, wie er wollte, war er sehr glücklich.

Im Januar lud uns Richard Davis, damals Direktor am Institute of Arts in Minneapolis, ein, nach Minneapolis zur Beckmann-Retrospektive zu kommen, die im Jahr davor von St. Louis ausgegangen war. Max nahm die Einladung an und fuhr mit den Rathbones für drei Tage hin. Perry war gebeten worden, zur Eröffnung zu sprechen, und hielt eine wunderbare Rede, die in seinem Text »Max Beckmann in America: A personal Reminiscence« in dem Buch von Peter Selz »Max Beckmann« enthalten ist. Darin schreibt er:

»Max Beckmanns Leben war nicht ohne Abenteuer, ja sogar nicht ohne Drama, es ist von an verschiedenen Orten durchlebten Kämpfen und Krisen gekennzeichnet. Beckmanns Leben könnte anders nicht gewesen sein, denn er war mit einer ihn nie verlassenden Neugier auf die Welt und die Menschen geboren. Wie sein Vater, der sich einst ein Haus auf Rädern gewünscht hatte, sehnte Max sich schon als Junge danach, zu reisen. Er erzählte mir, daß er in seiner Schulzeit besonders gerne von ihm erdachte Reisen illustriert hätte. Und als Halbwüchsiger bemühte er sich tatsächlich um Arbeit auf einem Amazonasdampfer! Er reiste, seit er erwachsen war, und er reiste so oft und so weit, wie es ihm die Lebensumstände erlaubten. Das krönende Abenteuer blieb seiner letzten großen Reise vorbehalten – seiner Emigration in die Neue Welt. Keine Phantasie, nichts, was er sich in seinen Knabenträumen ausgemalt hatte, so extravagant sie auch immer gewesen waren, konnte es mit dem Wunder der erlebten Realität aufnehmen [...]

Die Erscheinung des Mannes, den ich nun kennenlernte, war mir schon von seinen Selbstbildnissen vertraut. Aber Beckmann war im Leben nicht so unnahbar, er war weniger furchteinflößend, als er sich selber sah. Er war ein großer und breitschultriger Mann, mit großen, kräftigen Händen und einem schwerfälligen Gang. Das erste, was mir auffiel, war sein großartiger Schädel. Sein Gesicht mit der klaren klugen Stirn, dem breiten, nach unten gezogenen Mund war tiefernst; der Blick seiner Augen war gütig, fast sanft, sein Lächeln aufrichtig und warm. Max Beckmann war stolz; körperliche oder seelische Schwächen offenbarte er nur selten [...] Er war ein Mann in mittleren Jahren von auffallender Erscheinung, dessen von ihm selbst geschaffenes Image von Ernst, Mut und Kraft geprägt war. Doch irgendwie strafte dieses Bild den wahren Zustand seiner Konstitution Lügen. Er war ein Mensch, den seine unterbewußten Ängste und Phantasien schlaflos gemacht hatten, er sagte mir, daß er seit fünfundzwanzig Jahren davon geplagt sei, und die Schlaflosigkeit hatte ihre Spuren hinterlassen. Sein Gesicht war das eines müden Mannes, eines Mannes mit einer Last [...]

Beckmann unterrichtete seine amerikanischen Studenten mit Hingabe. Er war gewissenhaft, sorgfältig und ihnen gegenüber von rührender Toleranz [...] Seine Studenten vergötterten ihn. Zunächst konnten sie kaum das Glück fassen, Max Beckmann tatsächlich in ihrer Mitte zu haben – das war fast zu schön, um wahr zu sein. Und dann entdeckten sie, was alle seine Freunde entdeckten: daß Max Beckmann, daß dieser Fremde, der so ernst, so unnahbar, so überwältigend vor ihnen stand – ein Mann, dem man mit einigem Zittern gegenübertrat –, bei näherer Bekanntschaft ein warmherziger, großzügiger, mitfühlender und verständnisvoller Mensch mit einer bemerkenswerten Fähigkeit zur Freundschaft war. Ich glaube, er war immer in die Jugend verliebt. Was mehr konnte man sich, abgesehen davon, daß er ein großer Künstler war, von einem Lehrer wünschen? [...]

Die ›Briefe an eine Malerin‹, dieses schöne poetische Credo, dieses Testament, das ein Künstler aus der Erfahrung eines ganzen Lebens und aus den Tiefen seiner künstlerischen Überzeugung heraus entworfen hat [...] dieses Bekenntnis ist zugleich zart und stark. Wie seine Kunst ist es von seiner eigenen Bildwelt, seiner Ehrfurcht vor der Natur, seiner Sorge um die Menschheit erfüllt. Ich habe das Gefühl, daß er es vielleicht nur in Amerika hat schreiben können. In seiner Frische und seiner Offenheit, in dieser Freiheit von jedwedem Zynismus scheint es nicht nur für junge Menschen, sondern für ein junges Land geschrieben, für ein Land, dessen Idealismus den europäischen Besucher immer aufs neue staunen macht [...]

Einer von Beckmanns Lieblingsschülern war Wally Barker [...] einmal hatte Barker eine eigene Maskenparty in seinem Atelier vorbereitet und war noch mit den letzten Vorbereitungen beschäftigt, als er schon den ersten Gast erwartete. Plötzlich hörte er schwere Schritte auf der Treppe. Dann feierliches

Klopfen an der Tür. Barker öffnete. Im Dunkel der Halle zeichnete sich eine große, breite Gestalt im schwarzen Smoking und mit schwarzem Hut ab, eine schwarze Maske quer über den Augen. Einen Augenblick war Barker erschrokken, bekam er sogar Angst. Dann eine tiefe Stimme: ›It's Beckmann!‹ Max war gerne sein eigenes Symbol für das Rätsel der menschlichen Person, das verschleierte Bild des Ich [...] Als ich den Text [für den Katalog der Ausstellung im City Art Museum in St. Louis 1948] schrieb, brachte mich das in eine neue Beziehung zu Beckmann. Sosehr ihn auch die künstlerischen Probleme, die vor ihm lagen, beschäftigten, immer lehnte er es ab, über sein *eigenes* Werk zu reden. Er tat es auch jetzt nicht. Aber da war so etwas wie Sympathie für meine Entschlossenheit, die Bedeutung der Allegorien, die so offensichtlich in den zurückliegenden fünfundzwanzig Jahren in seinem Werk eine Rolle spielen, nicht falsch zu interpretieren. In vielen Gesprächen legte ich ihm also meine Interpretationen vor. Ob sie ganz genau waren, wollte er nicht sagen und behauptete immer wieder, sein Symbolismus sei für jedermann nach eigenem Vermögen lesbar. Aber andererseits ließ er, glaube ich, mich auch nicht weit von seinen eigenen Ideen entfernen. Mit einem ›fine, fine‹, einem ›why not‹, einem ›ja, ja‹ oder nur mit einer Handbewegung fand ich Bestätigung für meine Analysen [...]

Es war die erste wichtige Beckmann-Ausstellung in diesem Land und überraschenderweise auch die erste große Beckmann-Ausstellung, die er je gesehen hatte. Zum Glück war die große Ausstellungsgalerie im Museum in St. Louis geräumig und hoch. Mit so vielen von Beckmanns Hauptwerken, die ich mit äußerster Sorgfalt gehängt hatte, machte sie mit der Monumentalität, der künstlerischen Kraft und der leuchtenden, singenden Farbe der Bilder einen unvergeßlichen Eindruck. Drei der größten der neun Triptychen waren da:

Departure, Die Schauspieler und *Blindekuh*, es waren über neunzig Werke von 1906 bis zur Gegenwart. Für Max war es überwältigend, vierzig Jahre seines Schaffens so großartig ausgebreitet zu sehen – kaum zu ertragen. Die tief im Innern verborgenen Erfahrungen eines ganzen Lebens waren in den Bildern versammelt. Nach und nach gewöhnte Max sich an diese verschwenderische Ausstellung. Was die Präsentation angeht, war er vollkommen zufrieden. Er sollte etwas Ähnliches nicht wieder sehen [...]«

Bald nach der Rückkehr nach St. Louis begann Max mit dem Porträt von Lulu Pulitzer. Mit den Pulitzers waren wir damals schon eng befreundet und besuchten sie gerne in ihrem Haus, wo Max Lulu zeichnete. Sie war eine außergewöhnliche Frau, eine starke Persönlichkeit, intelligent, schön, eine aufsehenerregende Erscheinung, und sie besaß viel Sinn für Humor. Für Leute, die sie gern hatte und die sie gut kannte, hatte sie ein großes, offenes Herz, und es gab nichts, was sie dann nicht getan hätte, wenn Hilfe nötig war. Mit dem Malen des Porträts hatte Max Anfang Februar begonnen; nach zwei Wochen war es fertig. Beide, Joe und Lulu, mochten es. Nicht lange danach kam Curt Valentin nach St. Louis auf Besuch und nahm das Porträt und einige andere neue Bilder mit in seine New Yorker Galerie. Kurz darauf, bei einem Besuch in New York, sah Joe Pulitzer das Porträt wieder und beschloß, es zu kaufen.

Anfang April fuhr Max für drei Tage nach New Orleans. Die Reise, wenn auch nur kurz, war für ihn eine angenehme Abwechslung. Es tat ihm gut, einmal aus der täglichen anstrengenden Arbeit herauszukommen. Er war sehr gerne in New Orleans und schilderte mir seinen Besuch im French Quarter, mit der Bourbon Street, der alten Kathedrale, dem Historischen Museum, in dem er von einem Gemälde von George Catlin, dem Porträt einer Woodoo-Frau, beeindruckt war. In New Orleans konnte er sich wenigstens einen Teil seines Wunsches erfüllen, mit dem Dampfer auf dem Mississippi zu fahren, der ihn beim ersten Anblick so tief beeindruckt hatte. Gelegenheit bestand in einer zwei Stunden dauernden Fahrt auf dem Dampfer »The President«. Max brachte mir ein schönes, schweres silbernes Armband mit Amethysten mit, eine signierte Arbeit von Spratlin, einem bekannten mexikanischen Silberschmied.

Vor Max' Reise nach New Orleans trafen wir zum ersten Mal Morton D. May. Er hatte die Beckmann-Ausstellung in St. Louis gesehen und vor kurzem in New York ein Gemälde von Beckmann erworben. Mays Interesse für Beckmann war durch den Maler Maurice Freedman geweckt worden, der damals Mays Schwager war. Mit Freedman freundeten wir uns erst später an, nach unserem Umzug nach New York.

May wollte sich von Beckmann malen lassen. Man vereinbarte einen Tag, an dem er ins Atelier kommen sollte, wo Max ihn »nach dem Leben« zeichnen wollte. Wie gewöhnlich bat Max mich zur Unterhaltung dazu. Er wollte, daß sein Modell sich möglichst ungeniert und wohl fühlte und nicht regungslos in einer bestimmten Stellung verharrte, was, wie er sagte, den natürlichen Ausdruck im Gesicht einfriere.

Max sagte, May solle sich behaglich fühlen, er könne rauchen und sich frei bewegen, wie er wolle. Nach einer Weile, während unseres Gesprächs, bat uns May, ihn »Buster« (Lausbub) zu nennen, es sei sein Spitzname, alle seine Freunde redeten ihn so an. Er sagte, er wolle auch, daß Max nicht nur sein Äußeres kenne, sondern auch, was in ihm vorging. Und Buster begann, aus seinem Leben zu erzählen, von seinen Problemen zu sprechen und von seinem Interesse für Kunst, das schon in seiner Jugend begonnen habe. Als Max ihn fragte, ob er je zu malen versucht habe, sagte er, vor dem Krieg, aber dann nicht mehr. Darauf Max: »Warum versuchen Sie's nicht wieder? Wenn Sie wollen, helfe ich Ihnen.« Buster war überrascht und erstaunt – als wolle er sagen, »meinen Sie das wirklich?« – und antwortete lächelnd, er möchte es schon versuchen. »Gut«, sagte Max, »wenn Sie mir etwas zeigen wollen, werde ich's gerne ansehen.« – »Rendezvous mit Mr. May [. . .] Besuch von phantastischen Homes, erst bei ihm wo auch die ›Geschiedene‹ noch auftauchte und entsetzlich viel Bilder. Dann bei seinem Papa, riesenhafte Villa mit uraltem Riesenkitsch aber guten Hammelkotelett's mit ›Corn‹, sah auch die Schauspielerinnen wieder.« (Tagebuch, 28. März 1949)

Von da an sahen wir Buster häufig, es war kurz nachdem er seine zweite Frau Margie geheiratet hatte. Mit beiden entwikkelte sich eine enge Freundschaft, und Morton May fing an, seine Beckmann-Sammlung aufzubauen, die heute die wohl umfangreichste und bedeutendste überhaupt ist. Nachdem Max das *Bildnis Morton D. May* beendet hatte, malte er das *Bildnis Kenneth Hudson*, das *Bildnis Fred Conway* – mit beiden wurden wir gute Freunde – und das *Bildnis Edith Rickey*, der Frau des Bildhauers George Rickey – die Rickeys hatten wir bei Rathbones kennengelernt.

Im April 1949 wurde Max für das Sommersemester eine Stelle als Lehrer an der Art School der University of Colorado in Boulder angeboten, er nahm gerne an. Obwohl wir in Boulder erst am 16. Juni erwartet wurden, vergingen die letzten beiden Monate in St. Louis wie im Fluge. Curt Valentin schrieb, er habe endlich in New York eine Wohnung für uns gefunden – zwar ohne Atelier, aber mit einem Extraraum, in dem Max malen könne. Wir mußten uns sofort entscheiden und baten Curt, die Wohnung für uns vom 1. September an zu mieten. Wieder mußten unsere Möbel und die Gemälde eingepackt und verschifft werden, diesmal nach New York.

Wieder gab es Abschiedspartys bei Freunden und bei uns. In den letzten drei Wochen wurde es fast unerträglich heiß, nicht nur tagsüber, auch nachts, und damals hatten wir keine Klimaanlage. Wir sehnten uns nach der frischen Bergluft in Boulder, waren aber im Grunde unseres Herzens traurig, St. Louis, unser erstes Zuhause in den Vereinigten Staaten, zu verlassen. Wir bedauerten, uns von all unseren Freunden zu trennen, besonders von den Rathbones, die uns ein neues Leben eröffnet hatten. Ich wußte auch, daß mir unsere Freundin Zunia Henry, mit der ich in St. Louis so oft zusammen musiziert hatte, fehlen würde. Sie und ihr Mann Jules waren unsere Nachbarn, sie wohnten im selben fakultäts-eigenen Haus wie wir, wir haben uns oft gegenseitig besucht. Am 15. Juni verließen wir St. Louis, und bis auf den einen kurzen Besuch im folgenden Jahr, als Max die Würde eines Ehrendoktors der schönen Künste von der Washington University verliehen wurde, sollte er St. Louis nicht wiedersehen.

Die folgenden Passagen sind aus Beckmanns Tagebuch:
»Ankunft in Boulder Colorado.

›Weiter weiter hopsa weiter

sagt der König zum Gefreiter – –‹

Des Morgens Downtown Denver in großer Hitze angekom-men, mußten aber noch eine halbe Stunde auf Miß Lindström, good looking womenpainter, warten, da Zug früher ankam. Es klappte, und hurra hurra, hop hop hop ging's fort in sausendem Ga – l – opp –

In der allerersten Morgenfrühe (im Zug) sah ich plötzlich Urweltsteppe fern von Boulder, dann in der Nähe von Denver. In Boulder wurde wieder alles brav amerikanisch. Haus annehmbar... Bierparty bei Megrew (Gemsmensch). Auto-fahrt mit Megrew, sah Schneeberge und sehr viel neue Blumen [...] Soll 50 Schüler haben, oh Gott da lachen die Spatzen.« (16. Juni 1949)

»So ganz langsam fängt man an sich zu aklimatisieren. Morgens Besuch mit Megrew in Artschool [...] Ich dann heroisch ersten größeren Allein-Spaziergang bis Ch[atauqua]

78

Wiese (verfl. Name, dicht bei M.). Übrigens großartige Farben im Himmel und Blumen und eine etwas schauerliche Heiterkeit in der Natur [...]« (17. Juni 1949)

»Eröffnung Ausstellung in Boulder, 500 Personen, großes Geschrei wie voriges Jahr in St. Louis, mit Präsidenten und auch hübschen Frauen [...] Viele Kataloge sind verkauft und die Deanin war sehr zufrieden. Alles in Allem nett, wenn auch nicht mehr so sensationell wie St. Louis. – Der Morgenspaziergang über den recht hübschen Friedhof in viel Sonne war auch nett. Auch Q. beim Friseur gewesen, war sehr hübsch! Kurz viel Gutes [...] Nette Dinge machen einen doch gesünder.« (28. Juni 1949)

»Recht anstrengender Tag. Morgens photographiert, school, später dann Perry herbeigeführt durch Lindy, Lunch mit ihm. Abends dann mit Deanin und Gatten und Perry zu Blanchis-Restaurant [...] Dann Vortrag von Perry. Entsetzlich sich so öffentlich am lebendigen Leib – schon wie längst gestorben ›sezieren‹ zu lassen.« (29. Juni 1949)

»Wirklich schöne Autotour nach Estes Park, über 4000 m Höhe und keine Herzaffection. Na, das gibt einem wieder bißchen Mut. – Die Gegend von Lions unglaublich verzaubert, besonders der Rückweg durch das Tal. Der Giant rosa violett und ein verstaubtes Grün [...] endlose Fahrerei und doch nicht unangenehm, long Peak sehr grandios und komische neue Tiere.« (4. Juli 1949)

In Boulder hatten wir ein von einem kleinen Garten umgebenes Haus gemietet, in der 12th Street. Die Frau des Besitzers bat uns, das Gras zu mähen und den Garten jeden Tag zu gießen. Sie sagte uns auch, daß Sie und ihr Mann kommen würden, um *alle* Himbeeren von den vielen Büschen, die entlang der Hauswand wuchsen, zu pflücken. Von Zeit zu Zeit erschien sie unangemeldet, um die Beeren zu inspizieren und festzustellen, wann sie reif sein würden – sie kontrollierte jeden Busch sorgfältig, als ob sie die Ernte zählen wolle, die, wie wir hörten, in diesem Jahr besonders reich war. Als ich erzählte, daß die Hausbesitzersfrau sehr deutlich darauf angespielt hatte, daß wir nicht an die kostbaren Büsche gehen sollten, lachte Max nur und sagte, »das ist ja lachhaft«, und bestand eines Tages darauf, daß wir zu Mittag Himbeeren essen sollten. »Schließlich«, sagte er, »haben wir das Haus ja mit dem Garten gemietet, und ich kann nichts Unrechtes dabei finden, wenn wir einmal Beeren aus dem Garten essen!«

Die Höhe von über 1500 Metern war am Anfang ein Problem für Max, aber er gewöhnte sich rasch daran, und wir liefen viel und wanderten in den nahe gelegenen Bergen.

»... Morgens schöne Sonne und allein sein. Gespräch mit einem Kinde (6 Jahre), nett, schon das ganze ›Mißchen‹ [...]« (Tagebuch, 12. Juli 1949)

»T'ja dieses Boulder. Große Autofahrt to see the old Vesuv and the factory on the lake and later by the wonderful Valley and the red rock's near of Denver. Really enorm and strange, the rocky's extraordinary, the theatre not so agreeable, but all very interesting and strange.« (Tagebuch, 17. Juli 1949)

»Schöne Berg-Fußtour in the green mountains, ziemlich heroisch und in großer Hitze, ohne jede Herzaffection! Sonst Riesenlangweile verknüpft mit Wohlbehagen.

Immer noch etwas geplagt von ›Weh‹ – wenn auch Überzeugung nicht mehr vom Herz. – Die Zeit vergeht, noch 34 Tage, dann kommt das böse New York.« (Tagebuch, 23. Juli 1949)

»Nachmittag Rockymountains-Zeichnung, vielleicht ganz gut. – Megrew schrieb ob wiederkommen next year?!!« (Tagebuch, 25. Juli 1949)

»Höchste Zeit, daß man nach New York kommt – oh Gott, so ist das Leben, was werde ich wohl sagen wenn ich erst dort bin – dann wohin? Gnädiges Verhängnis. – Auf einmal langweilt

mich dieses Vanille-Eis schluckende strahlende Boulder, und
ich möchte im tiefsten Mexiko City bei einigen freundlichen
Urwaldtönen sitzen. – So ist der Mensch. Wird jemals wieder
ein großer Schmerz oder Freude mein Herz erschüttern?!«
(Tagebuch, 27. Juli 1949)
»Wieder besserer Tag. Morgens drei Stunden climbingwalk auf
die erste Hälfte des Flagstaf in großer Hitze, aber doch geschafft
ohne irgendwelche Beschwerde. Die Hitze war so groß, daß
überall Gewitter zusammenbrauten und heute Nacht sich auch
hier entlud zu Butshy's großem Jammer. Aber unheimlich
schön ist doch in der Höhe große Stille, Hitze- und Waldgeruch
so stark [. . .] (Tagebuch, 28. Juli 1949)
»Immer schönes Wetter. Ein erstaunliches Land. Schöner fast
wie Italien. Die große Wärme und kühl aber nicht kalt in der
Nacht. – Große Korrektur mit allerlei Menschen, sogar ein
Deutsch-Amerikaner. Nadine Drummont recht talentvoll [. . .]
Nachmittag Rodeo (Zeichnung), recht gut geworden.
Schöner Abendspaziergang mit Q. und Butshy.« (Tagebuch,
1. August 1949)
Viele Menschen, die Max Beckmann nicht näher kannten,
hatten den Eindruck, er sei nur ein selbstsicherer, sehr ernster
und entschiedener Mensch. Die folgenden Zitate zeigen jedoch,
daß er, wie die meisten schöpferischen Naturen, zweifelte, daß
ihn zuweilen Verzweiflung überkam.
»Die Gespenster meiner alten Bilder, die längst nicht mehr
vorhanden sind, durchgeistern noch immer die Zeitungen. Fast
wie ich selber, dessen Tagestraum sich langsam immer mehr
auflöst und zu einem resignierten – auf Deuwel komm raus mit
herabgezogenen Mundwinkel – sich mühsam fortwurstelndem
Lebenstanz wurde. – Sah heute in einem Schaufensterspiegel
mein eigenes Abbild – oh my – und unerhörter Ekel durchflu-
tete mein Herz – oh schmachvolle Existenz deren Lebenswillen
einen immer wieder in den Lebensdreck zieht – seit Millionen

Jahren und noch Millionen – trotzdem kann auch nicht der ›ewige Jubel‹ des Nirwana mich mit Begeisterung erfüllen. Netter Brief von Peter, ja ja wir sind berühmt.« (Tagebuch, 10. August 1949)

»›Little Mountains‹ bestiegen mit starkem Schwindel von Quappi, die ich aber gut herunter lotste, war schön da oben zwischen 3–4 Abgründen, sodaß der eigene Standpunkt selbst etwas schwindlig war.« (Tagebuch, 16. August 1949)

Mein Schwindel, auf den Max hier anspielt, überfiel mich während unseres Aufstiegs. Der Weg, der sich auf der einen Seite an den Berg anschmiegte und auf der anderen zu einem tiefen Abgrund abfiel, wurde steiler und enger, je höher wir stiegen. Max ging, die Hände auf dem Rücken verschränkt, gemächlich vor mir her. Wie steil der Weg war, bemerkte ich erst, als ich mich einmal umsah; das machte mich schwindlig, und ich rief vorwurfsvoll, daß ich niemals ohne zu fallen wieder herunterkommen würde. Max unterbrach mich und sagte: »Sieh nicht zurück! Keine Angst, ich verspreche dir, daß ich dich sicher hinunterbringe. – Wir sind nicht mehr weit vom Ziel«, fügte er hinzu, aber ich grollte, als ich ihm weiter folgte. Max kam zuerst oben an, lehnte sich gegen einen großen Felsblock, sah heiter in die Runde und sagte, die Aussicht sei wirklich prachtvoll. Um mir Mut zu machen, zeigte er mir, daß man dort niedersitzen und sich ausruhen könne. Als ich schließlich den Gipfel erreichte, sah ich zu meinem Schrecken, daß der Berg an allen Seiten steil abfiel – nur eine Seite wurde von einem rundlichen Felsen abgeblockt, der ungefähr 1,20 Meter hoch war. Erschreckt und schwindlig setzte ich mich hin, lehnte mich an den Felsen und begrub mein Gesicht zwischen den Knien. Ich hatte vollkommen das Gleichgewicht verloren; alles begann sich zu drehen, auch wenn ich die Augen zumachte. »Du wirst mich niemals hinunterbringen, ohne daß ich falle«, wiederholte ich hartnäckig, worauf Max nur sagte:

»Trau mir nur, Quappi.« Nach einigen Minuten stand ich mit seiner Hilfe auf, fühlte mich erbärmlich elend. Er nahm meine Hände in seine, ging vorsichtig rückwärts, Schritt für Schritt, und während er seinen Kopf von einer Seite zur anderen wandte, bestand er darauf, daß ich nur auf ihn und auf seine Fußstapfen schauen und diesen nachgehen solle. Seine Besorgtheit und seine Geduld rührten mich, und ich schämte mich für mein Benehmen. Als ich mich nachher bei ihm bedankte, lachte er und sagte: »Du kleiner Idiot, weißt du denn immer noch nicht, daß ich meine Versprechen halte?«

An 18. August schrieb Max in sein Tagebuch: »Mußte doch bei Quappi Beckmann-letters painterwomen wieder eine Pille nehmen. Es ist merkwürdig wie das ›Weh‹ innerhalb von 2 Minuten verschwindet. Übrigens nehme ich die Sache nicht mehr sehr tragisch nach meinen Bergtouren. Irgendwann wird's wohl mal wieder aufhören. – Quappi Vortrag war gut, trotzdem ich jetzt den letter ziemlich dick habe.«

»›Electra wird schwere Tage haben‹ – recht guter Film nach O'Neill, Agamemnon nebst Familie tritt auf, trotzdem sehr schön!« (Tagebuch, 20. August 1949)

»Na also, wieder gesund zurück von Colorado-Springs. Eine Tour die mein Herz für die alte Natur wieder mal recht intensiv geweckt hat. Ganz großartig, besonders der Blick über ›the garden of the god's‹ zu dem großen [Pike's] Peak. – Auch das Brathmore-Hotel [Broadmoor Hotel] (wo Q. ihre Jacke vergaß) – mit dem Swimmingpool wunderbar und wirklich großartig europäisch. Merril fuhr ausgezeichnet, 9 Stunden gefahren! (Wer mir das vor einem halben Jahr gesagt hätte.) [...] Adieu letzter Sonntag in Boulder.« (Tagebuch, 21. August 1949)

»Letzter Abend in der 12ten Street Boulder. Morgens doch noch das letzte Selbstportrait fabriziert mit Seil. Morgen geht's los mit 3 Stunden Aufenthalt in Chikago, mit ›Zephire‹ dem schönsten Zug Amerika's. Zur Bahn gefahren von Mr. Wolfe,

mein ›halber‹ Schüler und ehemaliger Capt. der Airforces – –
oh Amsterdam... Immerhin bin ich etwas ausgeruht, jedoch
auf alle Unannehmlichkeiten des kommenden Winters
gefaßt...
Boulder vor der Abfahrt nach New York.
Neuen Leiden entgegen, das ist sicher. Vielleicht aber nur
neuer Stumpfsinn und banale Mittelmäßigkeit. Jedenfalls die
schwerste Versuchung, die ich mir noch auferlegen konnte,
aber es bleibt mir nichts anderes übrig. – Wie ich dort meine
›Eins‹amkeit und verhältnismäßig sauberes Hemd behalten
werde, ist mir schleierhaft – *muß* aber gehen. – Die große Linie
des alten allein Leidens – hinter mir seit Herbst 32 – das sind
17 Jahre her – oh Gott.
Längst ist meine Zeit abgelaufen und wird nur künstlich
verlängert. – Draußen zirpen wieder die Heimchen den
Sommer aus. Schön ist das einschläfernde hornartig kratzende
oder schabende Geräusch. Könnte man immer schlafen...«
(Tagebuch, 27. August 1949)
Am Nachmittag des 28. August sagten wir »au revoir«
Colorado – aber wir sollten niemals wiederkehren. Die Fahrt
mit dem »Zephire« war unvergeßlich und war für uns das
»Grand finale« in einer prachtvollen, wunderbaren Gebirgs-
gegend. Vom Aussichtswagen aus sahen wir einen dramatischen
Himmel mit orangeroten Wolken, die violett und gold
abgesetzt waren, sahen die strahlende rote Sonne wie einen
Feuerball hinter die glühend leuchtenden Felsen der Gipfel
versinken.
Am nächsten Tag um zwei Uhr kamen wir in Chicago an, wo
wir drei Stunden Aufenthalt machten, um den Michigansee zu
sehen. Aber die Hitze – 38 Grad Celsius – machte uns die
Rückkehr im klimatisierten Zug nach New York erst recht
angenehm; wir kamen am folgenden Tag dort an. Max wollte
unbedingt unsere Wohnung sehen; wir fuhren direkt vom

Bahnhof aus hin. Sie schien recht hübsch, aber da unsere Möbel erst ein paar Tage später kommen würden, wohnten wir wieder im Gladstone Hotel.

Unsere erste Wohnung in New York lag in der 19th Street East, zwischen Second und Third Avenue. Am Anfang schien alles gut, wenn auch das Zimmer, das Max als Atelier benutzte, nicht sehr groß war. Aber es hatte zwei Fenster nach Norden, und er sagte, es wäre alles in Ordnung. Nicht in Ordnung aber war die Besitzerin, eine geistig verwirrte Italienerin. Sie lebte eine Etage unter uns. Als wir uns das erste Mal trafen, schien sie durchaus sympathisch zu sein. Aber bald begann sie, mehr und mehr Unannehmlichkeiten zu machen, und so sahen wir uns nach acht Monaten gezwungen, wieder auszuziehen.

Wie an jedem Ort, an dem wir gewohnt hatten, war Max interessiert, die Nachbarschaft zu erkunden, und diese unterschied sich von allen bisherigen. Da war nicht nur unsere gestörte Vermieterin, die eine ständige Plage für uns wurde ; sie beschuldigte uns, wir hätten »gefährliche« Besucher, die aber nur in ihrer Vorstellung existierten. In der näheren Umgebung waren einige Krankenhäuser – einschließlich »Belleview« –, eines lag uns direkt gegenüber. Wenn man aus dem Fenster in der Küche oder im Atelier hinausschaute, sah man meist Ambulanzwagen mit Kranken ankommen, die auf Bahren ins Hospital gebracht wurden, oder Tote, die heraus in die Leichenwagen getragen wurden. Die »Bowery« war ein oder zwei Häuserblöcke entfernt, und am hellichten Tag lagen Betrunkene mitten im Lärm der klappernden Hochbahnzüge in der Third Avenue schlafend in der Gosse oder auf den Stufen der Häuser.

Für mich war das alles sehr deprimierend, für Max brachte es einen neuen Aspekt von New York, anders als seine bisherigen Eindrücke von der blendenden, glitzernden Stadt. Daß New

York auch andere Facetten hatte, war ihm freilich schon immer bewußt. – Ganz nah, um die Ecke nach Norden, lag der Gramercy Park, ein reizender grüner, rechteckiger, von einem Eisengitter umgebener Platz. Die verschlossenen Tore waren nur mit privaten Schlüsseln zu öffnen, die den Mitgliedern der Gramercy Park Association gehörten. Man hatte uns gesagt, es würde nicht allzu schwierig sein, Mitglied zu werden, aber Max wollte das nicht. Es gab noch einen anderen kleinen eingezäunten Park in der Nachbarschaft, mit Bänken, auf denen meist arme alte Leute saßen. Hier machte Max oft seine kurzen Morgenspaziergänge, bevor er an die Arbeit ging. Manchmal ging er auch zum East River hinunter und betrachtete die vorbeifahrenden Schiffe. Das alles vermittelte ihm eine neue Sicht von der riesigen Stadt und regte ihn zu neuen Bildern an. Am Spätnachmittag ging er gelegentlich auf eine Tasse Kaffee oder einen Drink ins Plaza oder St. Regis Hotel, wo er sich manchmal mit Curt Valentin traf.

Auch in unserer neuen Wohnung schlossen wir neue Freundschaften – mit dem Maler Stuyvesant van Veen und seiner Frau Frances. Sie wohnten eine Treppe höher als wir. Wir sahen sie häufig, und sie machten uns mit einigen von ihren Freunden bekannt, darunter mit der Malerin Marion Greenwood. Max zeichnete sie und Frances van Veen – es sind Kohlezeichnungen, vorbereitende Skizzen für ein Doppelbildnis, das er anfing, aber niemals fertigmalte. Ab und an kam Buster bei seinen Besuchen in New York zu uns, und eines Tages machte er uns mit dem Künstlerehepaar Maurice und Louise Freedman bekannt. Maurice Freedman, damals Busters Schwager, hatte Beckmanns Kunst lange vor dieser Begegnung bewundert.

Am 26. September 1949 begann der Unterricht in der Brooklyn Museum School of Art; wir fuhren mit der »Underground« hin. Max' erster Eindruck von seinen neuen Schülern war sehr erfreulich, und sie schienen ihn auch zu mögen. An jeder Schule, an der Max unterrichtete, interessierte er sich besonders für den einen oder anderen seiner Schüler; hier war es Dudley Harrison. Dieser junge Mann besuchte eines Tages während der Mittagspause das Brooklyn Museum und sah zu seiner großen Überraschung in der Eingangshalle zwei große Gemälde von Beckmann zusammen mit anderen Gemälden von Mitgliedern der Fakultät hängen. Er trat näher, um die Beckmann-Bilder genauer anzusehen, und las, daß Beckmann als Mitglied der Fakultät an die Brooklyn Museum School of Art berufen war. Unmittelbar darauf gab Harrison seine Stelle auf und schrieb sich in Max' Klasse ein. Schon als Student an der High School of Music and Arts hatte er Beckmanns Malerei bewundert, in die er sich erstaunlich einfühlen und eindenken konnte. Leider studierte er nur drei Semester bei Max. Trotz der verhältnismäßig kurzen Zeit gewannen wir ihn beide sehr lieb, und Max setzte große Hoffnungen auf ihn. Beckmanns Tod war für Harrison ein furchtbarer Schock, er brachte ihn völlig durcheinander.

In den folgenden Jahren telephonierte Dudley Harrison oft mit mir, oder er kam zu Besuch, um mit mir über Max zu sprechen, Bilder anzusehen und mir aus seinem Leben und von seiner Arbeit zu berichten. Eines Tages rief er mich in meiner neuen Wohnung an; während des Telephongesprächs klingelte es an meiner Wohnungstür. Ich bat ihn, zu warten oder später zurückzurufen. Als ich wieder ans Telephon kam, war Totenstille – er hatte eingehängt. Erst dann wurde mir klar, daß ich vergessen hatte, ihn nach seiner Telephonnummer und Adresse zu fragen. Er hatte mir am Beginn unseres Gesprächs gesagt, daß er wieder einmal umgezogen sei. Weder an diesem Tag noch später rief er je wieder an. Unglücklicherweise habe ich seine Spur verloren und konnte den Kontakt mit ihm zu meinem Kummer nie wiederherstellen.

Der Herbst 1949 war für Max voller Erfolge. Im Oktober erhielt er den ersten Preis bei der Internationalen Ausstellung im Carnegie Institute. Im November veranstaltete Curt Valentin eine wichtige Beckmann-Ausstellung, in der das achte Triptychon, *The Beginning* (1946/49), verkauft wurde. Kurz darauf erhielt Max eine Einladung, im folgenden Sommer am Mills College in Kalifornien zu unterrichten.

In die Erfolge aber sollte sich bald Trauer mischen. Max war ebenso erschüttert wie ich, als wir hörten, daß meine Schwester Doris von einer tödlichen Krankheit befallen war – wenn auch anfänglich noch eine leichte Hoffnung zu bestehen schien. Weihnachten – unser erstes Weihnachten in New York – war so von tiefer Sorge überschattet. Dazu war die Situation mit unserer Vermieterin immer unmöglicher für uns geworden, was sehr auf unsere angespannten Gemüter drückte und unsere Niedergeschlagenheit vergrößerte. Diese Frau beschuldigte uns ständig, mit geheimnisvollen nächtlichen Besuchern zu konspirieren, »die böse waren und darauf aus, sie zu vernichten«. Sie wollte nicht hören, wenn Max ihr sagte, daß es gar keine nächtlichen Besucher gäbe und daß sie wahrscheinlich schlecht geträumt hätte; das machte sie nur noch ärgerlicher. Sie lauerte uns überall auf, bedrohte uns, wann immer wir aus dem Haus gingen oder zurückkamen. Mehrmals kam sie sogar in unsere Wohnung, machte uns Szenen und störte Max beim Arbeiten. Die Situation wurde so unerträglich, daß wir umziehen mußten.

Bevor wir in unsere neue Wohnung 38 West 69th Street zogen, fuhren wir am 1. Mai zu einem kurzen Besuch nach Bloomington, Indiana ; Max zeichnete dort Henry Hope, seine Frau und seine Kinder für das *Gruppenbild Hope* (1950). Dort trafen wir auch noch einmal Bernhard und Cola Heiden und verbrachten einen schönen Abend bei ihnen.

Unsere zweite New Yorker Wohnung war sehr bequem; vor allem waren wir erleichtert, nicht mehr von einer verwirrten Hausbesitzerin belästigt zu werden. Diese aus drei großen Zimmern und einer kleinen Küche bestehende Wohnung war in jeder Beziehung praktisch. Das große vordere Zimmer wurde Max' »Atelier«. Im Kellergeschoß hatte er noch einen Raum für bildhauerische Arbeiten. Max und ich hatten dieses neue Zuhause sehr gern; es war günstiger gelegen, nahe am Central Park, wo Max gerne lange Spaziergänge machte – manchmal allein, manchmal mit mir.

Für den Sommer 1950 hatte Max die Einladung angenommen, am Mills College vom 10. Juli bis zum 15. August zu unterrichten. Das paßte gut in unsere Pläne, denn man hatte Max mitgeteilt, daß die Washington University ihm die Würde eines Ehrendoktors der schönen Künste verleihen werde. Der Beginn des Verfahrens war auf den 6. Juni festgesetzt. Wir beschlossen, die Reisen zu kombinieren und von St. Louis erst nach Carmel (Kalifornien) zu fahren, um vier Wochen vor dem Beginn des Sommersemesters in Mills Ferien zu machen. Danach wollten wir eigentlich kurz nach Deutschland reisen, um Freunde und Verwandte zu besuchen. Wegen des Korea-krieges und der unsicheren politischen Lage gaben wir diese Pläne aber schließlich wieder auf. Max hatte immer das Gefühl, der Koreakrieg könne auch auf andere Länder übergreifen. Er wollte nicht noch einmal in die Lage kommen, irgend-wo vom Krieg überrascht und festgehalten zu werden und womöglich nicht in die Vereinigten Staaten zurückkehren zu können.

In den Monaten vor unserer Abreise hatte sich Doris' Krankheit zum Schlimmsten gewendet, und sie hatte mehrfach im Krankenhaus in West Hampton auf Long Island sein müssen. Zwei Wochen vor unserer Abreise nach St. Louis besuchte ich sie in der Klinik. Sie sagte mir, sie fühle sich besser und wolle am folgenden Tag mit der Erlaubnis des Arztes nach Hause. Als ich bei ihr aus dem Zimmer und den Korridor entlang ging – ich hatte mit ihr gegessen –, rannte mir die Krankenschwester entgegen und packte mich am Arm. Mit verhaltener Stimme sagte sie mir stockend, daß Tom MacFerguson-Cooper, Doris' Mann, an diesem Morgen seinem Leben ein Ende gemacht habe, daß man Doris davon noch nichts gesagt habe und daß ich ihr die traurige Nachricht überbringen müsse. Ich war wie vom Blitz getroffen, und erst nachdem ich mit Max telephoniert und mich einigermaßen wieder gefaßt hatte, war ich fähig, zu Doris zu gehen und ihr zu sagen, was sich ereignet hatte. Als ich am Abend zu Hause eintraf, kam Max aus dem Atelier. Er ging mir liebevoll entgegen – ich stürzte in seine Arme, und er hielt mich fest; eine Weile schwiegen wir. Ich wußte, wie er empfand. Später sagte er mir, daß auch er für Doris fürchte, weil dieser Schock ihre ohnehin vorhandenen Ängste noch vergrößerte.

Doris sah ich zum letzten Mal in ihrer Wohnung in Long Island, kurz bevor wir in die Sommerferien fuhren. Sie war auf und behauptete, es gehe ihr gut – ich wußte, daß das nicht stimmte. Am Abend, als ich von ihr wegging, sagte sie: »Mach dir keine Sorgen, es wird schon gehen«, aber ich sah an der Art, wie sie mich ansah, daß sie wußte, wir würden uns nie wiedersehen...

Am 1. Juni, am Tag vor unserer Abreise nach St. Louis, wo Max die Würde eines Ehrendoktors der Washington University entgegennehmen sollte, ging ich mit ihm zu Dr. Constance Fries, um ein Rezept für seine Nitroglyzerintabletten zu holen. Weil wir mehrere Monate abwesend sein würden, bestand Dr. Fries auf einem umfassenden Elektrokardiogramm. Sie sagte, es schiene alles in Ordnung, aber sie würde vor unserer Abreise noch anrufen, um uns die Ergebnisse der Untersuchungen mitzuteilen.

Gegen Mittag am folgenden Tag, als ich mit Packen fast fertig war, klingelte das Telephon. Es war Dr. Fries. Sie fragte, ob Max im Zimmer sei, und ich bejahte. Als erstes sagte sie mir, daß ich unter keinen Umständen Max wissen lassen dürfe, was sie mir jetzt sagen würde, denn es könne seinem sehr ernsten Zustand – er litt an Angina pectoris – schaden. Sie teilte mir dann mit, das Schlimmste, der Tod, könne jederzeit eintreten. Doch habe dieser Zustand vermutlich schon seit Jahren bestanden, und Max würde deshalb auch noch lange leben können. Sie fügte noch hinzu, daß Max auf keinen Fall bei rauher See schwimmen dürfe.

Mir wurde klar, daß ich vor der bisher schwierigsten Aufgabe meines Lebens stand. Nie zuvor hatte ich Max belogen oder ihm die Unwahrheit gesagt; und da stand er vor mir, starrte mich gespannt an, achtete sorgsam auf meine Antworten und war begierig zu erfahren, was Dr. Fries mir sagte. Ich mußte ihm ein lächelndes Gesicht zeigen, als ob ich eine gute Nachricht erhalten hätte. Wie ich das fertigbrachte, weiß ich nicht – denn für gewöhnlich konnte Max durch mich hindurchsehen, jede Regung und alle meine Gedanken lesen, auch wenn ich schwieg. In diesem Augenblick nun zwang ich mich mit äußerster Anstrengung, mir von meiner Erschütterung nichts anmerken zu lassen. Ich war überzeugt, daß ich Max sagen mußte, sein Herz sei intakt. Hätte er die Wahrheit über seinen Zustand erfahren, hätte er vielleicht aufgehört zu malen – aus Angst, der Tod würde ihn unterbrechen und hindern, ein Bild zu vollenden. Er konnte nicht leben ohne zu malen. Ich fühlte, daß ich nicht das Recht hatte, daran zu rühren.

Nachdem ich ihm gesagt hatte, was ich sagen mußte, schien er mir zu glauben – ich sah, wie sich sein Gesicht entspannte. Das Geheimnis konnte ich überhaupt nur für mich behalten, wenn ich mich an den letzten Teil von Dr. Fries' Erklärung klammerte: daß mein Mann noch eine unbestimmte Zeit leben könne. Mit dieser Prognose stiegen wir in den Zug nach St. Louis.

Dort waren wir während unseres Aufenthalts Gäste von Margie und Buster May. Es war schön, wieder in der Stadt zu sein, in der wir unsere ersten beiden so glücklichen Jahre in völliger Freiheit nach den schwierigen Zeiten in Amsterdam gelebt hatten. Wir freuten uns, alle die Menschen wiederzusehen, die uns geholfen, uns ihre Freundschaft geschenkt hatten. Am Nachmittag des Tages vor der Ehrenpromotion las ich im »Women's Faculty Club« die Rede vor, die von Max für diesen besonderen Anlaß erbeten worden war und die er beim Festakt selbst lesen mußte. Nach meiner Lesung wurden wir von vielen Gästen und Freunden begrüßt, unter ihnen Curt Valentin, der extra aus New York gekommen war. Später gingen wir zum Abendessen zu den Rathbones, wo Curt mit Perry über die Abfassung eines Buches über Max Beckmann sprach. Unglücklicherweise konnte Curt nicht noch einen Tag länger zur Promotion bleiben, sondern mußte am selben Abend wieder zurück.

Früh am Morgen des 6. Juni fuhren wir mit Margie und Buster May zur Washington University, wo die Feier um 9.30 Uhr beginnen sollte. Da Max während der langen Zeremonie den schweren Talar über seinem Anzug anhaben mußte, hatte ich Angst, daß die Promotionsfeier im Freien in der glühenden Sonne stattfinden würde. Zum Glück fand sie im Auditorium statt. Ich saß auf der Galerie, zusammen mit den Rathbones und den Mays. Bald erschien die feierliche Prozession und bewegte sich langsam zur Tribüne, während das St. Louis Symphony Orchestra einen feierlichen Marsch spielte. Nach den Fakultätsangehörigen, ihm voraus der Kanzler Arthur Holly Compton, sah ich Max in Barett und Talar neben Bernard M. Baruch, Alexander Langsdorf, Madame Vijaya L. Pandit,

Luther Ely Smith und Eugene P. Wigner, den anderen Empfängern der Ehrendoktorwürde. Die sechs nahmen auf der Tribüne Platz, Max in der ersten Reihe.

Die ganze Feier über war ich voller Sorge und Angst. Dr. Fries' schreckliche Feststellung – »das Schlimmste könne jederzeit eintreten« – wurde immer drohender für mich, und ich konnte nicht umhin, zu denken: würde Max die physische und geistige Anspannung aushalten? Ich wußte, daß er auch bei weniger bewegenden Anlässen immer nervös und angespannt war. Gleichzeitig hatte ich das Gefühl, einem mittelalterlichen Theaterspiel beizuwohnen. Max sah sehr würdig und schön aus in Barett und Talar, wie ein Bildnis aus dem 16. Jahrhundert. Während der Feier wurde ich kein einziges Wort von dem gewahr, was gesprochen wurde – ich war ganz und gar auf Max fixiert. Er sah blaß aus und ernst, den Blick in weite Ferne gerichtet. Ich mußte alle Kraft auf meine Selbstbeherrschung verwenden, spürte ich doch, wie die Feier ihn innerlich mitnahm und bewegte.

Bernard Baruch hielt die Hauptansprache. Nach der Promotion der Undergraduates war endlich der Augenblick für die Übergabe der Honorary Degrees gekommen. Der Rektor rief Max Beckmann auf, und Beckmann ging langsam einige Schritte nach vorn, bis er vor dem Kanzler Compton – dieser war im roten Samttalar – stand und Dekan Hudson das Folgende vorlas:

»Mr. Chancellor, ich habe die Ehre, Max Beckmann, den Künstler und Lehrer, vorzustellen: Ein Meister in der Kunst der Malerei, hat er mutig und kompromißlos für das Recht des Künstlers gekämpft, seine persönliche Vision auszudrücken und alle Bigotterie und allen Despotismus zu verdammen. Von den Nazi-Diktatoren seiner Ehre beraubt, floh er aus Deutschland ins selbstgewählte Amsterdamer Exil. Vom Einmarsch [der Deutschen] bald überrascht, überlebte er die Fährnisse der

Besetzung – und brandmarkte während der ganzen Jahre auf der Leinwand alles, was Menschenwürde und Humanität zu vernichten trachtete. Seine Bilder, voller Weisheit in der Grundauffassung, monumental in der Ausführung, gehören zu den bedeutenden Werken unseres Jahrhunderts. Ich empfehle ihn Euch für die Auszeichnung eines Doctors der schönen Künste.«

Als Dekan Hudson mit Lesen fertig war, überreichte er Max das schwarze, mit roter und grüner Seide gefütterte und mit einer Kante aus goldbraunem Samt gesäumte Barett, und der Kanzler händigte Max das in grünes Leder eingebundene Ehrendiplom aus.

Max und ich fuhren nach der Feier ins Haus des Kanzlers und seiner Frau, wo wir zum Lunch eingeladen waren; in ihrem schönen Garten saßen wir mit Bernard Baruch und Madame Pandit am selben Tisch. Ich war erleichtert, zu sehen, daß Max sich wohl fühlte und alles so gut überstanden hatte. Nach diesem ereignisreichen Tag aßen Max und ich dann allein und in aller Ruhe im Chase Hotel zu Abend.

Am nächsten Tag schrieb Max in sein Tagebuch:

»›Krönung.‹

(University)

Wenn ich mir recht überlege, weiß ich eigentlich nichts mehr von dieser Prozedur. Irgendwie wurde man hingebracht, irgendwo fand man sich wieder neben 3 oder 4 ›Leidensgenossen‹ im Campusconciergerie und Compton begrüßte mich als Freund neben Baruch! Im ›Trauermarsch‹ (mit Musik) ging es auf die Tribüne, vor mir im Saal ein paar tausend graduierte Köpfe – bis ich nach Rede von Dean Hudson von Compton Ehrendoktor's Dokument erhielt und mit Umhang und Topmütze bedeckt wurde. In der Ferne weinten gerührt die Anverwandten. – Lunch bei Compton. – Dann mit Margie und Quappi zum May-Schloß.« (6. Juni 1950)

Erst später habe ich realisiert, wie groß die Bedeutung dieses Ereignisses für Max' Leben war – wenn man an die Zeit seiner Entlassung aus dem Lehramt in Frankfurt durch das Naziregime denkt, an seine Flucht nach Holland und dann dort wieder an die Besetzung durch die Nazis, die ständige Bedrohung von Verfolgung, möglicherweise Deportation oder Tod.

Ich mußte immer wieder an die Jahre in Amsterdam denken, in denen man nicht wagte, auf der Straße seine Meinung zu äußern, ohne sich vorher umzuschauen, um zu sehen, ob irgend jemand einem etwa folgte; auch daran, daß man zu Hause das Telephon mit einer Kaffeemütze abdeckte, um sicher zu sein, daß die Gespräche nicht abgehört und aufgenommen wurden. Dennoch, trotz aller Schwierigkeiten und Schrecken in jenen Jahren, hat Max mit aller Kraft weitergemalt – Malen war sein Leben. Schöpferisch tätig zu sein war für ihn zum Leben so notwendig wie das Atmen.

Hier nun, in Amerika, fühlte er sich auf einmal wieder frei. Erst zwei Jahre zuvor waren wir in dieses Land gekommen – und schon war ihm große Anerkennung zuteil geworden. Er hatte neue Freunde gefunden, hatte Freude an der Arbeit mit seinen Studenten, und nun, nach so kurzer Zeit, hatte seine Kunst der Öffentlichkeit so viel Respekt abgenötigt, daß die Washington University ihm diese Ehrung zuteil werden ließ.

Ich fragte mich, ob irgend jemand außer seinen nächsten Freunden, die an diesem Junimorgen dabei waren, sich wohl darüber im klaren war, daß der »strenge Ausdruck« in Max' Gesicht eine Art Maske war, die er zu seinem eigenen Schutz angenommen hatte. Niemand hat ihn wohl treffender charakterisiert als Perry Rathbone, als er schrieb: »Max Beckmann, der Fremde, machte einen furchtbar ernsten, fast überwältigenden Eindruck – ein Mann, dem man mit einer gewissen Bangigkeit gegenübertrat, der aber bei persönlicher Bekanntschaft ein warmer, großherziger, mitfühlender, im tiefsten verstehender Mensch mit einer bemerkenswerten Fähigkeit zur Freundschaft war.«

Nach sechs Tagen in St. Louis fuhren wir am 8. Juni nach Kalifornien: »[...] endlich landeten wir in unseren Bedrooms [...] setzte der Riesenzug sich langsam in Bewegung.« (Tagebuch, 8. Juni 1950)
»Die Nacht im Schlafwagen war recht angenehm und man schlief trotz Ruckelei ganz großartig. In Kansas City 1½ Stunde Aufenthalt. Butshy hatte Angst vor vielem Lärm. Dann weiter in die Nacht mit dem Zug aus Chikago. Am Morgen dann die endlosen Weizenebenen von Kansas bis endlich, endlich die ersten Juka's (Blumen) auftauchten und langsam es heißer wurde. Das Schönste war El Paso über dessen groteske Felsen man nach Mexiko sehen kann und uns der Rio del Grande begegnete. Lange auch sah man das Kreuz von El Paso – dann wieder Nacht.« (Tagebuch, 9. Juni 1950)
»Am frühen Morgen endlich Los Angeles. Durch die sehr schöne Flußebene mit dem Salzsee und die ersten Eukalyptusse und Riesen-Palmen und Desert's. Also schließlich Bahnhof – kein Valentiner an der Bahn, nur eine Horde als Türken verkleideter Amerikalogenbrüder die uns mit Musik und Hohngelächter empfingen, das mit einem Böllerschuß endete und Butshy fast seinen Geist aufgab.« (Tagebuch, 10. Juni 1950)
Nach dieser ohrenzerreißenden Begrüßung erkundigten wir uns – da Wilhelm Valentiner wider Erwarten nicht da war – nach Hotels, die auch Hunde aufnahmen. Nach einigem Telephonieren fand ich eines, wir fuhren mit einem Taxi hin; nach dem Mittagessen konnte sich Max ausruhen.
Ich rief Valentiner an, der sagte, wie sehr er es bedaure, daß er uns nicht hatte in Empfang nehmen können und daß wir auch

den Freund, den er zum Bahnhof geschickt hatte, um uns abzuholen, verfehlt hätten. Er habe für uns ein Zimmer im besten Hotel reserviert, und er wollte unbedingt, daß wir dorthin gingen, weil es bequemer für uns sei. Aber Max war sehr müde und wollte nicht umziehen – außerdem waren wir nicht sicher, ob dieses Hotel Butschi aufnehmen würde. Wir seien hier ganz gut untergebracht, erwiderten wir, und würden am Abend mit dem Zug nach San Francisco weiterfahren. Valentiner sagte mir noch, daß Vincent Price, einer von Beckmanns Bewunderern, eine Cocktailparty mit einer Reihe junger Künstler arrangiert hätte. Valentiner hoffte, wir würden die Einladung annehmen, und bot sogar an, uns dazu abzuholen. Max zögerte einen Augenblick, willigte dann aber ein hinzugehen.

»[...] man schleppte uns im Auto zu einer Party eines famous Kino-Stars, Vincent Price, wo sich dann auch Vico Le Brun und verschiedene andere versammelt hatten, und ich mußte viel Schmeichelhaftes über mich ergehen lassen. Lebrun übrigens sehr nett. Price hat einen wahren Paradiesgarten, mit frühen Skulpturen und netten Frauen und Südfrankreich Pflanzen. Es gab Whisky und Begeisterung. – Dann im Auto über ganz Hollywood zur Bahn. Noch rechtzeitig zur Abfahrt – oh Gott –!« (Tagebuch, 10. Juni 1950)

»Abends bei Frau Schaps. Arrivato – oh God's – oh – oh – 52 Stunden Bahnfahrt. – In der Nacht von Hollywood bis San Franzisko gut aber tod-tief geschlafen. Morgens 8 Uhr in San Franzisko... Endlos müde noch drei Stunden Autofahrt auf herrlichen Bay-Highway. – Nach lächerlichem Suchen nach Haus S., – endlich gefunden – niemand zu Haus! (Zu früh angekommen.) Wankend, gnädigst im Hotel aufgenommen, weiter wankend – Brieftasche verlierend, Q. rennend wieder zurück, (Brieftasche gefunden). Endlich Frau Schaps, großes Geschrei und reizende Wohngelegenheit – viele Blumen, sehr seltene. Frösche quaken, Hunde bellen, Pacific rauscht – wieder at home für 3–4 Wochen.« (Tagebuch, 11. Juni 1950)

In Carmel war Max heiter und entspannt. Wir hatten das reizende kleine Gästehaus in Mrs. Schaps' Garten gemietet, wo es – umgeben von exotischen Pflanzen und Blumen, man hörte nur Laute aus der Natur – ruhig und friedlich war. Mrs. Schaps lud uns häufig zum Mittag- oder Abendessen in ihr Haus ein. Manchmal aßen wir daheim oder in verschiedenen Restaurants in Carmel oder Monterey, das damals ein reizender kleiner Fischerhafen war. Max und ich mochten Frau Schaps immer lieber, sie war eine kultivierte, kluge, aus Deutschland gebürtige Frau, mit einem guten Sinn für Humor. Sie hatte Verständnis sowohl für Max selbst wie für seine Kunst. Mehrmals fuhr sie uns zu interessanten und schönen Orten in der näheren Umgebung.

Einen Ausflug genoß Max besonders. Wir fuhren an einen Platz, von dem aus man eine kleine Insel sehen konnte, die nur von Seelöwen bewohnt war. Sie wies verschiedenartige Fels-formationen auf und lag nahe genug an der Küste, daß man Leben und Treiben dieser faszinierenden Tiere beobachten konnte. Max genoß auch die Spaziergänge am Strand. Die Felsen nehmen sich aus wie phantastische prähistorische Tiere, einer ganz wie ein Elefant, Max nannte ihn auch so. Gewöhnlich legten wir uns in die Sonne.

Max entdeckte eines Tages auf seinem Spaziergang eine alte, verlassene spanische Kirche, die 1730 erbaut worden war. Sie war von drei Höfen umgeben, in denen alte Pinien, ein paar alte Eukalyptusbäume, Mimosen und viele Blumen wuchsen. Wir gingen noch oft dorthin und genossen diesen ungestörten, friedlichen und einsamen Ort. Das Wetter wurde von Tag zu Tag wärmer; manchmal zogen wir unsere Schuhe und Strümpfe aus, um durch den Schaum der zurückrollenden Wellen zu waten. Sie hinterließen im Sand Spitzenmuster, die sich alsbald wieder auflösten. Das Wasser fühlte sich an wie Eis: Mit Ausnahme einiger junger Leute versuchte auch niemand, darin zu schwimmen.

Eines Tages verlangte Max seinen Badeanzug, er wollte unbedingt schwimmen. Mit größter Mühe versuchte ich, ihm das auszureden – es half alles nichts. Auf unserem Weg zum Strand sprach Max kein Wort. Als wir angekommen waren, sah ich drei junge Burschen im Meer herumspritzen, aber sie waren bald wieder draußen. »Siehst du«, sagte ich zu Max, »diese Burschen sind offenbar von hier, und selbst die springen schnell wieder aus dem eiskalten Wasser!« Max drehte sich mit einem ironischen Lächeln zu mir um und ging auf die schmale Bucht zu, von der die jungen Leute gerade gekommen waren. Ich fuhr zusammen und hielt den Atem an, als ich ihn ins Wasser gehen und schwimmen sah. Dr. Fries' Warnung kam mir wieder in den Sinn – daß Max keinesfalls in rauher und eiskalter See schwimmen dürfe. Ich hatte schreckliche Angst, weil ich machtlos war, diesen Wahnsinn zu verhindern. Kurz darauf sah ich, wie der Ozean rauher wurde, aber zum Glück kam Max zurück und stieg aus dem Wasser. Als er sich meinem Platz näherte, konnte ich sein lachendes, strahlendes Gesicht sehen, er sah wohl und vergnügt aus. Als er sich neben mir niedergelassen, sich an einen Stein gelehnt und es sich bequem gemacht hatte, sagte er: »Das Wasser war wahrhaftig kalt und rauh, aber das war nicht der Grund, warum ich nur so kurz darin geblieben bin. Was mich gestört hat, waren diese großen Kieselsteine, die an meine Schienbeine schlugen. Aber jetzt fühle ich mich wundervoll. Nun glaube ich, was Dr. Fries gesagt hat, und ich bin sicher, daß es mit meinem Herzen gar nicht so schlimm sein kann.« Mir verschlug's die Sprache. Dann fragte ich ihn: »Willst du mir etwa damit sagen, daß du die Probe aufs Exempel machen wolltest?« »Ja, natürlich«, antwortete er, »ich mußte es doch versuchen«, und lachend fügte er hinzu: »Siehst du, Quappi, du wirst es mit mir noch eine Zeitlang aushalten müssen.« Es war ein schöner, warmer, sonniger Tag. Wir saßen friedlich am Strand, schauten auf den weiten, riesigen Ozean und beobachteten die großen Vögel, die flach übers Meer flogen.

Carmel war überhaupt einer der Orte, an denen Max glücklicher war als seit vielen Jahren. Er liebte die französische und die italienische Riviera, aber er sagte zu mir, daß ihm Kalifornien wegen des weiten wilden Pazifiks, seiner Wüsten, der exotischen Pflanzen und Vögel und wegen der großartigen Landschaft eigentlich noch lieber sei.

Max schrieb in sein Tagebuch:

»Morgens noch am Meer mit etwas Felsengekraxel. Quappi und Butshy kamen später, da schon packing. War noch sehr schön aber wieder viel Nebel. Dann um drei Uhr nach dem Flugplatz Monterey wo dann Valentiner auch lächelnd in 70jähriger Gloire, rosig aus kleinem Flugzeug entstieg. Na, man raste im Auto die kleine Strecke zum Dinner zu Frau Schaps mit 3 Hühnchen und Californienwein. Valentiner ist wirklich sehr nett und außerordentlich lebendig, will sich sogar zeichnen lassen im Herbst – t'ja im Herbst – wo ich (Corea?) da wohl sein werde –?!« (3. Juli 1950)

»Carmel letzter Tag. – Noch mit Valentiner bei den Seelöwen auf der anderen Seite von Carmel. Zuerst waren nur die schwarzen Taucher da, aber plötzlich nacheinander tauchten drei riesige Seelöwen auf (alles auf der noch sichtbaren kleinen Insel gegenüber) und es war wirklich ein fremdartiger und großer Eindruck, wie der eine Seelöwe wie ein alter mythologischer Mammut schräg gegen den Himmel stand. – Freiheit und Unendlichkeit in dem Meereshorizont. Überhaupt die Draque-Buchten wundervoll.« (4. Juli 1950)

Frühmorgens am 5. Juli fuhren wir von Carmel nach Oakland, zum Mills College. An jedem Ort, an dem Max aufgefordert wurde, zu unterrichten, Vorträge oder Sommerkurse zu halten, stellte er die gleiche Bedingung: daß wir unseren Pekinesen Butschi mitnehmen konnten. Zum Glück wurde uns das niemals abgeschlagen, und so begleitete uns, wie immer, der kleine Hund nun auch auf unserer Fahrt nach Mills College.

Wir fuhren mit dem Zug nach San Francisco und hatten erwartet, daß jemand vom College uns an der Bahn abholen würde. Etwas enttäuscht und ärgerlich entschied Max, daß wir lieber ein Taxi nehmen und nicht erst im College anrufen sollten. An diesem Morgen sahen wir kaum etwas von San Francisco, waren aber von der riesigen, langen Brücke, über die wir nach Oakland fuhren, beeindruckt. Bei der Fahrt aus der Stadt kamen wir auf eine bergauf führende Straße und waren bald am Ziel – Mills College. Das Tor öffnete sich, um unser Taxi einzulassen; wir waren ganz überwältigt von dem unerwarteten Anblick zahlloser Eukalyptusbäume im Campus. Max liebte Eukalyptusbäume, seit er zum ersten Mal welche in Südfrankreich gesehen hatte. Er hatte einmal zu mir gesagt, wie gerne er einen Wald von Eukalyptus sehen würde – und hier, zu unserer Überraschung, wurde sein Wunsch Wirklichkeit!

Nach einer kurzen Fahrt erreichten wir schließlich Orchard Meadow Hall, das Haus, in dem wir wohnen sollten. Als wir aus dem Wagen gestiegen waren, Butschi an der Leine, und der Taxifahrer schon das meiste Gepäck ausgeladen hatte, sah ich vom Haus her eine Frau auf uns zulaufen, die auf Butschi zeigte und auf sehr unangenehme Weise rief: »Auf keinen Fall können Sie den Hund mit ins Haus nehmen!« Sie stand vor uns wie ein General vor seiner in die Schlacht ziehenden Truppe und zog die Augenbrauen hoch. Als Max einwandte, wir hätten aber eine Erlaubnis, fuhr sie emphatisch fort: »Ich bedaure, aber in den Schlafsälen sind Hunde nun mal nicht zugelassen!«

Max war wütend, wandte sich sofort zum Fahrer, sagte ihm, er solle unsere Koffer wieder einladen, und erklärte mit eisigem Ton in der Stimme: »Gut, dann fahre ich sofort wieder ab.« In diesem Augenblick, als er eben ins Taxi einsteigen wollte, in dem Butschi und ich schon wieder saßen, sahen wir einen Mann auf uns zurennen und wie wild mit den Armen winken. Er entpuppte sich als der Kunstgeschichtsprofessor Alfred Neumeyer, Mitglied der Fakultät, mit dem wir korrespondiert hatten, ein Freund von Frau Schaps. »Beckmann!« rief er nur, begrüßte uns herzlich, fragte, was denn los sei. Als Max es ihm erklärte, bügelte er die lächerliche Situation sofort aus und sagte der Beschließerin, die für Orchard Meadow Hall verantwortlich war, daß Beckmann in der Tat eine Sondergenehmigung habe, um »den Hund« mitzubringen und bei sich zu haben. Neumeyer sagte uns später, daß wir eigentlich erst in drei oder vier Tagen erwartet worden wären und daß wir nun die ersten Tage in einem anderen Gebäude wohnen müßten. Unsere zu frühe Ankunft war nun mein Versehen – ich hatte die Daten durcheinandergebracht und entschuldigte mich. Zur gegebenen Zeit zogen wir dann in eine Zimmerflucht im Parterre von Meadow Hall um, alles war friedlich. Butschi war vermutlich der einzige, erste und letzte Hund, der Mills College je »besuchte« – jedenfalls bis damals. Professor Neumeyer und seine Frau, mit denen wir uns mehr und mehr anfreundeten, luden uns gleich am ersten Abend zu sich zum Essen ein.

Wenig später, bei der Eröffnung einer Ausstellung mit Gemälden von Max in der Art Gallery des College, lernten wir Darius Milhaud und seine Frau Madeleine kennen, die uns für einen Abend zum Essen einluden. Dabei erzählte uns Frau Milhaud, daß sie von der Aufregung um »Beckmanns Hund« am Tage unserer Ankunft gehört habe; sie wollte wissen, was für eine Art von Hund es denn sei. »Ein Pekinese.« – »Was, ein

Pekinese?« rief sie erstaunt, »aber das ist doch ein kleiner Hund
– und so viel Aufregung! Mein Gott, und wir haben uns schon
gedacht, es wäre ein großer Hund, wenigstens ein Danois
oder ein Bernhardiner. Weil jeder von ›Beckmanns Hund‹
gesprochen und nicht einer gesagt hat, es sei nur ein kleiner
Hund!«

Diesen Sommer in Mills College hatten wir die Freude, im
Auditorium des Theaters das Budapester Streichquartett alle
Beethoven-Quartette spielen zu hören, was uns sehr entzückte
– ein großes Vergnügen. Wir sahen die Mitglieder des
Quartetts häufig, besonders Joseph Roismann, den Primgeiger,
der ein wirklich großer Musiker und ein sehr liebenswürdiger
und gebildeter Mensch war. Wir lernten ihn näher kennen als
die übrigen Mitglieder des Quartetts, weil er auch in Orchard
Meadow Hall wohnte.

Der Campus von Mills College war der großartigste und
schönste, den wir je gesehen haben. Außer den hoch aufragen-
den Eukalyptusbäumen gab es Wege, die von blühenden
Mimosensträuchern gesäumt wurden. Überall wuchsen Rosen
und andere Blumen in Hülle und Fülle. Es gab ein Schwimm-
becken, von dem aus man an klaren Tagen San Francisco sehen
konnte. Nur vermochte Max die Zeit in Kalifornien und Mills
College wegen des Koreakrieges nicht so recht zu genießen.
»Lebe halb im Paradies und halb in der geistigen Hölle
(Kriegsdrohung etc.) – Na schließlich ist das ja nun seit
1914–50, also 36 Jahre immer der Fall gewesen und man
sollte eigentlich etwas resignierter sein...« (Tagebuch, 6. Juli
1950)

Ab und an fuhren wir nach San Francisco, das Max sehr
beeindruckte, später malte er ein Bild von der Stadt. »Nachmittags erstes Mal in San Franzisco richtig. Natürlich auf dem
höchsten Hotel Marc, mit der Riesenaussicht auf die Bay und
Golden Gate bridge. Verrückt die steilen Tram's.« (Tagebuch,

6. Juli 1950). Und später heißt es: »Sah Frisco und Golden Gate am Abend sehr großartig. – Aber, nun genug gesehen – (vorläufig)...« (Tagebuch, 7. Juli 1950)
In der zweiten Julihälfte schrieben mir Freunde meiner Schwester Doris, ihre Krankheit hätte sich verschlimmert. Sie sei nun ständig bettlägerig, und es sei unwahrscheinlich, daß sie das Ende des Monats noch erleben würde. Sie baten mich zu kommen. Ich war voller widerstreitender Gefühle. Ich konnte unmöglich reisen, weil meine letzte Unterredung mit Dr. Fries über Max' Herzbefund in meinem Bewußtsein immer obenan stand. Wie durfte ich Max allein lassen, wo ich doch wußte, was für Sorgen und Ängste ihn während meiner Abwesenheit überkommen würden? Außerdem brauchte er mich, weil er beim Unterrichten noch immer Probleme mit dem Englischen hatte. So teilte ich ihm den Inhalt dieser ganzen Briefe auch nicht mit und versuchte, meinen Kummer nicht zu zeigen.
Am frühen Nachmittag des 23. Juli kam der Priester des College zu uns und brachte das Telegramm mit der Mitteilung, daß Doris gestorben sei. Max, ebenso bekümmert darüber wie ich, umsorgte mich mit seiner ganzen Wärme und Zartheit. Später am Tag fuhr er mit mir zu einem wunderbaren Platz mitten in der schweigenden Natur – weg von den Leuten und dem Collegebetrieb. »Man [...] versuchte so gut es ging die Tatsache hinzunehmen. – Betrachtungen über das Leben überflüssig.« (Tagebuch, 23. Juli 1950)
Max genoß Kalifornien, er sah davon soviel als möglich. Aber er war immer wieder beunruhigt und bedrückt wegen des Krieges in Korea. Würde daraus ein dritter Weltkrieg werden? Diese Frage trug er ständig mit sich herum. Trotzdem freute ihn die Arbeit mit den Studenten, freute ihn die herrliche Natur ebenso wie San Francisco und die verschiedenen Ansichten und Ausblicke über die Stadt, wenn man sich ihr von der einen oder anderen Richtung her näherte.

In der ersten Augustwoche fuhren wir für drei Tage mit William Gaw, dem Dekan der Kunstschule, und mit dessen Frau nach Nevada. Wir tranken in Sacramento Kaffee und fuhren dann nach Carson City, wo das Staatsgefängnis steht. Max wollte dort die riesigen versteinerten Fußabdrücke von Tieren und Menschen der Prähistorie sehen. Das war aber leider nicht möglich, weil sie unter dem Saal liegen, in dem die Gefangenen gerade zu Mittag aßen. Man gab uns aber drei Abzüge eines kleinen Photos, die Max so interessant fand, daß er sie in seinem Tagebuch verwahrte. Wir fuhren auch nach Virginia City, einer jener Geisterstädte mit verlassenen Häusern – einige noch mit verstaubten Tischen, verblichenen Polstersesseln und Sofas möbliert und mit alten Eisenpfannen und -töpfen ausgestattet, die über dem Herd hingen, und mit Tellern hinter der Glastür eines Schrankes. Es sah so aus, als wären die Bewohner auf unbestimmte Zeit in den Ferien. Auch eine verstaubte Bar war vorhanden, in der noch eines jener alten Klaviere mit dem typischen metallisch klirrenden Klang stand. Der kurze Besuch in Virginia City war wie ein böser Traum.

Wir fuhren dann weiter bis zum Lake Tahoe durch hohe Berge; gegen zehn Uhr abends kamen wir schließlich an. Es war schneidend kalt, und wir hatten Mühe, eine Unterkunft zu finden. »Schreckliche Frigidairenacht, in Kleidern zu Bett [...] Na, jedenfalls an *die* Nacht werde ich denken in Taho!« (Tagebuch, 4. August 1950) »Morgens ganz früh und verfroren an wirklich schönen See allein ein paar schöne Momente. Dann weiter.« (Tagebuch, 5. August 1950)

Noch am selben Tag kamen wir nach Reno, das Max beeindruckte – wegen der Ungewißheit und der Chancen beim Spiel – und ihn an Monte Carlo erinnerte. Wenn Max auch niemals spielte – er war immer fasziniert, die verschiedenen Typen beim Spiel zu beobachten. Am nächsten Morgen brachen wir auf, fuhren wieder durch Nevada. Max war überwältigt von der vollkommen kahlen, bergigen Landschaft, nannte sie eine »Mondlandschaft«. Die Fahrt zurück nach Mills College war lang; Max war sehr müde, aber, als wir spät nachts ankamen, voller neuer Bildgedanken.

Bis zu unserer letzten Abreise aus Kalifornien blieben uns nur noch zwei Wochen. Beide waren wir sehr gerne dort. Aus diesem Aufenthalt sind drei Gemälde entstanden, die Max im Lauf von drei Wochen nach unserer Rückkehr in New York beendete: *San Francisco, West-Park (Park in Kalifornien)* und *Mühle im Eukalyptuswald (Mills College) (Wassermühle in Kalifornien)*, die beiden letzteren eine Erinnerung an den Campus von Mills College.

Eine »Hausarbeit« als Abschluß mußte Max vor der Abreise nach New York noch vornehmen, er mußte seine Studenten benoten, was er sehr ungern tat, weil er nicht glaubte, daß künstlerische Fähigkeiten auf diese Weise bewertet werden können. Die Studenten hatten für uns ein reizendes Abschiedsfest arrangiert. – Mr. und Mrs. Gaw luden uns an unserem letzten Abend noch zum Essen ein. Am Samstagnachmittag des 19. August stiegen wir in den Zug nach New York. Max hielt die Eindrücke der Reise im Tagebuch fest:

»Die Strecke bis Reno bekannt, mancherlei Erinnerungen –
Ulkig waren die Holztunnel, na – schließlich ging man schlafen und schlief bis zu den kleinen Rockymountains, die sich langsam in ein riesiges Desert auflösten.« (19. August 1950)
»Wyoming ist der tollste Wüstenstaat von Allen. Cheyenne die Hauptstadt. – Endlose Wüsten, Speisewagen, Wüsten – Trockenheit – Wüsten, die sich später mit riesenaufgetürmten Felsblöcken bekleideten.« (20. August 1950)
»Gegen Mittag über Nebraska und Iowastate, landete man schließlich in Chikago Illinois. Interessant war das Rangieren (1 Stunde lang) und Chikago aus der Froschperspektive sogar

mit einem Fluß. Dann ging's weiter, diesmal in rasendem Tempo über Detroit in dunkler Nebelnacht mit fast grausigen Beleuchtungen der nächtlichen Stadt. – Schließlich doch geschlafen.« (21. August 1950)

»[...] im rasenden Schlafwagen, doch überraschend schnell im Pennsylvaniabahnhof gelandet, empfangen von glutvoller Hitze.« (22. August 1950)

Nach elf Wochen kehrten wir so nach New York zurück – für die kurzen Monate, die Max Beckmann noch beschieden waren.

II
Aus dem Leben

Kindheit und Jugend

Vieles von dem, was über Max Beckmanns frühesten Unterricht im Malen geschrieben wurde, beginnt erst mit dem Jahr 1900, mit seinem Eintritt in die Weimarer Akademie. Sein Talent kündigte sich jedoch schon früher an. Vier Geschichten, die Beckmann mir aus seiner frühen Jugend erzählte, zeigen, wie mächtig der Drang war, sich künstlerisch auszudrücken, der sein ganzes Leben durchzog und ihn geprägt hat. Diese Geschichten erzählte er immer wieder ausführlich, als wollte er sie aufs neue beschwören. Von Zeit zu Zeit habe ich ihn in unseren gemeinsamen Jahren nach diesen Erfahrungen aus seiner Jugend gefragt und ihn gebeten, sie mir in allen Einzelheiten zu berichten; auf diese Weise haben sie sich mir für immer eingeprägt.

Die erste dieser Geschichten, die Max mir zu Beginn unserer Ehe erzählte, ereignete sich, als er vier Jahre alt war. Sie brachte seine erste, fast schicksalhafte Begegnung mit der Farbe. Seine Eltern hatten ihm zu Weihnachten eine Schachtel mit Zinnsoldaten geschenkt – eine Armee aus Infanterie und Kavallerie mit Reitern, die man sogar absitzen lassen konnte. Alles wirkte sehr echt und war für jene Jahre ein recht kostbares Geschenk.

Lixer, ein Freund von Max, besuchte ihn in den Ferien und war sprachlos vor Bewunderung, als er die Zinnsoldaten sah. Atemlos rief der Junge aus: »Hast du ein Glück!«

Lixer kam aus einer wenig wohlhabenden Familie und hatte in seinem Leben dergleichen noch nie gesehen. Eifrig begann er, die Soldaten zu zählen, und war allein schon von deren Anzahl überwältigt. Max stand schweigend daneben, er konnte die Begeisterung des Freundes nicht teilen. Nach einer Weile fragte er Lixer ganz ruhig, was denn er zu Weihnachten bekommen habe. Lixer, der noch weiter zählte – »hunderteins, hundertzwei, hundertdrei«, rief: »Über hundert Stück! Du liebe Zeit, diese schönen Pferde, sie sehen so echt aus!« – »Ich habe dich gefragt, was *du* zu Weihnachten gekriegt hast??« – »Ich? Oh, nur einen Farbkasten«, antwortete Lixer. »Willst du ihn sehen?« – »Ja, gerne«, sagte Max.

Sein Freund zog einen kleinen Wasserfarbkasten aus seiner Tasche und machte ihn auf. Max nahm ihn und hielt ihn wie einen kostbaren Schatz in der Hand. Wie gebannt starrte er auf die leuchtenden, wohlgeordneten Farben, während Lixer mit den Zinnsoldaten spielte. »Würdest du gerne die Zinnsoldaten gegen den Farbkasten tauschen?« fragte Max hoffnungsvoll. »Und ob!« sagte der Junge, sammelte die »Armee« so schnell er konnte ein und rannte damit nach Hause.

Beide Jungen waren glücklich – aber das Glück dauerte nicht allzulange. Als Max' Eltern von dem Tausch erfuhren, waren sie außer sich. »Was hast du dir gedacht – ein solches Geschenk für einen kleinen, billigen Farbkasten herzugeben«, sagten sie ärgerlich zu Max, »wie konntest du nur?« Sie riefen das Dienstmädchen, und es mußte den Farbkasten zu Lixer zurückbringen und die Zinnsoldaten wiederholen.

Als Max mir diese Geschichte erzählt hatte, fragte ich ihn, ob er für den Farbkasten, den er hatte zurückgeben müssen, einen anderen bekommen habe. »Nein«, sagte er, »und natürlich war ich enttäuscht. Der Malkasten hatte mich begeistert; und diese Zinnsoldaten zurückzubekommen ... sie waren mir von Anfang an gleichgültig. Siehst du, sogar damals schon habe ich mich nie für irgend etwas Militärisches interessiert.« Als ich Max fragte, ob er, als er den Farbkasten sah, denn habe malen wollen, sagte er, daran könne er sich nicht erinnern. Er wisse nur noch, daß der Anblick der so säuberlich in kleinen, runden Näpfchen nebeneinander angeordneten Farben ihn irgendwie trunken gemacht habe.

1894, nach dem Tod des Vaters in Leipzig, kehrten die Beckmanns nach Braunschweig zurück. Max ging dort weiter zur Schule. Arithmetik war für ihn schwierig, vielleicht, weil sie ihn nicht interessierte – vielleicht auch, weil der Lehrer nicht imstande war, sie interessant zu machen. Auf jeden Fall hinderten seine Liebe zu Bildern und sein mächtiger Drang zu zeichnen Max daran, dem Unterricht mit der nötigen Aufmerksamkeit zu folgen. Obwohl er in anderen Fächern besser war als in Arithmetik, hielt man ihn für keinen vielversprechenden Schüler. Max' Lust zu zeichnen, die ihn sein ganzes Leben nicht verließ, äußerte sich schon in seinen frühen Schuljahren. Max versagte ab und an, wenn in der Schule Noten gegeben wurden, und seine Mutter machte sich Sorgen, was einmal aus ihm werden würde. Darum beschloß man, ihn in eine Privatschule zu schicken, damit er beim Lernen besonders gefördert würde.
Diese Schule befand sich in einem Haus, das mitten in einem großen Wald bei einer nicht weit von Braunschweig entfernten Stadt lag. Das Haus gehörte einem Pfarrer, der eine aus seinen Söhnen und ein oder zwei anderen Knaben bestehende Klasse unterrichtete. Er war ein harter, grausamer Mann, der die Kinder fast täglich ohne jeden Grund schlug. Außerdem war er so geizig, daß die Jungen oft nicht genug zu essen bekamen; es gab Zeiten, in denen sie nicht einmal eine ordentliche Mahlzeit am Tag erhielten. Max schrieb das seiner Mutter, die ihm daraufhin Pakete mit Ölsardinen, Keksen und anderem schickte.
In dieser Zeit fing Max an, nach dem Leben zu zeichnen, und er bat die Schulkameraden, ihm Modell zu sitzen, wenn sie zum

Schlafen auf ihr Zimmer gegangen waren. Die Buben sagten, sie täten es gerne – unter der Bedingung, daß er ihnen die Sardinen und die anderen Nahrungsmittel, die seine Mutter ihm schickte, geben würde. Max war damit einverstanden, obwohl dann kaum etwas für ihn übrigblieb.

Als der Winter kam, verschlimmerten sich die Zustände in der Schule. Das Haus wurde schlecht geheizt, selbst bei Frost und Schneesturm. Das Leben wurde unerträglich, und Max beschloß davonzulaufen. In einer kalten Nacht, als alle schliefen, schlich er sich die Treppe lautlos wie eine Katze hinunter und verließ heimlich das Haus. Der Schnee lag kniehoch, er verdeckte den schmalen Pfad, den Max durch die schwarze Nacht zwischen hohen, schwer mit Schnee beladenen Tannen entlangstolperte. Schließlich kam er am Bahnhof an – nur auf Grund seines angeborenen Ortssinnes. Er fror, war müde – fünf oder sechs Stunden war er so gelaufen.

Max fragte den Mann am Schalter, wann der nächste Zug nach Braunschweig führe. »In einer knappen halben Stunde«, antwortete dieser. Als Max seine Fahrkarte bezahlen wollte, merkte er, daß er nicht genug Geld hatte. Erschrocken fragte er den Mann am Schalter, ob er die kleine Differenz vielleicht in Briefmarken zahlen könne, was jener aber ablehnte. Max' Geld reichte gerade bis zur Station vor Braunschweig. So mußte er wieder stundenlang laufen, bis er nach Hause kam, wo er, total erschöpft, seiner Mutter in die Arme fiel.

Die Natur hat Max sein ganzes Leben lang beschäftigt. Als er noch klein war, hatte ihn sein Vater oft zu Spaziergängen mitgenommen, um ihm die Bäume und Blumen in den verschiedenen Jahreszeiten zu zeigen. Ihre Namen, einmal gehört, vergaß Max nie, und bald konnte er auch im Winter die Bäume an ihrer Gestalt und an der Rinde erkennen. In den ersten Jahren unserer Ehe in Frankfurt gingen wir oft in den

Parks und im Stadtwald spazieren. Max erklärte mir die verschiedenen Bäume und neckte mich später, wenn ich sie nicht erkannte. Damals hat er mir auch erzählt, wie er sich als Junge gewünscht hatte, die Natur in fernen Ländern zu erforschen und auf Abenteuer auszuziehen.

Mit dreizehn Jahren etwa las Max mehrere Bücher über den Amazonas, der ihm das Aufregendste in der ganzen Welt zu sein schien. Eines Tages beschloß er, unter allen Umständen dorthin zu fahren. Ohne Wissen seiner Familie schrieb er an eine Frachtschiff-Gesellschaft und erkundigte sich nach einer Stelle als Kabinensteward. Ängstlich wartete er auf die Antwort. Es kam aber schließlich nur ein Fragebogen, den er ausfüllen und zurückschicken mußte. Er tat das wahrheitsgemäß und sehr sorgfältig; eines Abends stahl er sich aus dem Haus und brachte ihn zur Post. Kurz darauf kam jedoch zu seiner Bestürzung die Antwort, seine Bewerbung könne nicht berücksichtigt werden, er sei noch zu jung. Und so zerrann sein großer Traum vom Abenteuer.

Max lebte und dachte ganz in der Gegenwart, er sprach selten von der Vergangenheit. Als er in den späten zwanziger Jahren in einer Gruppenausstellung an der Dresdner Akademie mit dem ersten Preis ausgezeichnet worden war, lachte er und sagte: »Diese Goldmedaille bedeutet mir *jetzt* nur sehr wenig – vielleicht kannst du dir dafür einen Hut kaufen!«, und erzählte mir dann folgende Geschichte:

In Begleitung seiner Tante war Max 1899 nach Dresden gefahren, um sich an der Akademie einzuschreiben. Seine Tante hatte nämlich die Familie schließlich von seinem Talent überzeugt, und sie war diejenige, die ihn dazu gebracht hatte, Kunst zu seinem künftigen Beruf zu machen. Seit seiner frühesten Jugend hatte Max Künstler werden wollen, und nun hoffte er, daß sein Wunsch in Erfüllung ginge. Er mußte eine

Prüfung in Zeichnen ablegen, um an der Akademie als Student aufgenommen zu werden. Ein Professor führte ihn in einen Raum, in dem er eine Stunde allein bleiben mußte, um nach dem Abguß einer griechischen Statue zu zeichnen. Als Max sah, was von ihm erwartet wurde, war er begeistert, denn er wußte, daß ihm diese Aufgabe keinerlei Schwierigkeiten machen würde. Nach weniger als einer Stunde hatte er seine Zeichnung fertig, und da noch Zeit übrig war, beschloß er, im Hintergrund noch Details hinzuzufügen. Auf diese Weise, so dachte Max, würde die Komposition interessanter werden als nur die langweilige Zeichnung nach einem Gipsabguß auf einem großen Bogen Papier. Aber die Akademie hatte ihre eigenen Regeln, die nicht mit Max' Vorstellungen übereinstimmten. Wegen der hinzugefügten Details im Hintergrund wurde ihm die Zulassung zur Dresdner Akademie verweigert. Dreißig Jahre später, als er ein anerkannter Künstler war, beschloß die Stadt Dresden, Kenntnis von ihm zu nehmen, und überreichte ihm ein Ehrendiplom und eine Plakette mit Inschrift.

Daß Max nicht an der Dresdner Akademie zugelassen wurde, war für ihn wie für seine Tante eine große Enttäuschung, noch mehr aber für seine Mutter. Denn wieder mußte sie sich um ihren jüngsten Sohn, den sie sehr liebte, Sorgen machen. Sie hätte sich freilich keine Sorgen machen müssen. Ein Jahr später, 1900, wurde Max von der Weimarer Akademie angenommen, an der er drei Jahre bei Frithjof Smith studierte. So hatte sie in ihren letzten Lebensjahren noch die Genugtuung, sich an Max Beckmanns ersten Erfolgen freuen zu können.

Tiere

Wie sehr Max Beckmann die Natur interessierte, beweisen seine Bilder; er liebte Tiere, wenn auch nicht alle, und er schien sie zu verstehen.

Als ich ihn kennenlernte, mochte er Katzen sehr gern, besonders den Kater seiner Freunde Fridel und Ugi Battenberg. Damals war er von Katzen fasziniert, in späteren Jahren waren es eher Hunde.

Ich besaß einen kleinen japanischen Spaniel mit Namen Chilly, den Henriette von Motesiczky mir in Wien vor meiner Hochzeit geschenkt hatte; Max liebte den kleinen Hund bald so sehr wie ich. Wenige Jahre nach unserer Heirat schenkte er mir ein kleines Pekinesenweibchen, das wir Majong nannten. Als wir 1937 nach Amsterdam flüchteten, konnten wir die kleinen Viecher nicht mitnehmen und ließen sie in Berlin bei Herrn und Frau Ruppelt, unseren Hausmeistersleuten. Sie sorgten einige Monate lang für sie, bis eine unerwartete Gelegenheit es Curt Valentin und Karl Buchholz möglich machte, uns Majong per Flugzeug nach Amsterdam zu bringen. Leider konnte uns Chilly, der kleine Spaniel, nicht auch gebracht werden; Chilly war alt und blind und hätte sich in der seltsamen Umgebung, in der wir damals lebten, nicht zurechtfinden können. Max und ich waren froh, wenigstens Majong wieder bei uns zu haben. Als sie 1940 starb, waren wir sehr traurig. An diesem Tag aß Max mit mir mittags und abends auswärts. »Denk nur nicht, du wärst die einzige, die Majong vermißt«, sagte er. »Ich vermisse sie auch und ginge am liebsten heute gar nicht nach Hause. Es ist so leer ohne den kleinen Hund.«

Einige Tage später kam Max zufällig an einer Tierhandlung vorbei und sah im Schaufenster einen Pekinesenwelpen, der ihm gefiel. Als er heimkam, erzählte er mir davon; er wollte, daß wir wieder einen Pekinesen hätten. Ich mochte erst nicht so recht, willigte aber dann ein, mit ihm hinzugehen – nur zum Anschauen. Es war ein schöner kleiner Pekinese, sechs Wochen alt, der fröhlich herumhopste. Ich fand ihn reizend und konnte nicht widerstehen, den winzigen Hund, der aussah wie ein Ball aus roter und schwarzer Wolle, mit nach Hause zu nehmen. Max taufte ihn Butschi; vom ersten Tag an lief der kleine Hund Max nach. Obwohl Butschi uns beide liebte, erkannte er in Gehorsamsdingen nur Max als seinen Herrn und Meister an und war ihm völlig ergeben.

Wir nahmen Butschi überallhin mit. Bei Radfahrten durchs Land saß er in einem hinten auf meinem Fahrrad befestigten kleinen Korb. Manchmal konnte es Butschi auf einem Fahrradweg, wie es sie in Holland überall gibt, kaum erwarten, aus dem Korb genommen zu werden, damit er herumrennen und hinter Max hersausen konnte, der vorausfuhr. Butschi kam auch gerne mit uns ins Kino – in Amsterdan war das erlaubt. Eines seiner größten Vergnügen war, für ein paar Stunden dicht neben uns zu sitzen und in den Pausen Eiskrem zu fressen. Er war ein kluger und manierlicher Hund, nur wurde er mit den Jahren leider äußerst eifersüchtig und schnappte hin und wieder nach unseren Gästen, ganz gleich, ob es Freunde waren oder nicht, so daß wir ihn einsperren oder in einer entfernten Ecke des Zimmers an irgendeinem Möbel festbinden mußten. Im Gegensatz zu seinem Verhalten Erwachsenen gegenüber hat er niemals ein Kind gebissen, es auch niemals versucht. Kinder hatte er gern, ließ sich von ihnen anfassen und streicheln, soviel sie wollten – sogar am Schwanz ließ er sich ziehen.

Butschi blieb Max' Lieblingshund. Er hat ihn zweimal regelrecht porträtiert, auf drei weiteren Bildern kommt er vor, und er hat ihn auch gezeichnet.

In jeder Stadt, in der wir lebten, ging Max in den Zoo, meist um zu zeichnen. Während unserer Amsterdamer Jahre besuchte er oft ganz bestimmte Tiere, die ihn nach kurzer Zeit zu kennen schienen – ein Nilpferd, einen Gorilla, eine Giraffe, einen großen Büffelochsen, einen amerikanischen Bison, der besonders auf Max reagierte und den Max »Marinus« nannte. Er war der größte Büffel einer Herde, die in einem weiten, eingezäunten Teil des Zoos lebte. Der Bison kam immer an das Gatter, sobald er Max »Mariinus« rufen hörte. Das Tier preßte seinen Kopf an den Zaun, durch den hindurch man ihn erreichen konnte, und liebte es, wenn Max ihn hinter den Ohren kraulte und seine Stirn tätschelte. Für gewöhnlich schnaubte dieser Büffel Menschen, die dicht an den Zaun kamen, wütend an. Marinus hatte aber offensichtlich eine Vorliebe für Max und benahm sich ihm gegenüber wie ein zahmes Kaninchen. Später sagte man uns, dies sei höchst ungewöhnlich, weil diese Bisons wild und auch gefährlich seien. Max hatte eine besondere Art, mit Tieren umzugehen, und vielleicht spürten sie, daß er keine Angst vor ihnen hatte. Mit seinen Lieblingen hat er immer gesprochen, viele reagierten sichtlich auf ihn.

Ein Nilpferd nannte er Auguste; es kam aus dem Becken und starrte Max an, wenn es ihn seinen Namen rufen hörte. Eine Giraffe, die für gewöhnlich freundlich zu ihm war, wurde eines Tages sehr aufgebracht, als er ihr eine Erdnuß anbot – etwas, das sie niemals zuvor gefressen hatte. Würdevoll reckte sie ihren langen Hals, zielte sorgfältig und spuckte die Erdnuß genau auf Max' Kopf. Er wußte nicht, daß Giraffen nur Gras und Blätter fressen, und amüsierte sich köstlich – die Zielsicherheit dieses Tieres beeindruckte ihn.

An einem warmen und sonnigen Tag im Zoo von St. Louis sahen wir einige Leute vor einem großen, halbkreisförmigen Käfig stehen. Ein großer Schimpanse schien ungeduldig auf irgend jemand zu warten. Schließlich kam dieser Jemand – der

Wärter –, diesmal aber nicht, um das Tier zu füttern, sondern um ihm seine tägliche Zigarre zu bringen. Als der Schimpanse den Wärter sah, sprang er vor Freude in die Höhe, stieß dabei schrille Schreie aus, klatschte in seine Hände, grapschte nach den Käfigstäben und legte sein Gesicht mit einem bittenden Ausdruck dagegen. Der Wärter händigte ihm dann die Zigarre aus, die der Schimpanse wie ein Mensch zwischen die Lippen steckte, während er ruhig auf Feuer wartete. Der Wärter entzündete ein Streichholz und steckte die Zigarre an. Glücklich und zufrieden ging der Schimpanse daraufhin in den Käfig, setzte sich mit dem Rücken zum Publikum nieder und machte es sich bequem. Er streckte sich aus, legte eine Hand unter seinen Kopf, hielt die Zigarre in der anderen und rauchte seelenvergnügt vor sich hin.

Der Wärter sagte uns, Rauchen sei für diesen Schimpansen das größte Vergnügen. Wahrscheinlich würde es eine Weile dauern, bis er die Zigarre zu Ende geraucht habe. Max und ich hatten im Zirkus schon rauchende Affen gesehen, die aber offensichtlich nicht gerne rauchten, weil sie nach ein paar Zügen meist ihre Zigarren oder Zigaretten wegwarfen. Max war besonders beeindruckt davon, daß der Schimpanse beim Rauchen unbeobachtet sein und offenbar sein Privatvergnügen haben wollte, was er dadurch demonstrierte, daß er sich in den fernsten Winkel des Käfigs verzog und uns den Rücken zuwandte. »Wie gut ich das verstehe«, sagte Max, »er verhält sich menschlicher als viele Menschen.« Es schien, daß die eine Zigarre pro Tag dem Schimpansen nicht geschadet hatte. Man sagte uns, der Schimpanse rauche seit langem täglich eine Zigarre und sei bei bester Gesundheit, was durch sein überschwengliches Verhalten auch offensichtlich war.

Kleidung

Max mochte sich, wie schon erwähnt, nicht gern neue Kleidungsstücke kaufen, obgleich er darauf bestand, gepflegt und gut angezogen zu sein. Bei der Arbeit im Atelier trug er immer einen alten Anzug und ein altes Hemd; da machte es nichts, wenn er sich mit Farbe besprizte. Aber ab und an passierte auch ein nicht beabsichtigtes Mißgeschick.

An einem seiner Geburtstage – wir waren schon in New York – schenkte ich Max drei oder vier maßgeschneiderte Hemden, die ersten seit unserer Heirat, jedes in einer anderen Pastellfarbe. Er war begeistert, und als wir einmal mit unseren Freunden zum Mittagessen gingen, trug er das Hemd, welches ich besonders an ihm mochte. Beim Nachhausekommen sagte Max, er wolle noch schnell nach einem der Bilder sehen, an dem er tags zuvor gearbeitet hatte, und einige Briefe beantworten.

In der Regel legte er sich nachmittags eine halbe Stunde hin, an diesem Tag aber nicht. Er bat mich, den Tee zu einer bestimmten Zeit fertig zu haben, weil er, wie oft um diese Zeit, noch fortgehen wolle. Als ich ihn holen wollte, war er nicht an seinem Schreibtisch. Sofort vermutete ich, daß er malte, obwohl er versprochen hatte, an diesem Tag nicht zu arbeiten. Ich klopfte an die Ateliertür und hörte seine Stimme: »Ja, ich komme, noch zehn Minuten. Kannst du den Tee heiß halten?« Ich wußte, was das bedeutete: Max war stark mit einem neuen Bild beschäftigt, und es würde sich vermutlich nicht um zehn Minuten, sondern um einige Stunden handeln – so war es auch. Als er endlich aus dem Atelier kam, sagte er: »Entschuldige, Quappi, aber ich *mußte* fertigmachen, was ich schon angefangen hatte, und ich glaube, ich kann es nun so lassen, wie es ist.«

Max hatte noch sein neues Hemd und seinen neuen Anzug an, nur die Jacke hatte er ausgezogen. Auf der linken Seite und auf einem Ärmel des Hemdes waren viele Flecken »Permanentgrün«. An meinem verdutzten Gesicht merkte er, daß irgend etwas nicht in Ordnung war. »Ach, Liebes«, sagte er und sah auf sein Hemd, »das ist aber schlimm! Warum hast du mir auch meinen Arbeitsanzug nicht zurechtgelegt?« – »Weil du mir gesagt hattest«, antwortete ich, »du würdest heute nachmittag nicht arbeiten. Du hast doch gesagt, du wolltest nur nach deinem Bild sehen!« – »Ja, wahrhaftig – ich hab's vergessen. Gut ... verzeih«, sagte er und fuhr entschuldigend fort: »Habe ich dir nicht gesagt, daß es unnütz ist, mir teure Sachen zu schenken?« Ich mußte lachen, weil er so komisch aussah; wenigstens die Hose hatte nichts abbekommen. Das Permanentgrün war seines Namens würdig. Trotz aller Versuche mit Terpentin und Fleckenwasser und trotz mehrfachem Waschen ging die Farbe nie mehr heraus. Eine Zeitlang trug Max das Hemd nicht, später immer mit Jacke, so daß man die Flecken nicht sehen konnte.

Typisch war auch eines Tages ein Schuhkauf. Als ich mit Max das Geschäft betrat, fragte er nach einem Paar brauner Schuhe. Der Verkäufer verschwand im Hinterzimmer und kehrte bald mit einem Stapel Kartons zurück, den er neben dem Stuhl, auf dem Max saß, nur mit Mühe abstellen konnte. Als Max das erste Paar anprobiert hatte, sagte er: »Ja, die sind gut. Ich behalte sie gleich an. Packen Sie mir die alten in eine Schachtel zum Mitnehmen. Was habe ich zu zahlen?«
Der Verkäufer, ganz bei der Sache, begriff offenbar nicht: »Ich habe da ein anderes Paar, das Ihnen gefallen könnte.« Max erhob sich und deutete auf seine Füße: »Wieviel?« Der Verkäufer, der noch immer nichts merkte, nahm ein drittes Paar aus einer Schachtel und sagte laut: »Vielleicht gefällt

Ihnen diese Art besser ... sie würde ganz zu Ihnen passen, und die Qualität ist außergewöhnlich!«

Auf die neuen Schuhe an seinen Füßen weisend, fragte Max: »Sind diese in der Qualität weniger ›außergewöhnlich‹?« – »O nein«, antwortete der Verkäufer, »das sind sehr schöne Schuhe, vom selben Hersteller.«

Gelangweilt und gereizt bestand Max auf dem Paar, das er als erstes anprobiert hatte; der völlig verblüffte Verkäufer nannte schließlich den Preis – wie ein zum Narren Gehaltener schrieb er die Rechnung aus. Wahrscheinlich hatte er noch nie einen weniger an Schuhen interessierten Kunden bedient.

Musik

Es ist nicht allgemein bekannt, daß Max Beckmann ungewöhnlich musikalisch war und zeitlebens eine besondere Liebe zur Musik hatte. Schon in seinen Jugendjahren in Leipzig übte Musik eine starke Wirkung auf ihn aus. Das erste, was er hörte, war wahrscheinlich eine Drehorgel. Der Drehorgelspieler ging unter den Fenstern des Hauses vorbei, in dem die Beckmanns wohnten. (Vermutlich ist die Erinnerung daran im linken Flügel des Triptychons *The Beginning* wieder aufgetaucht.) Wenig später bekam Max privaten Geigenunterricht. Er hat mir erzählt, daß nicht nur er Freude an diesen Geigenstunden hatte, auch der Lehrer sei mit seinen Fortschritten zufrieden gewesen. Als die Familie wieder zurück nach Braunschweig zog, wurden die Musikstunden – sehr zu seinem Kummer – nicht fortgesetzt; seine Liebe zur Musik aber blieb.

Es ist unwahrscheinlich, daß es damals in Braunschweig viele Symphoniekonzerte gab. Später in Weimar, wo Max gerne klassische Musik gehört hätte, war er so mit seinem Studium beschäftigt, daß er Konzerte nicht oder nur ganz selten besuchte. Erst in seinen frühen Berliner Jahren hörte Max zum ersten Mal die Symphonien von Beethoven, Mozart, Schubert und anderen. Es war für ihn eine solche Offenbarung, daß er eine Zeitlang häufig in Symphoniekonzerte und Kammermusikabende ging. Er hatte einen wahren Hunger nach Musik, war ganz davon durchdrungen und kannte vieles auswendig.

So werde ich nie den Tag vergessen, an dem ich das Eingangsthema aus Beethovens achter Symphonie pfiff, die Max seit mindestens zwanzig Jahren nicht gehört hatte. Ich traf eine Note nicht, und schon öffnete sich die Ateliertür, und zu meinem Erstaunen pfiff Max – Palette und Pinsel noch in der Hand – die letzten Takte des Themas. Er betonte die richtige Note, aber nicht etwa, um mir meinen Fehler bewußt zu machen. Dann schloß er die Tür so leise, wie er sie geöffnet hatte, und ließ mich bestürzt und beschämt zurück.

Max besaß auch ein ungewöhnliches Ohr für jeden unreinen Ton. Manchmal blieb er, wenn er nach Hause kam, vor der Tür stehen und hörte mir zu, wenn ich Geige spielte. Einmal, als er heimkam, bemerkte er: »Es klang sehr schön, bis auf ein paar falsche Töne im letzten Lauf.« Ich sagte ihm, ich wisse es, aber ich hätte noch keinen richtigen Fingersatz ausgearbeitet.

Max ging Johann Sebastian Bach, vor allem seine Präludien, Fugen und Suiten, über alles. Er liebte aber ebenso Mozart und Beethoven. Seine Lieblingssymphonien waren Mozarts »Jupiter«-Symphonie und Beethovens »Eroica«, dazu Beethovens Siebente und Achte. Er bewunderte Max Reger und – vor allem in seiner Jugend – Johannes Brahms, über den er in seinen Tagebüchern aus dem Jahr 1909 schrieb:

»[...] dann kam ein Brahms-Quintett mit Klavier, das war unglaublich. Besonders das Allegro non troppo des Anfangs war wundervoll. Hoch empor über all den kleinlichen Dreck des Alltagslebens hoben meine Seele diese wundervollen Töne in grandiosen jubelnden Linien wie der Rhythmus des Meeres oder der Bäume wenn die ersten Frühlingsstürme über sie hinbrausen.« (Leben in Berlin, 9. Januar 1909)

»[. . .] Schon des Morgens fiel mir der wundervolle Anfang des Brahms Klavier Quintetts op 34 ein [. . .] als ich noch ganz unter der Freude des empfangenen Briefes und eines mir wiedergewonnenen Menschen stand und auch jetzt verfolgen mich diese wundervoll jubelnden Rhythmen. Es war schön heute!« (Leben in Berlin, 11. Januar 1909)

Von den den zeitgenössischen Komponisten bewunderte Max vor allem Strawinsky, Hindemith, Bartók und Ravel. »Petruschka« war sein Lieblingsballett. In Paris hörten wir später Igor Strawinsky seine »Psalmen-Symphonie« dirigieren, die Max sehr bewegte.

Paul Hindemith liebte Max ganz besonders, er hat immer wieder die Symphonie »Mathis der Maler« von Platten gehört. Jahre später, nachdem auch Hindemith aus Protest gegen das Naziregime aus Deutschland geflüchtet war, trafen wir ihn in New York. Einige Zeit nach dem Tode meines Mannes nahm mich ein Freund mit hinter die Bühne, um Hindemith nach einem philharmonischen Konzert, in dem er die New Yorker Erstaufführung eines seiner Werke dirigiert hatte, zu begrüßen. Als ich ihm vorgestellt wurde und er die Namen Beckmann und von Kaulbach hörte, sah er mich freudig und überrascht an und sagte spontan, er erinnere sich an mich und an meine beiden Schwestern als junge Mädchen. Er sprach sehr herzlich über seine Besuche bei meiner Mutter in unserem Haus in München. Leider waren Beckmann und ich nach unserer Heirat in Frankfurt Hindemith nicht begegnet. Musiziert habe ich bei den Battenbergs in Frankfurt regelmäßig mit Fridel Battenberg; sie war eine vorzügliche Pianistin. Nach dem Krieg haben wir auch wieder miteinander korrespondiert, uns aber leider nicht wiedergesehen.

In Holland, nach Kriegsende, brachte ich einmal eine Schallplatte von Béla Bartóks »Konzert für Orchester« mit. Max hörte es gleich zweimal hintereinander, fand, es sei große Musik und er wolle das Konzert noch öfter hören. Auch Maurice Ravels »Bolero« ließ ihn nicht los, ihn begeisterte die Steigerung in der ständigen Wiederholung des Themas, es war sein Lieblingsstück von Ravel.

Max hatte ein ungewöhnliches musikalisches Gedächtnis, nicht nur für die Musik selbst, sondern auch für die Instrumentation. Er wußte, wann ein Thema, das in verschiedenen Teilen einer Komposition vorkommt, von Flöten oder Oboen, von den Celli und Kontrabässen, den Bratschen oder den Geigen gespielt wird. Manchmal setzte er sich ans Klavier und phantasierte; für seine Themen suchte er ungewöhnliche und neue Harmonien, hörte aber immer schon nach wenigen Minuten am Klavier wieder auf, weil er sich in Harmonielehre und Kontrapunkt nicht auskannte und auch keine ausreichende Technik besaß.

Dann sagte er wohl: »Manchmal bin ich traurig, daß ich nicht Musiker geworden bin.« Als ich ihm vorschlug, er solle doch Klavierunterricht nehmen, meinte er, es gehe ihm nicht so sehr um das Spielen, sondern um Harmonie und Kontrapunkt, um seine musikalischen Einfälle auch auszuarbeiten. Er meinte aber, für ihn sei das nun zu spät; er würde zu lange brauchen, um die dafür nötigen Kenntnisse und Fähigkeiten zu entwickeln.

Bei Freunden konnte Max es nicht ertragen, wenn Gastgeber und Gäste sich unterhielten, während man klassische Musik von Schallplatten spielte. Er pflegte in solchen Fällen sofort darum zu bitten, den Plattenspieler abzustellen, weshalb er oft gefragt wurde, ob er keine Musik möge. »Im Gegenteil«, antwortete er dann, »ich liebe Musik, aber ich habe zuviel Respekt vor dem Komponisten, um zuzulassen, daß man sein Werk als Hintergrundmusik für Unterhaltungen benutzt. Wenn Sie zuhören wollen, wunderbar! Wenn Sie sich lieber unterhalten, dann stellen Sie bitte die Musik ab.«

In Frankfurt und in Berlin gingen wir gelegentlich in Konzerte, in den Kriegsjahren in Holland überhaupt nicht. Mit der Zeit hörte Max öfter Platten, ging er weniger in Konzerte. Aber auch wenn er Platten hörte, mußte es an Tagen sein, an denen er nicht arbeitete. »Ich muß frisch sein«, sagte er, »damit ich wirklich richtig zuhören kann, ich finde es unfair gegen die Musik, zuzuhören, wenn ich müde bin.«

Die scharfsinnigsten Beobachtungen über Beckmann und die Musik hat Frederick Zimmermann aufgeschrieben, den wir in New York durch Curt Valentin kennenlernten. Zimmermann war Kontrabassist im New York Philharmonic Orchestra, verstand viel von bildender Kunst und sammelte auch. Er hatte ein ungewöhnliches visuelles Gedächtnis; er erinnerte sich nicht nur an Struktur und Komposition ebenso gut wie an die Farben, sondern auch an winzige Details und an ihren Platz im Bild. Er interessierte sich seit langem für deutsche Kunst des 20. Jahrhunderts und besonders für Max Beckmann.

1946, während der ersten Beckmann-Ausstellung nach dem Krieg in New York, schrieb Curt Valentin an Max nach Amsterdam, daß schon vor der Eröffnung ein Gemälde verkauft war. Frederick Zimmermann — er war ein Freund von Curt — war eines Morgens um halb neun in die Galerie gekommen und hatte *Vor dem Kostümfest (Drei Frauen)* – gemalt 1945 – gekauft, bevor er zur Orchesterprobe ging. Schon als junger Mann hat Zimmermann Beckmanns Werk bewundert; und an diesem Tag kam er schon früh am Morgen, um sicherzugehen, daß niemand anderes dieses Bild erwerben würde, das er unbedingt haben mußte.

Max freute sich darüber, er wollte den Musiker gerne kennenlernen, der eine so unmittelbare Liebe und offenbar auch Verständnis für Malerei und Skulptur hatte.

Unsere erste Begegnung mit »Fred« Zimmermann und seiner Frau Dorothy fand in Curts Wohnung, 72nd Street East, statt. Nicht lange danach luden wir sie zu uns ein. Später baten sie uns dann, einen Abend bei ihnen zu verbringen. Wir genossen dieses Zusammensein sehr. Max bewunderte Freds Verständnis für die Beckmann-Bilder und seine außergewöhnlichen Kunstkenntnisse.

Aus diesen wenigen Begegnungen entwickelte sich rasch zwischen Dorothy und Fred und uns eine kongeniale und enge Freundschaft, die nach Max' Tod für mich noch an Bedeutung gewann. Frederick Zimmermann war einer der ersten – wenn nicht überhaupt der erste –, der mich drängte, dieses Buch zu schreiben, das er leider nicht mehr gelesen hat. Er starb am 3. August 1965.

Einen Teil seiner Ansprache »Max Beckmann in Amerika«, die er bei einem Treffen der Max Beckmann Gesellschaft in Murnau in Oberbayern am 15. Juli 1962 gehalten hat, will ich hier wiedergeben:

»Ich kenne keinen Maler, für den Musikinstrumente und der für sie typische Klang eine solche Bedeutung gehabt hätten wie für Max Beckmann. Er verlieh den Instrumenten besondere Kräfte und Eigenschaften, er formte sie, wie es bis dahin noch keiner getan hatte. Noten und Musikinstrumente waren für ihn nicht nur dekorative Dinge, die einer vornehmen Behausung Würde verleihen, ein Stilleben anspruchsvoll machen oder gar das Jüngste Gericht verkünden sollen. In Beckmanns Welt wurde Musik eng mit dem Leben verknüpft, sie war Aufschrei aus Angst, Schrecken und Hilflosigkeit und dann doch auch wieder Kammermusik. Der monotone Klang der

Der Dschungel, Tapisserie (Kreuzstich), 1926/27 (162,5×131 cm). Entwurf Max Beckmann, Ausführung Mathilde Q. Beckmann. Seit April 1950 im City Art Museum, St. Louis.

Oben: Beckmann-Saal im Kronprinzen-Palais (Nationalgalerie) in Berlin. Zu
sehen sind: *Selbstbildnis als Clown*, 1921 (G 211); *Landschaft Saint-Germain*,
1930 (G 321); *Die Barke*, 1926 (G 253); *Landschaft bei Saint-Cyr sur Mer*,
1931 (G 352); *Golden Arrow*, 1930 (G 319) und *Selbstbildnis im Smoking*, 1927
(G 274).

Ausstellung »Entartete Kunst«, 1937 am Hofgarten in München, mit dem ver-
schollenen Gemälde *Der Strand*, 1927 (G 267), aus dem Städelschen Kunstinstitut, Frankfurt am Main.

Links: Amsterdam, Rokin 85 (vor dem Krieg). Rechts: Wetterfahne, Blick aus dem Fenster von Beckmanns Amsterdamer Wohnung. Im Hintergrund links die Westerkerk. Die Wetterfahne kehrt wieder in der Folge der Lithographien *Day and Dream*, verlegt 1946 von Curt Valentin (Gallwitz 290).

Tivoli-Cabaret, Amsterdam, von Beckmann oft besucht.

Max Beckmann im Museum of Modern Art, 1947; vor dem Triptychon *Abfahrt*, 1932/33 (G 412). Seit 1942 im Museum of Modern Art, New York.

Ausstellung Buchholz Gallery (Curt Valentin), New York 1946. *Les Artistes mit Gemüse*, 1943 (G 626), *Vor dem Kostümfest*, 1943 (G 696) – dazwischen »Stehende« von Wilhelm Lehmbruck – und *Bildnis Ludwig Berger*, 1945 (G 703).

Max Beckmann mit Morton D. May (»Buster«) in St. Louis, in Mays Haus vor dem *Bildnis Morton D. May*, 1949 (G 785).

Links: Mathilde Q. Beckmann, 1948 in St. Louis. Rechts: Campus der Washington University St. Louis, 1969.

Professorenwohnungen St. Louis, 6916 Millbrook Boulevard.

In der Art School von Stephens College, Columbia, Missouri, 4. oder 5. Februar 1948. Fünf Studentinnen, Frau Beckmann, Max Beckmann und Mr. Montmini, der Beckmann zu einem Vortrag – »Drei Briefe an eine Malerin« – eingeladen hatte.

In Boston, März 1948: Karl Zerbe, Lehrer an der Museum Art School; Mathilde Q. Beckmann; Max Beckmann; davor Marie Swarzenski; neben Beckmann Professor Georg Swarzenski, Direktor des Museum of Fine Arts, und Russel Smith, Leiter der Museum Art School; vorn rechts Frau Zerbe oder Frau Smith.

Art School des Museum of Fine Arts, Boston, am 13. März 1948, während Frau Beckmann die englische Version der »Drei Briefe an eine Malerin« vorlas. Links hinter Max Beckmann Professor Georg Swarzenski.

Trommel war Trauma – Warnung, Hinrichtung, Kinderspiel. Das Geräusch der Pritsche und der Klang des Horns sollten im Triptychon *Karneval* [1942/43] und in dem Gemälde *Fastnacht* [1920] als zum Fest gehörende Schreie erkannt werden. Auch das Tambourin kommt da vor mit seinem Geklatsche und Geklingel – keine Melodie, Klänge noch ohne Symbolik, primitiv und zuversichtlich. Zuweilen sind die Instrumente wie Teile einer Architektur, zum Beispiel die langhalsigen Instrumente in der Lithographie *Malepartus* [aus der Serie *Die Hölle*, 1919], wo sie sich strecken wie die Arme der tanzenden Paare, oder dann die langhalsigen Gitarren in den schmalen Hochformaten, den Gemälden *Variété (Quappi)* [1934 und 1937] und *Mädchen mit Banjo und Maske (Mädchen mit Mandoline und Maske)* [1938].

Max Beckmann machte von der vollen Besetzung des Symphonieorchesters Gebrauch: Streicher, Holzbläser, Hörner und Schlagzeug – verstärkt durch menschliche Stimmen, Harfen, Drehorgel, Akkordeon und eine von ihm erfundene Hirtenflöte oder von anderen Instrumenten, die er sich ausgedacht hatte wie das Horn im *Tod* [1938] und die Mandoline im *Traum* [1921]. Das reichte vom Baß der Tuba bis zum hellen Sopran der Flöte, von der Baßtrommel zur Marschtrommel. Die Singstimmen waren Bariton und Baß des Männerchors und Sopran und Alt des Frauenchors. Schöpferisch, wie er war, verband er extreme Klangunterschiede und machte von äußerst ungewöhnlichen Ensembles Gebrauch, von Instrumentenverbindungen, für die es meiner Kenntnis nach keine niedergeschriebenen Noten gibt, wie zum Beispiel für das Duett von Tuba und Violine im rechten Bild im *Schauspieler*-Triptychon [1941/42] oder für das Trio für Trommel, Oboe und Mandoline in der *Damenkapelle* [1940].

Für jede besondere Situation wurden, wie man sieht, die Klangqualitäten sorgfältig überlegt; zum Beispiel, wenn er das

Akkordeon an Stelle der Drehorgel auswählt. Der Charakter eines Instruments wurde im bestimmten Zusammenhang seiner Verwendung besonders bedacht. Man kann das zum Beispiel beobachten, wenn er die mechanisch betriebene Drehorgel wählt an Stelle des von Hand gespielten Akkordeons. Beckmann war sich der Dynamik der Klangwerte bewußt und hatte dafür ein besonderes Gefühl; er machte davon höchst wirkungsvollen Gebrauch, so wenn er in *Blindekuh* [1944/45] die Trommel dicht an die Harfe rückt und in *Traum* einen blinden Mann malt, der zwei Instrumente, Drehorgel und Horn, gleichzeitig spielt. Es ist interessant, daß in dem Gemälde *Traum* auch zwei Saiteninstrumente vorkommen, die beide nicht gespielt werden. Und im Falle der Pritsche macht er einen deutlichen Unterschied zwischen Geräusch und Musik.

Er schien genau zu wissen, welche Instrumente in ein Bild passen oder seine Tonart angeben; ebenso wußte er, welcher Spieler genau zu welchem Instrument paßt. Kraft seiner Phantasie und seiner Erfindungsgabe hat er für Saiteninstrumente neue Formen erfunden. Immer wurden die Schnecken vom Griffbrett seitwärts gedreht, ähnlich wie bei den Wirbelkästen der Lauten im 17. Jahrhundert.

In welchem Kontext plante Beckmann den Gebrauch eines bestimmten Instruments oder der Instrumente und ihrer Spieler? Den Leiermann malte er als Blinden, als Bettler, als bärtigen Alten und als Soldaten, vermutlich als Kriegsverletzten. Der blinde Drehorgelspieler im *Traum* spielt für Krüppel und Blinde. Der bettelnde Leierkastenmann in *Berliner Reise* [1922], einer Serie von Lithographien, spielt für Verstümmelte und Krüppel. Der alte Drehorgelspieler im Triptychon *The Beginning* [1946/49] spielt für eine Schar von Engeln. Der Drehorgel spielende Soldat im Gemälde *Der Leiermann (Lebenslied)* [1935] spielt für einen schlafenden blinden Mann und eine schöne halbnackte Frau, die dasitzt und uns ihren Rücken zukehrt.

Auch das Akkordeon erscheint in vielen Gemälden und Situationen. In der Mappe der Lithographien *Die Hölle* begleitet ein Akkordeonspieler einen Geiger zu einem patriotischen Lied. Der Akkordeonspieler mit den unter einer hohen Mütze verborgenen Augen in der Radierung *Kasbek* [1923] spielt für eine schöne Champagner trinkende Frau. Die Akkordeonspielerin im *Perseus*-Triptychon [1940/41] musiziert vor einem Küchenchef, der gerade ein Glas einschenkt.

Auch von der menschlichen Stimme macht Beckmann oft Gebrauch, jedesmal unter einzigartigen Umständen. Ich will nur wenige erwähnen. In dem Gemälde *Tod* singt ein Chor von drei Männern vermutlich Teile aus einem Requiem. Im Triptychon *Die Schauspieler* intonieren zwei Frauen vielleicht ein Kyrie, während ein Schauspieler einen Selbstmord spielt. In *The Town – City Night* [1950] begleitet ein ausgeflippter singender Mann sich mit der Gitarre zu irgendeinem Lied, vermutlich einer Ballade. Die Tuba, die auf einem tiefen Ton endet, wird als *Finis*, als Schlußvignette, in einer Radierung zum Schauspiel *Ebbi* [1924] verwendet. Dreiundzwanzig Jahre später benutzte Beckmann das gleiche Instrument wieder, und wir hören förmlich die tiefen, dunklen Töne, die von unten, unter der Bühne im *Schauspieler*-Triptychon, heraufdringen.

Er benutzt Musik in seinen Gemälden *Geburt* und *Tod*. In *Geburt* [1937] hält ein Clown ein Horn. In *Tod* [1938] singen drei Männer. Die einzige Musik in dem Triptychon *Departure – Abfahrt* [1932/35] sind Trommelschläge, wohingegen die ganze rechte Tafel des *Argonauten*-Triptychons [1950] mit dem Klang von Stimmen, von Saiteninstrumenten und einer Flöte erfüllt ist. Im Mittelbild von *Blindekuh* haben wir von Max Beckmann instrumentierte Kammermusik: zwei Flöten,

Harfe und Trommel. Wieder benutzt er hier seine Magie und erfindet zu jedem Instrument den passenden Spieler: die junge, zarte Harfenistin, den entschiedenen, durch nichts zu erschütternden Trommler. In jedem der neun [vollendeten] Triptychen ist Musik.«

Lektüre und Sprache

Heute stehen ungefähr dreihundert Bücher, die einst zur Bibliothek von Max Beckmann gehörten, in meinen Bücher-regalen – Zeugen seines weitgespannten allgemeinen und ästhetischen Interesses. Es waren früher noch viel mehr, aber Max war im Verleihen großzügig, und unglücklicherweise wurden viele Bände nie zurückgegeben.

Angesichts des riesigen Umfangs von Beckmanns Lebenswerk ist es schwierig, sich vorzustellen, wie Max je die Zeit zum Lesen und Wiederlesen der vielen Bücher gefunden hat, die er seit seiner Jugend eifrig gesammelt hatte (viele kaufte er antiquarisch). Meist las er in den späten Abendstunden, nicht nur aus Wißbegier, sondern auch zum Vergnügen und zur Entspannung. Selten kam er mit weniger als drei oder vier Büchern unter dem Arm aus der Stadt nach Hause – Romane, Mythologien, Kunstbücher, Bücher über deutsche, griechische und indische Philosophie, die zu seiner ernsten Lektüre gehörten. Zum Entspannen las er gerne Kriminalromane, die er in wenigen Stunden verschlang.

Zu Max' deutschen Lieblingsklassikern gehörten Goethe, Schiller (die Prosaschriften), E. T. A. Hoffmann und Jean Paul; unter den zeitgenössischen Autoren waren es unter anderem Hermann Hesse, Carl Gustav Jung und Richard Wilhelm. Er liebte und bewunderte Shakespeares Bühnenwerke in der

Übersetzung von Schlegel und Tieck. Die englischen Romane des Polen Joseph Conrad hat er mehrmals gelesen. Von den englischen Schriftstellern interessierten ihn William Somerset Maugham, Aldous Huxley und Christopher Isherwood. Dostojewski bedeutete Max viel, mehr als Tolstoi und Turgenjew. Von den Franzosen las er besonders gerne Molière, Gustave Flaubert, Marcel Proust und André Gide.

Noch während unserer Zeit in Holland begann Beckmann die Werke einiger amerikanischer zeitgenössischer Schriftsteller zu lesen. Seine besondere Liebe gehörte Ernest Hemingway, William Faulkner und Theodore Dreiser.

Im Frühjahr 1947, nach acht schwierigen Kriegs- und Exiljahren in Holland, konnten wir zum ersten Mal wieder unsere Ferien in einem anderen Land verbringen und entschieden uns für Nizza. Kurz vor unserer Abreise kaufte Max beim Antiquar noch einige Bücher, darunter Thomas Wolfes »Schau heimwärts, Engel« in deutscher Übersetzung, die er unterwegs lesen wollte. Max war davon ganz gefangen und bewegt. Konzept und Sprache beeindruckten ihn ; er wollte unbedingt mehr von Wolfe lesen, von dem er bis dahin noch nie etwas gehört hatte.

An einem Nachmittag während unseres Aufenthaltes in Nizza fuhren wir mit dem Auto eine gewundene Straße hinauf, sie endete am Tor eines Friedhofs. Von dort hatte man eine wunderbare Aussicht hinunter ins Tal und darüber hinaus in die Ferne zum Gebirge ; zur Linken lag blaugrün das Mittelmeer. Vor dem Friedhofstor stand ein großer Bronzeengel, schon vergessen oder noch auf seine Verwendung als Grabdenkmal wartend. Max betrachtete die Gestalt lange und ging dann ans Ende der Straße, stand dort eine Weile schweigend, die Schönheit ringsum in sich aufnehmend. Wir sprachen kein Wort. Auf der Rückfahrt zum Hotel sagte er mir, daß die Szenerie am Eingang des Friedhofs oben auf dem Berg ihn an Passagen aus »Schau heimwärts, Engel« erinnert habe.

Bald nach unserer Rückkehr nach Amsterdam malte Beckmann eine Reihe von Landschaften, zu denen er durch unseren Aufenthalt an der Riviera angeregt worden war. Auf einem dieser Gemälde erscheint auch ein Bronzeengel vor einem Friedhofstor – Berge in der Ferne. In seiner Bilderliste nennt er es *Pau de St. Janet*. Heute ist das Gemälde unter dem Titel *Baou de Saint-Jeannet* (1947) bekannt, es ist das Bild, das sich auf »Schau heimwärts, Engel« bezieht. Max ging dieses Buch nicht aus dem Kopf; einige Monate später, als wir unsere Abreise in die Vereinigten Staaten vorbereiteten, fragte ich ihn, ob er Thomas Wolfe gerne kennenlernen würde. Er sagte ja. Er fühlte, daß er und Wolfe über bestimmte Dinge im Leben ähnlich dachten. Die beiden sind einander freilich nie begegnet; Wolfe war schon 1938 gestorben – wir hatten es nur nicht gewußt.

Max hatte seine Englischkenntnisse durch Lektüre von Tageszeitungen (»The St. Louis Post Dispatch« und »The New York Times«), durch privaten Unterricht und in direktem menschlichen Kontakt – gesellschaftlich wie auch mit seinen Studenten – erworben. Seine Fähigkeit zu sprechen blieb begrenzt – vor allem bei ernsten Gesprächen und in einem größeren Kreis. Aber ein ausreichendes Vokabular, um zeitgenössische amerikanische Schriftsteller zu lesen, erwarb er sich in verhältnismäßig kurzer Zeit. Fast immer hatte er beim Lesen ein englisches Wörterbuch griffbereit. Manchmal kam er auch zu mir ins andere Zimmer, um mich nach der Bedeutung eines Wortes oder Satzes zu fragen.

Abends hörte er immer die Rundfunknachrichten. Wenn er etwas nicht verstand, erklärte ich es ihm; meist war es nicht nötig. Allmählich besserten sich seine Sprachkenntnisse, und er fühlte sich weniger von mir abhängig. Nach einiger Zeit traf er sich auch mit seinen Studenten in St. Louis, ohne daß ich dabei war. Er lud sie ein, ihn in seinem neben der Klasse liegenden Atelier zu besuchen und ein Bild anzusehen, das er eben gemalt hatte. Sie redeten dann darüber, und wenn er auch niemals fließend Englisch sprach, konnte er doch verstehen, was die Studenten zu sagen hatten, und konnte auch seine eigenen Gedanken formulieren. Möglicherweise half ihm sein musikalisches Gehör, von dem ich schon gesprochen habe, in solchen Situationen. So wie er ein musikalisches Thema im Gedächtnis behielt, behielt er auch Laute und Bedeutung der englischen Wörter im Kopf. Im zweiten Jahr in den Vereinigten Staaten unterbrach er mich auch manchmal, wenn jemand in einer größeren Gruppe von Menschen oder auf einer Party mit ihm sprach und ich automatisch in einer Art Telegrammstil zu übersetzen begann. Er sagte dann etwas ärgerlich: »Das ist nicht nötig, außer wenn ich dich darum bitte. Ich verstehe sehr gut, was gesprochen wird.«

Ansichten, Überzeugungen

Schon bald, nachdem ich Max Beckmann kennengelernt hatte, wurde mir bewußt, daß seine Art, das Leben zu betrachten, eher pessimistisch als optimistisch war. Er hatte das Gefühl, daß es auf dieser Erde niemals dauernden Frieden, Harmonie, wahrhaftes Verstehen und selbstlose Liebe zwischen den verschiedenen Ländern und den Menschen geben werde, solange Gier, Haß, Neid und Ignoranz nicht aufhören und Leiden und Zerstörung anrichten.

Max erzählte mir, daß in seiner frühen Jugend ihm die Welt schön, aufregend und voller Abenteuer erschienen sei. Er war eher optimistisch, bevor er mit dem schmerzhaften und grausamen Leiden seiner Mutter konfrontiert wurde, die er so sehr geliebt und verehrt hatte. Sie litt an Krebs; die letzten

Wochen ihres Lebens waren fast unerträglich. Morphium wirkte nicht mehr bei ihr, und andere Sedativa waren damals noch nicht bekannt. »Fast drei Wochen lang schrie sie vor Schmerzen, während ich völlig hilflos an ihrem Bett stand«, sagte er und fügte hinzu, sie sei ihr ganzes Leben tapfer gewesen und habe, auch wenn sie krank war, nie über Schmerzen geklagt.

Wenn auch diese frühe Erfahrung qualvollen Leidens ihn erschüttert hatte, so hatte es Max doch in keiner Weise auf das Elend und das sinnlose Hinschlachten der Massen von Menschen vorbereitet, das er im Ersten Weltkrieg erlebte, als er als Sanitäter beim Roten Kreuz arbeitete. Damals ging fast sein ganzer bis dahin vorhandener Optimismus in die Brüche. Doch hat er nie die Liebe zu den Menschen verloren, nicht seine Leidenschaft für die Kunst, nicht seinen Sinn für Humor, nicht die Fähigkeit zur Hingabe an seine Arbeit.

Max und ich waren beide lutherisch erzogen, aber keiner von uns fand im Gottesdienst der lutherischen Kirche innere Befriedigung. So gingen wir seit den Jahren in Frankfurt auch nicht mehr zur Kirche. Kurz vor unserer Hochzeit fragte mich Max einmal: »Glaubst du an Gott, an einen mit weißem Bart?« – »Nicht mit einem weißen Bart«, sagte ich, »aber ich glaube an Gott.« – »Gut«, antwortete er, »die Hauptsache ist, daß du glaubst.«

Schon in jungen Jahren hatte Max viel westliche Philosophie gelesen, sich aber auch sehr für Theosophie interessiert. Die Schriften der Helena Blavatzky hatte er gründlich studiert, was ihn schließlich zur Philosophie der Hindu und zu den »Veden« führte. Mehr als einmal hat Max mir gesagt, daß er gerne Mönch geworden wäre und das Leben eines Einsiedlers geführt hätte; aber der Zwang, seine Gedanken in Malerei zu realisieren, habe ihm auferlegt, am Leben teilzunehmen und nicht eine weltabgewandte Existenz als Mönch zu führen.

Außer zu mir, zu seinem Sohn Peter und zu einigen wenigen Freunden sprach Max fast nie über Philosophie und über seinen Glauben an die Wirklichkeit Gottes. Für ihn waren diese Dinge zu subtil, um darüber mit Menschen zu diskutieren, die weder die nötige Kenntnis noch das Gefühl, noch auch Sehnsucht danach hatten. Genauso hielt er es auch mit seinen Bildern: Fast nie erklärte er, was sie oder die darin vorkommenden Symbole bedeuten. Manchmal lachte er über Fehlinterpretationen, die er in Kritiken zu lesen bekam. Manchmal fühlte er sich verletzt, aber nicht lange; seine Arbeit wurde davon weder gestört noch beeinflußt. Wenn jemand aufrichtiges Verständnis und Liebe zu seinem Werk zeigte, war er glücklich darüber.

Max hatte, wie schon erwähnt, einen ausgeprägten Sinn für Humor, was sich auch in einigen seiner Gemälde und in Karikaturzeichnungen zeigt. Er scherzte und neckte gerne – ich erinnere mich so gut an sein volles Lachen. Bestimmte Komiker mochte er besonders, und er ließ keine Möglichkeit aus, Laurel und Hardy, Charlie Chaplin und einige andere zu sehen, an deren Filmen er viel Spaß hatte. Er konnte sich auch über das manierierte Auftreten, die Aufmachung mancher Leute und über ungewöhnliche oder auch groteske Situationen, in die er selbst zuweilen geriet, amüsieren.

Es kam selten vor, daß Max die Beherrschung verlor, aber eines konnte er nicht vertragen – wenn Leute nicht pünktlich kamen. Wenn jemand zu einer bestimmten Stunde erwartet wurde und zehn oder fünfzehn Minuten zu spät auftauchte, wurde Max sehr ärgerlich. Wenn der oder die Betreffende auch nach einer halben Stunde noch nicht erschienen war, ging er einfach fort und verließ unsere Wohnung oder den Ort, an dem das Treffen vereinbart war. Wenn ich mich verspätete, war Max nicht nur ärgerlich, sondern schrecklich besorgt, daß mir etwas zugestoßen sein könnte. Es machte ihn regelrecht krank, und er bekam dann sogar Schmerzen, seit er während des Zweiten Weltkriegs Angina pectoris entwickelt hatte. Natürlich versuchte ich, immer pünktlich zu sein, aber es kam auch vor, daß ich mich verspätete, ohne etwas dafür zu können.

Als ich einmal in New York unser Auto aus der Garage holte, bemerkte ich, daß der Tankwart vergessen hatte, wie verlangt den Benzintank nachzufüllen. So mußte ich warten, bis er damit fertig war. Unglücklicherweise konnte ich Max telephonisch nicht erreichen, weil er immer vor dem Haus auf mich wartete. Mit einer Viertelstunde Verspätung kam ich zu unserer Wohnung in der 69th Street West zurück. Max stand regungslos auf der obersten Treppenstufe. Sein Gesicht war kreideweiß, und er sagte: »Was ist passiert? Ich wollte gerade die Polizei rufen – dachte, du hättest einen Unfall, und ich würde dich blutüberströmt im Krankenhaus finden!« Er sagte mir, er habe wieder seine Schmerzen. Natürlich fand ich es schrecklich, die Ursache zu sein. In kritischen Situationen war er aber bemerkenswert ruhig und beherrscht. Die Erfahrungen, die Max in zwei Weltkriegen gemacht hatte – besonders während des Zweiten –, waren nicht ohne ernste Schäden an seiner Gesundheit vorübergegangen, auch wenn er äußerlich noch immer den Eindruck des kräftigen Mannes, der er früher gewesen war, machte.

Max konnte Geschwätz, konnte »small talk« nicht ausstehen. Da er eine introspektive Natur war, beschäftigte er sich die meiste Zeit in Gedanken mit seiner Arbeit – auch wenn er nicht im Atelier war. Es gab dann auch immer Leute, die den »Schutzwall«, mit dem er sich umgab, nicht durchdringen konnten. Das wurde ihm oft als kalt, streng und unnahbar ausgelegt. Aber dieser »Wall« war für ihn als Künstler, der Schönheit und Elend der menschlichen Existenz in seiner Kunst verwirklichte, notwendig. Gute Freunde hatten keinerlei Schwierigkeiten, an ihn heranzukommen.

Wenn Max allein verreiste, schrieb er mir jeden Tag, oft telephonierte er. Immer machte er sich Gedanken um mein Wohlergehen, und immer brachte er mir etwas Schönes von der Reise mit, das seine besondere Bedeutung hatte. Von Anfang an waren wir uns sehr nah – als ob wir uns schon seit eh und je gekannt hätten. Da wir beide an Reinkarnation glaubten, sagte ich einmal während unserer Verlobungszeit zu ihm, ich hätte das Gefühl, wir hätten uns in einem früheren Leben nicht nur gekannt, sondern wären auch schon einmal miteinander verheiratet gewesen. Er sah mich lange an und sagte: »Daran zweifle ich nicht.« Und einige Wochen später schrieb er mir in einem Brief: »Meine Seele ruht bereits tief in der Deinen. Und in vielen Jahren wollen wir so tief ineinander wachsen, daß uns auch kein Tod und keine Unendlichkeit mehr trennen kann. – Früher würde ich einen solchen Satz als Phrase oder überspannt gekennzeichnet haben. – Wenn ich jetzt manchmal an gewisse Empfindungen, die Dein Gesicht ausdrückt, denke, halte ich das, was ich da oben gesagt habe, wirklich für möglich [...] Mit Dir zusammen werde ich schöne, sehr schöne Dinge machen können, die die Menschen notwendig haben wie Mozart'sche Musik [...] Schreib' *jeden Tag* [...]« (aus Frankfurt, an einem Freitag, Ende Mai 1925).

Im selben Brief bedankt er sich auch für Zeichnungen, die ich ihm geschickt hatte. »Mach mir noch mehr, sie machen mir große Freude.« Max hatte mich ermutigt zu zeichnen; ich meinte, ich könne das nicht. (Mein Vater hatte mich auf meinen Wunsch in der Schule vom Zeichenunterricht dispensieren lassen.) In all den Jahren unserer Ehe hat Max sich zum Geburtstag und zu Weihnachten immer eine Zeichnung von mir gewünscht.

Ein einziges Mal, 1948 in St. Louis, in dem Jahr, in dem ich dort in zwei öffentlichen Konzerten spielte, hatte ich keine. Das eine Konzert war eine Veranstaltung der Public Women's Faculty

»Balance-Akt«, Scherenschnitt von Mathilde Q. Beckmann.

(am 3. Dezember). Zunia Henry, die an der Music School der Universität Klavier unterrichtete, hatte mich dazu überredet, wir hatten viel miteinander musiziert. Wir spielten zwei Beethoven-Sonaten, in C-Dur und in F-Dur. Das andere war ein Weihnachtskonzert mit Werken von Bach in der Kapelle der Universität (am 14. Dezember). Frank Harrison, der an der Art School unterrichtete, dirigierte, wir spielten vor dem Weihnachtsoratorium.

Beim ersten Konzert war Max in der Generalprobe, es machte mich entsetzlich nervös, und ich spielte schlecht. Er werde also nicht zum Konzert kommen, sagte er. Aber er war doch da, ohne es mir vorher zu sagen. Alles ging gut. Natürlich freute ich mich darüber und auch über die Kritiken. Bald danach sagte Max mir unvermittelt: »Ja also, Kind, ich will dir nicht im Wege stehen. Wenn du Karriere machen willst mit der Geige, dann laß' ich dich frei. Aber wir können dann nicht zusammen leben. Entweder du wirst Geigerin, oder du bleibst bei mir.

Beides geht nicht. Ich brauche dich ganz oder gar nicht.« – – Ich habe dann nicht mehr öffentlich gespielt.

In den fünfundzwanzig Jahren unserer Ehe wuchsen wir durch unsere Liebe und unser gegenseitiges Verstehen so vollkommen zusammen, daß es fast unmöglich ist, darüber etwas zu äußern. Ich verließ mich in allem auf Max. Ohne sein Einverständnis oder ohne seinen Rat hätte ich niemals irgendeine Entscheidung getroffen. Wir sprachen nie vom Sterben, aber ich hoffte und betete immer, daß unser beider Leben gemeinsam enden würde. Im letzten Jahr seines Lebens begann Max, sich um mich Sorgen zu machen, weil er wußte, wie ich ihn liebte und wie sehr ich von ihm abhängig war. Eines Tages, drei Monate vor seinem Tod, sagte er zu mir: »Meine Liebe wird immer mit dir sein, verzweifle nicht, wenn ich

»Und Quappi und Becki vereint sieht man steh'n /
und möge es immer so weiter geh'n!«
Scherenschnitt von Mathilde Q. Beckmann.

sterbe – es ist nur eine Veränderung des physischen Leibes – dann lege ich diesen Körper ab, wie ich einen alten Anzug ablege.«

Solange ich mich erinnere, war Max Beckmann auf der Suche nach Transzendenz und nach dem Geheimnis ewigen Lebens.

III
Die Kunst

Künstlerische Praxis

Max Beckmann benutzte – jedenfalls seit unserer Heirat 1925 – für seine auf Leinwand gemalten Bilder nur Pinsel und Palette, Ölfarbe und Terpentin, in früheren Jahren hatte er zuweilen auch Leinöl beigemischt. Spachtel benutzte er nur zum Reinigen der Palette oder um getrocknete Farbe, wenn es nicht anders ging, von der Leinwand zu entfernen. Wollte er ein Bild ändern und mußte er deshalb die Oberfläche säubern, so legte er die Leinwand auf den Fußboden, tauchte seinen Pinsel in den Farbentferner, trug diesen sorgfältig auf und ließ ihn zehn oder fünfzehn Minuten einsinken. Die Farbe konnte dann leicht abgehoben, die Leinwand mit Terpentin sauber gerieben werden. Beckmann hielt das für sehr wichtig, um beim Überarbeiten des Bildes eine klare, leuchtende Farbigkeit zu erzielen. Wenn die zu verändernde Stelle ungenügend gereinigt sei, sei auch die Frische dahin, sagte er mir, weil die neu aufgetragene Farbe, je nach der Kombination der Farben, sonst stumpf und schmutzig ausfallen würde.

Um bestimmte Farbwirkungen zu erreichen, benutzte Beckmann besondere Untermalungen – zum Beispiel das Graublau unter dem rosa getönten Himmel im Mittelbild der *Argonauten* (1949/50). Schwarz war für ihn eine sehr bezeichnende Farbe, und er sagte mir, daß er es zuweilen mit Mattarot mische oder mit Preußischblau, manchmal mit Permanentgrün, gebrannter Siena oder auch anderen Farben. Wenn er in der oberen Malschicht glänzende Farbpartien haben wollte, nahm er reine Farbe direkt aus der Tube mit fast keinem Terpentin; sollte die Farbe matt wirken, nahm er davon mehr.

Wenn man seine Gemälde aus der Nähe ansieht, wird man bemerken – und das trifft auf alle Ölgemälde Beckmanns zu –, daß an manchen Stellen die Farbe dünn aufgetragen ist und an anderen dick. Er verglich das mit dem Gebrauch des Pedals beim Klavierspielen. »Es ist nicht gut, immer fortissimo zu spielen, es ist auch nicht gut, immer pianissimo zu spielen; ausgiebiger Gebrauch ein und desselben Stilmittels macht ein Stück monoton und langweilig.«

Um die richtige Konsistenz der Mischung zu erreichen, tauchte er seinen Pinsel zuerst in einen großen Behälter mit Terpentin, bevor er mit dem Pinsel die Farbe aufnahm; mit ein oder zwei Bewegungen seines Unterarms nach rückwärts schleuderte er das Zuviel an Flüssigkeit heraus. Dadurch wurden die Fußböden in Beckmanns Ateliers und der große Wandschrank, in dem er in Amsterdam alle seine Malutensilien aufbewahrte, über und über mit Farbspritzern bedeckt. So entstand eine Art Mosaik oder eine Art von pointillistischem Zufallseffekt.

Wann immer Beckmann mit Farbe an einem noch unfertigen Gemälde experimentierte oder Farben für eine neue Komposition ausprobierte, benutzte er zuvor Pastellkreide, um zu sehen, wie das Ergebnis in etwa sein würde. Dann wischte er die Pastellfarbe vollständig ab, rieb erst mit einem trockenen Tuch und dann mit einem in Terpentin getränkten Lappen nach, ehe er diese Partie der Leinwand zu Ende malte. Immer hatte er mehrere Paletten gleichzeitig in Gebrauch; eine ausschließlich für Schwarz und die anderen für die übrigen Farben. Er legte größten Wert darauf, sein Werkzeug in Ordnung und sauber zu halten.

Solange wir in Europa lebten, reinigte für gewöhnlich ich seine Paletten und Pinsel. In seinem Frankfurter Atelier zeigte er mir, wie er das von mir gemacht haben wollte. Unvermischte Farbe, die noch verwendet werden konnte, blieb auf der Palette, der Rest wurde mit Käseleinen und Terpentin weggewischt. Restliche Farbe in den Pinseln wurde erst mit Zeitungspapier entfernt, die Pinsel dann in Terpentin getaucht und wieder mit Käseleinen abgewischt, abschließend mit Schmierseife und warmem Wasser völlig sauber ausgewaschen. Beckmann nahm dafür nicht gerne Benzin, weil, wie er zu mir sagte, die Borsten der guten Pinsel davon leicht brechen und nach kurzer Zeit unbrauchbar würden. Bevor die Pinsel zum Trocknen ausgelegt wurden, bestand er darauf, daß man sie flach zwischen den Fingern ausstrich, damit sich die Borsten dicht aneinanderlegten. Aus dem gleichen Grund wurden sie auch niemals in einer Schüssel oder einem Topf aufbewahrt, ehe sie nicht vollkommen trocken waren. Er benutzte Pinsel von verschiedener Größe – manche neun bis dreizehn Zentimeter, andere sechs Zentimeter breit, manche schmaler.

Beim Arbeiten hielt Beckmann den Pinsel zuweilen wie eine Zeichenfeder, aber meist hielt er den Pinsel lose in der offenen Hand, die Finger teils ausgestreckt, vom Daumen unterstützt. So sah man, wenn er malte, abwechselnd erst den Handrücken und die Finger, dann die Innenfläche der Hand und den Daumen. Die entspannte, von der Schulter zur Hand laufende Bewegung seines rechten Armes ließ mich oft an die perfekte Bogenführung eines guten Musikers denken. »Einen Bogen von oben nach unten oder eine gerade Linie in einem Schwung mit absoluter Sicherheit zu zeichnen hat mich dreißig Jahre gekostet«, sagte er zu seinen Studenten. »Nur so«, fuhr er fort, »kann man die Freiheit gewinnen, um eine kräftige oder zarte Linie zu ziehen.«

Nie malte Beckmann seine Bilder im Sitzen. Er saß nur, wenn er aquarellierte, zeichnete oder Porträtzeichnungen nach dem Modell machte. Beim Malen seiner Ölbilder ging er zwischen seinem Lehnstuhl und der Staffelei hin und her. Die Strecke, die er auf diese Weise in den Jahren unserer Ehe zurückgelegt hat, muß Tausende von Kilometern lang sein. Oft stellte er das Gemälde, an dem er arbeitete, auf den Kopf oder auf die linke oder rechte Seite. Viele Male hörte ich ihn sagen: »Ein Bild auf den Kopf zu stellen ist ein Test für das Gleichgewicht der

Komposition. Wenn etwas nicht stimmt, zeigt es sich sofort. Jedes große Bild der Vergangenheit hält diesen Test aus.«

Bei den seltenen Gelegenheiten, wo ich ihm beim Malen auf der auf den Kopf gestellten Leinwand zusah, oder auch, wenn ich rechts oder links neben ihm stand, war das ungemein spannend und aufregend. Es war einem nicht ganz geheuer, ihn Mund oder Augen in einem Gesicht in umgekehrter Richtung malen zu sehen. Wenn er seine Leinwand – auch eine sehr große – drehte, faßte er mit der rechten Hand den Spanner in der Mitte und hielt dabei noch mit der Linken die Palette. Er bewegte sich dabei sehr geschickt, er jonglierte damit fast akrobatisch.

Beim Malen war Beckmann unablässig in Bewegung. Selten setzte er sich länger als für ein paar Sekunden, um aus der Entfernung einen Blick auf sein Bild, auf seine Arbeit zu werfen. Vor der Staffelei nahm sein Körper verschiedene Stellungen an – manchmal ungeschickte und schwierige; mal beugte er sich weit vor, dann wieder hielt er den Pinsel mit angewinkeltem Ellbogen hoch über den Kopf. Beim Malen selbst waren Körper und Geist vollkommen aufeinander abgestimmt: totales Gleichgewicht zwischen Spannung und Entspannung von Rücken, Armen und Beinen – es war ähnlich wie bei einem großen Vogel, der im Fluge auf einem hohen Berggipfel landet oder abfliegt. Wegen dieser vollkommen ausgeglichenen Bewegungen, sagte mir später Peter Beckmann, habe sein Vater auch so oft ohne Unterbrechung zehn bis zwölf Stunden durcharbeiten können. Wenn Max Beckmann auch einige Jahre lang herzleidend war, was ihm oft schwer zu schaffen machte – beim Malen, bei der Arbeit schien er niemals Schmerzen zu verspüren.

Über Künstler

Von allen Künstlern, die Beckmann sein Leben lang bewunderte, schätzte und verehrte er vor allem Grünewald, Bosch, Rembrandt, Cézanne, Henri Rousseau und van Gogh. Grünewald hatte ihn schon 1903 überwältigt, als er, bei seiner Rückkehr aus Paris, Colmar noch zu einer Zeit besucht hatte, in der der »Isenheimer Altar« nur wenigen ein Begriff war. Als der Erste Weltkrieg ausbrach, schrieb Beckmann an Wilhelm von Bode, den damaligen Direktor des Kaiser-Friedrich-Museums in Berlin, und schlug ihm vor, er möge für die Dauer des Krieges doch den großen Altar aus dem Elsaß nach Berlin holen. Als Bode wenig Interesse dafür zeigte, kam der Altar schließlich nach München, wo er beachtlichen Einfluß auf einige Maler ausübte und allgemein als eines der großen Meisterwerke der Kunst überhaupt anerkannt wurde.

Beckmann war in jungen Jahren vorübergehend Mitglied der Berliner Secession, aber er trat wieder aus. Auch als Maler war Beckmann ein Einzelgänger und hatte auch mit anderen Malern – Ugi Battenberg und seine Schüler ausgenommen – keine Kontakte: weder an der Städelschule in Frankfurt, wo er, unter anderen, gleichzeitig mit Willi Baumeister lehrte, noch in Amsterdam, noch in den Vereinigten Staaten. Für Beckmann war Abstraktion untrennbar mit dem Bild der Wirklichkeit verbunden, für ihn war die Komposition das eigentlich Abstrakte. Er fand diese Art von Abstraktion schwieriger als eine vom Gegenständlichen gelöste, verselbständigte Abstraktion.

Viele Jahre später, in einem Vortrag für die Studenten im Stephens College in Columbia, Missouri, sagte Beckmann: »Ich kann Sie nur immer wieder auf Cézanne hinweisen. Ihm ist es gelungen, einen exaltierten Courbet, einen mysteriösen

Pissarro, und, zum Abschluß, eine gewaltige neue Bildarchitektur zu schaffen, in der er wirklich ein letzter alter Meister – oder besser gesagt, endlich ein neuer ›Meister‹ geworden ist, der gleichberechtigt neben Piero della Francesca, Uccello, Grünewald, Orcagna, Tizian, Greco, Goya und van Gogh steht. Nehmen Sie auf einer ganz anderen Seite noch die alten Zauberer Hieronymus Bosch, Rembrandt und als fantastische Blüte aus dem trockenen England William Blake, so haben Sie eine ganz nette Reihe von Freunden, die Sie auf Ihrem dornenvollen Pfade – dem Entfliehen der menschlichen Leidenschaften in die Phantasiepaläste der Kunst – begleiten können.« (Drei Briefe an eine Malerin, 3. Brief)

Zu den Künstlern, die er in dieser Vorlesung erwähnt, kamen noch einige andere, die Beckmann sehr bewunderte: Gabriel Mäleßkircher (ein bayerisch-schwäbischer Maler aus dem 16. Jahrhundert), Hans Holbein, Lucas Cranach, Hans Baldung Grien, Pieter Breughel, Frans Hals, Jan Steen und Jan Vermeer.

Während der harten und schrecklichen Zeit in Amsterdam war es Max ein Trost, in derselben Stadt zu leben, in der Rembrandt gelebt hatte – Rembrandt, den Max für den größten aller Künstler überhaupt hielt. Max wurde schnell mit der Stadt vertraut und fand sich gut zurecht. Er wanderte gerne die Kanäle entlang und über die alten, kleinen Bogenbrücken, um von Zeit zu Zeit das Rembrandt-Haus zu besuchen, das von unserer Wohnung nicht weit entfernt war. Oft besuchte er das Rijksmuseum und das Stedelijk Museum, um Bilder, die er liebte, zu sehen. Manchmal bat er mich, ihn zu begleiten, manchmal ging er allein.

Während unseres ersten Jahres in Amsterdam nahm Max mich eines Tages mit nach Haarlem ins Frans-Hals-Museum, um die »Regentessen des Altmännerhauses« (1664) anzuschauen. Er erklärte mir die Größe dieses Werkes und die Art, wie Hals den unterschiedlichen Ausdruck in den Gesichtern, wie er die ruhenden Hände gemalt, wie er die Frauen gegen den Hintergrund ins Bild gesetzt hatte, und schließlich noch die Komposition als Ganzes.

Eines Abends, es war während unserer ersten holländischen Jahre, besuchten wir Freunde, und man zeigte Beckmann die Photographie eines kürzlich entdeckten Gemäldes »Das letzte Abendmahl«, angeblich von Vermeer, einem Maler, den Max liebte und gewissermaßen auswendig kannte. »Das – ein Vermeer?« rief er, »niemals!« Seine Bemerkung löste unwillige Antworten und ärgerliche Bemerkungen aus: es gäbe absolut keinen Zweifel, daß dieses Gemälde tatsächlich ein Vermeer sei, seine Authentizität sei sogar von einem der bekanntesten Experten bestätigt worden. Max war trotzdem nicht zu überzeugen. »Wie wollen Sie das wissen«, wurde er gefragt, »ohne das Original gesehen zu haben?« – »Ich brauche das nicht zu sehen«, antwortete er, »wenn ich versuche, mich in Vermeer hineinzuversetzen, weiß ich, daß er niemals so etwas entworfen und gemalt haben kann. Es wäre gegen seine Natur gewesen – keiner vermag etwas gegen seine Natur; außerdem sind da Details, die für Vermeers Art zu malen nicht charakteristisch sind.«

Viele Jahre später, wir lebten damals in St. Louis, las ich im »St. Louis Post Dispatch«, das »Letzte Abendmahl«, zuerst Vermeer zugeschrieben, sei nun als Fälschung eines lebenden Malers mit dem Namen H. A. van Meegeren erkannt. Max war nicht im mindesten überrascht. »Für mich gab es da nie einen Zweifel«, sagte er beiläufig, als er den letzten Schluck seines Morgenkaffees getrunken hatte. Langsam und schweigend ging er zur Tür, blieb stehen, drehte den Kopf und sagte mit dem für ihn typischen, in die Ferne gerichteten Blick: »Siehst du, ich glaube, Künstler haben für so was einen gewissen Instinkt; es ist schließlich unser Metier.«

Für van Goghs Lebenswerk hatte Beckmann eine besondere und tiefgehende Bewunderung: Van Gogh war ein Maler, dem er sich eng verwandt fühlte und für den er eine besondere Zuneigung hatte. Seit ich meinen Mann kannte, las er wieder und wieder die Briefe von Vincent van Gogh an seinen Bruder, er hat sich auch häufig darauf bezogen.

Neben Paul Cézanne schätzte Beckmann auch andere französische Maler. Von der Phantasie und vom Bildaufbau von Henri Rousseau jedoch und von dessen Art zu malen war er einfach bezaubert. Jedesmal, wenn er in New York das Museum of Modern Art besuchte, stand er eine Weile vor der »Schlafenden Zigeunerin«; es war eines seiner Lieblingsbilder, und er hielt es für eines der bedeutendsten Werke von Rousseau.

Beckmanns Realität

Bevor Beckmann von jemandem ein Porträt malte, zeichnete er ihn nach dem Leben – mit Bleistift, Kreide oder Kohle. Meist zeichnete er auf einem nicht reinweißen, leicht gerippten französischen Papier, benutzte aber manchmal auch ein Skizzenbuch oder einen gewöhnlichen Notizblock. In späteren Jahren arbeitete er auch auf großen Bögen von blauem, rosa oder grünem Papier.

Er verlangte von seinen Modellen nicht, daß sie ihm bewegungslos saßen – ganz im Gegenteil wollte er, daß sie das Gefühl hätten, sich frei bewegen zu können. Er pflegte sie in Gespräche zu verwickeln, und manchmal bat er mich sogar, dabei zu sein, damit die Modelle sich wie zu Hause fühlten. Auf diese Art, sagte Max, kämen manchmal unvermutete Züge einer Person zutage, die sich häufig hinter dem verbergen, was Beckmann die »gesellschaftliche Maske« nannte. Manchmal bat er auch um Photographien, sah sie vielleicht ein- oder zweimal an und griff dann auch nur selten darauf zurück. Hatte er zu malen begonnen, bat er nie um eine zweite Sitzung. Von Zeit zu Zeit wollte er jedoch die betreffende Person sehen, am liebsten in ihrem eigenen Milieu, um Ausdruck und bestimmte Charakteristika zu studieren.

Wenn er ein Porträt von mir malte, kam es oft vor, daß ich spürte, wie Max mich intensiv und mit einem durchbohrenden Blick ansah, was mich zuweilen unsicher und befangen machte. Bemerkte er das, sagte er gleich: »Bitte mach weiter mit dem, was du angefangen hast, und vergiß, daß ich da bin. Ich beobachte dich so genau, weil ich gerade wieder ein Porträt von dir angefangen habe.«

Oft hörte ich Max sagen, das Porträt sei wahrscheinlich die größte Herausforderung der Malerei. Das Bild solle nicht nur äußere Ähnlichkeiten soweit wie möglich vermitteln, sondern auch innere, charakteristische Eigenschaften. Vor allem aber, und das war ihm das Wichtigste, sollte ein Porträt ein »gutes Bild« sein, dessen Integrität als Kunstwerk für alle Zeit erkennbar sein müsse.

Viele Menschen haben mich gefragt, ob Max, wenn er sich selbst porträtierte, einen Spiegel neben der Staffelei stehen gehabt habe. Das war niemals der Fall. Im Atelier gab es wohl einen Spiegel, aber nicht da, wo er stand und malte, und nicht an einem Platz, wo er sich etwa beim Malen hätte sehen können. Mit jedem vollendeten Selbstbildnis, sagte er, habe er in der Entwicklung seiner Malerei einen großen Schritt vorwärts getan. Darum empfahl er auch seinen Studenten, von Zeit zu Zeit Selbstbildnisse zu malen.

»Es handelt sich für mich immer wieder darum die Magie der Realität zu erfassen, und diese Realität in Malerei zu übersetzen. – Das Unsichtbare sichtbar machen durch die Realität.« (Über meine Malerei, 1938) – »Wichtig und immer wieder am

Wichtigsten: rücksichtslose Erkenntnis und Kritik des eigenen Ich's. Wahrheit muß das Werk sprechen. Wahrheit aus Liebe zur Natur und eiserner Selbstdisziplin.« (Ansprache St. Louis, 1950)

Von früher Jugend an hat Beckmann unablässig gezeichnet; viele dieser Skizzen und Zeichnungen wurden später für Gemälde verwendet – manche erst nach Jahren. Da er nicht immer ein Skizzenbuch bei sich hatte, zeichnete er auf leere Briefbögen, auf die Rückseite von alten Briefumschlägen, auf die Rückseite einer Rechnung oder was immer gerade an Papier zur Hand war. Ideen für große Kompositionen kamen ihm oft nachts, und ganz gleich, ob es Tag war oder Nacht, machte er sofort eine Skizze. Er zeichnete auch Straßenszenen, Menschen in Cafés, Bars, auf Bahnhöfen, im Kabarett und im Zirkus. In solcher Umgebung und auch anderswo fand Beckmann die so verschiedenen Modelle für seine Bilder. Berufsmodelle beschäftigte er meines Wissens nur in den Jahren 1923 und 1924. Er machte viele Skizzen für Landschaften und Seestücke. Alle seine Ölbilder und Aquarelle hat er – wenigstens seit unserer Heirat – im Atelier gemalt, niemals vor der Natur.

Für seine Stilleben hat Max sich die Dinge niemals aufgebaut, auch kaum je Skizzen dafür gemacht. Was immer diese Bilder angeregt und ausgelöst hat, malte er für gewöhnlich unmittelbar auf die Leinwand. »Entscheidend ist nicht der Gegenstand, – aber seine Übersetzung mit den Mitteln der Malerei in die Abstraktion der Fläche.« (Über meine Malerei, 1938)

Da ich Beckmann und seiner Arbeit so nahe war, habe ich ihn auch ausführlich und auf Einzelheiten eingehend über mehrere seiner Gemälde sprechen hören, einmal auch während der Entstehung eines seiner bedeutendsten Werke.

In den drei Jahren, in denen er in den Vereinigten Staaten unterrichtete, war ich fast ständig an Beckmanns Seite, um zu dolmetschen, und ich habe ihn auch beim Unterricht beobachten können. Und so habe ich auch einen ähnlichen Ausspruch wie den weiter unten zitierten aus seiner Londoner Rede »Über meine Malerei« gehört: »Der erste Eindruck, den ein Bild auf uns macht«, sagte er, »sollte von der Komposition als Ganzem ausgehen. Man sollte Struktur und Zeichnung (design) suchen, auf den Rhythmus von Linien und Farben und auf die räumliche Beziehung der Gegenstände in der Bildfläche achten. Erst dann sollte man den Gegenständen selbst, den Symbolen und der ›Geschichte‹ seine Aufmerksamkeit schenken.«

In der Londoner Rede »Über meine Malerei«, 1938, heißt es: »Schön und wichtig ist mir, als Maler, natürlich die Farbe, als seltsamer und großartiger Ausdruck eines unbegreiflichen Spektrums des Ewigen. – Ich brauche sie auch zur Bereicherung der Bildfläche und tieferer Durchdringung des darzustellenden Objekts. Sie bestimmt bis zu einem gewissen Grade meine seelische Grundhaltung, ist aber der Licht- und vor allem der Formbehandlung nachgeordnet. Ein Überwiegen des farbigen Elements auf Kosten der Form und der Raumbehandlung wäre der Anfang zu einer zweifachen Bearbeitung des Raumes in der Bildfläche und nähert sich daher dem Kunstgewerbe. – Reine Lokalfarbe und gebrochene Töne müssen gleichzeitig verwendet werden, da eins das andere erst richtig zur Geltung bringt.
Doch das alles sind Theorien und Worte sind mangelhaft um künstlerische Probleme wirklich zu definieren.«

Beckmann liebte die See über alles, immer wieder hat es ihn ans Meer gezogen. Er hat es gemalt in seinem unendlichen Reichtum von Form und Farbe, bei Meeresstille und Sturm: die Nordsee, das Mittelmeer, den Atlantik und den Pazifik.

Meer und Himmel waren für ihn Symbole des Ewigen. In seinen Vorträgen »Über meine Malerei«, London 1938, »Drei Briefe an eine Malerin«, Columbia 1948, und der Ansprache, die er 1950 vor Freunden und vor der Philosophischen Fakultät der Washington University in St. Louis gehalten hat, formulierte Beckmann, was *er* in *seinen* Bildern ausdrücken wollte und was seiner Meinung nach der Mensch im Kunstwerk suchen solle.

Meines Wissens gibt es überhaupt nur zwei Bilder, in denen Max eine Komposition wiederholt hat: zwei Zeichnungen einer sitzenden Frau, die einen Teil ihres Gesichts mit einer Hand verbirgt, und ein Ölbild und ein Aquarell mit dem Titel *Bruder und Schwester*. Das Gemälde (im Œuvrekatalog: *Geschwister*) entstand 1933 in Berlin und wurde vom Atelier aus, kurz nach seiner Vollendung, verkauft. Vier Jahre später malte Max in Amsterdam eine zweite Fassung, ein Aquarell, das er für sich behalten und von dem er sich nie trennen wollte.

Jahre später, wenige Tage vor unserer Abreise aus Amsterdam in die Vereinigten Staaten, entdeckten wir, daß das Aquarell *Bruder und Schwester* auf geheimnisvolle Weise verschwunden war! Ich argwöhnte, es sei möglicherweise von einem der von Tür zu Tür gehenden Schwarzmarkthändler gestohlen worden, von denen wir gelegentlich während des letzten harten und sehr kalten Kriegswinters Holz oder Kohle gekauft hatten. Max und ich waren über diesen Verlust beide sehr aufgebracht und betrübt.

Einige Jahre später, wir lebten schon sechs oder sieben Monate in St. Louis, erhielt Max die Ankündigung einer Beckmann-Ausstellung in der Galerie Günther Franke in München. Zu unserem Erstaunen war das verlorene Aquarell *Bruder und Schwester* im Katalog aufgeführt! Ich fragte Max, ob er

156

Günther Franke von dem seltsamen Verschwinden des Aquarells unterrichten wolle. Er wollte es nicht, er sei froh zu erfahren, daß das Aquarell wenigstens nicht zerstört worden sei. Damals sagte er mir auch, daß er selbst die Aquarellfassung von *Bruder und Schwester* dem Gemälde vorziehe.

Viele Jahre später, nach Beckmanns Tod, besuchte ich Günther Franke in München und fragte ihn, ob er das Aquarell noch besitze. Wenn ja, würde ich es gerne erwerben. Er sagte, er habe es noch, könne sich aber nicht vorstellen, es jemals zu verkaufen. Ich erzählte ihm dann die Geschichte von dem rätselhaften Verschwinden des Aquarells und auch, daß Beckmann sich nie hatte davon trennen wollen. Franke war schockiert, als er hörte, was sich in Amsterdam ereignet hatte. Er erzählte mir nun seinerseits, daß ihm das Aquarell von einem Fremden angeboten worden war, der kurz nach Kriegsende in seine Galerie gekommen sei. Überwältigt von der Schönheit des Aquarells, fuhr Franke fort, habe er es sofort gegen bar gekauft, und er habe vergessen, nach Namen und Adresse des Mannes und nach der Herkunft des Aquarells zu fragen. Da der Fremde niemals wiedergekommen sei, bestehe auch keine Möglichkeit, das Verschwinden des Aquarells aus dem Amsterdamer Atelier aufzuklären.

Ich fragte Franke dann, ob er, falls er seine Meinung ändere, mir die erste Option bei einem eventuellen Verkauf des Aquarells einräumen würde. Er stimmte zu, versicherte aber erneut, es bestehe keine Chance, daß er es je verkaufe. Am nächsten Morgen erhielt ich zu meiner Überraschung einen Brief von ihm; einen Augenblick zögerte ich, ihn zu öffnen. Könnte es sein, daß er seine Meinung geändert hatte und mir nun doch das Aquarell verkaufen würde? Und wenn – würde ich das Geld dafür aufbringen können? Mein Herz klopfte heftig, als ich den Umschlag öffnete. Kaum konnte ich glauben, was ich las. Obwohl mir Franke tags zuvor noch gesagt hatte, er dächte nicht daran, das Aquarell je zu verkaufen, hatte er es sich nun – nachdem er erfahren hatte, wie Beckmann daran hing – doch noch einmal überlegt und beschlossen, es mir zu schenken! Ich war überwältigt und fand keine Worte, war gerührt über die Großzügigkeit, die heute in der Welt so selten ist. Überflüssig zu sagen, wie glücklich ich bin, *Bruder und Schwester* wieder bei mir zu haben: eine große Freude für mich und meine Freunde.

In den nun über dreißig Jahren, die seit Beckmanns Tod vergangen sind, ist sein Ruhm als Künstler ständig gewachsen. Mehr und mehr Bücher und Artikel sind über ihn erschienen, die seine Bilder eingehend diskutieren und auch die Symbole darin interpretieren. Beckmann hat diese Symbole und ihre umfassende Bedeutung in seinen Bildern fast niemals erklärt. Außer Perry Rathbone kenne ich niemanden, mit dem Beckmann sich darüber unterhalten und dem er seine innersten Gedanken und Ideen über sein Werk enthüllt hätte.

Über einige Bilder, die ich noch besitze, und auch über einige andere, die mir nicht mehr gehören, hat Beckmann mit mir gesprochen. Was er mir gesagt hat, weicht in einigen Fällen erheblich von dem ab, was auch Kunsthistoriker darüber geschrieben haben. Sehr oft gab er einem Bild den Titel erst, wenn es fertig war. Einige seiner Bilder hat er mir erklärt. Er tat es nicht immer, ohne daß ich ihn fragte. Es sind die Gemälde *Apollo, Traum von Monte Carlo* (1939, 1940/43), *The Beginning* (1946/49), *The Town – City Night* (1950) und *Abstürzender* (1950). Das Schlußkapitel widme ich den *Argonauten* (1949/50).

Apollo, Öl auf Leinwand, datiert 1942, ist eines der Bilder, die Max mir in Holland geschenkt hat, und es ist noch niemals öffentlich gezeigt worden. Die Szenerie in diesem Bild zeigt einen Teil einer riesigen, endlosen Höhle. Im Brennpunkt steht Apollo, der im Hintergrund erscheint; er trägt eine Fackel, die die ansonsten dunkle Umgebung erhellt. Apollo und der geflügelte Leopard, auf dem er reitet, sind in gelbem Gold gemalt. Links hinter der Figur des Apoll befindet sich ein von einer großen Kerze erhellter Gang; rechts davon ein Mönch – man sieht ihn von hinten –, der eine Fackel emporhält und sich ins Ungewisse entfernt. Im Mittelgrund ist eine liegende Frauengestalt sichtbar, sie stützt den Kopf mit der Hand und starrt in den Widerschein des Lichts in einem kleinen Teich vor ihr, ohne Apollo im Hintergrund zu bemerken. Hinter ihrem aufgestützten Arm brennt eine große Kerze. In der vorderen Bildebene hängt, zwischen zwei offenen Türen, eine schwere Kette. Hinter der Kette, im Bild rechts, steht eine große Champagnerflasche als Symbol von Jubel und Heiterkeit. Links hinter der Kette ist ein großer Trichter, der Trichter der Weisheit. Alles, was hinter der Kette zu sehen ist, steht für jene Dinge, die während des Naziregimes unerreichbar und verboten waren. Die Kette selbst bedeutet den Bann und Druck, der auf allem Glück und aller Sehnsucht nach Kultur und geistigem Leben lag. Wahrscheinlich erhielt das Bild wegen dieser Bedeutung die Bezeichnung Apollo – den Namen des Gottes der Poesie, der Weissagung und der heilenden Kräfte.

Die Idee für dieses Bild kam Max nach unserem gemeinsamen Besuch der Mergelgesteinhöhlen in Valkenburg in Holland 1942. Es sind labyrinthisch verzweigte Höhlen mit zahllosen, sich kilometerweit erstreckenden Gängen. Sie sind dunkel und kalt, das ganze Jahr über herrscht die gleiche Temperatur von etwa 3 Grad Celsius, weshalb die kleinen Teiche darin auch niemals zufrieren. Der Wächter, der uns mit einer Fackel den Weg wies, sagte uns, daß Menschen, die sich in diesen Höhlen nicht auskennen, niemals wieder herausfinden würden; die Höhlen seien deshalb ein perfektes Versteck. Während des Zweiten Weltkriegs und vorher bis weit zurück in die Zeit der Französischen Revolution hätten sie Gejagten und Verfolgten als Zuflucht gedient.

Beckmann war sehr gerne an der französischen Riviera. In den frühen und späten dreißiger Jahren und auch nach dem Krieg waren wir mehrmals dort, in Cap Martin, St. Cyr und Nizza; wir fuhren auch oft nach Monte Carlo. Wieder in Holland, malte Max eine Reihe von Bildern, zu denen er auf diesen Reisen angeregt worden war – Landschaften und anderes. Eines, *Traum von Monte Carlo*, schildert die Spieler im Casino. Max begann es 1939 und beendete es 1943.
In der Mitte des Gemäldes, an einem grün bezogenen Tisch, spielen drei Frauen Baccarat. Die mittlere, eine ältliche Dame, die ihre Ellbogen auf den Tisch stützt, hält die Karten fest in beiden Händen. Vor ihrer rechten Schulter wird ein Kinderkopf sichtbar. Ihr Gesicht ist hell erleuchtet von der Flamme einer Kerze auf dem Tisch. (Kerzen haben bei Beckmann oft symbolische Bedeutung; aber damals lebten wir oft bei Kerzenlicht, weil es keinen Strom gab. Ich habe Max abends oft vorgelesen, damit er seine Augen schonen konnte.) Vor ihr, auf dem Tisch liegend, ist eine rothaarige Frau gerade dabei, das Herz-As in ihrer linken Hand und den Rest der Karten hinzulegen. Der liegenden Frau gegenüber sitzt eine dritte, im Profil, die ihre Karten mit beiden Händen festhält.
In der Diagonale hinter diesem Tisch sieht man einen zweiten, mit grünem Filz bezogenen Spieltisch. Zu beiden Seiten stehen Croupiers in blauen Jacketts mit orangeroten Aufschlägen, die ihre dünnen Holzgeräte hochhalten, mit denen sie die Karten zusammenschieben. Niemand ist am Tisch, man wartet auf Spieler. Neben den Croupiers stehen mysteriöse, mit Kapuzen

Beckmann im Atelier 234 East 19th Street, New York 1949.

The Brooklyn Museum
ART SCHOOL
1950–1951

Brooklyn Museum Art School, New York, Prospekt 1950/51.

69th Street West in New York, Richtung Central Park. In dem weißen Haus rechts, Nr. 38, waren Max Beckmanns letzte Wohnung und Atelier.

Beckmann im Atelier 234 East 19th Street, 10. Februar 1950. »Besuch von H. St. Gaudens, ganz rührend und voller Liebe besah er sich seinen Carnegie-Preisträger, suchte ›Stürzenden Mann‹ aus für nächsten Herbst und photographierte mich...« (Tagebuch, 10. Februar 1950).

Brooklyn Museum Art School, New York. Max Beckmann mit einem Schüler, in der Mitte Frau Beckmann.

Oben von links nach rechts: Ludwig Mies van der Rohe, Jane Sabersky und Curt Valentin.

Unten: Hanns Swarzenski. Daneben Peter Beckmann und Helmuth Lütjens in der Beckmann-Ausstellung in Düsseldorf (1950).

Präsident Compton von der Washington University in St. Louis überreicht Max
Beckmann das Ehrendoktordiplom. Hinter Beckmann Eugene P. Wigner. Vom
linken Rand angeschnitten: Dekan Kenneth Hudson.

Oben: Nach der Ehrenpromotion in St. Louis am 6. Juni 1950: Perry Rathbone, Max Beckmann, Mathilde Q. Beckmann und Margie May, damals mit Morton D. May verheiratet.

Die Promovierten: Eugene P. Wigner, Max Beckmann, Luther E. Smith, Madame Vijaya L. Pandit, Bernard M. Baruch, Alexander Langsdorf.

Links: Beckmanns in Carmel, Kalifornien, im Haus von Mrs. Schaps, Juli 1950.
Rechts: Beckmanns im »Garten der Götter«, Colorado Springs, August 1949.

Links: Beckmanns Schreibtisch, unmittelbar nach seinem Tod. Rechts: Beckmanns letzte Wohnung in New York, 38 West 69th Street.

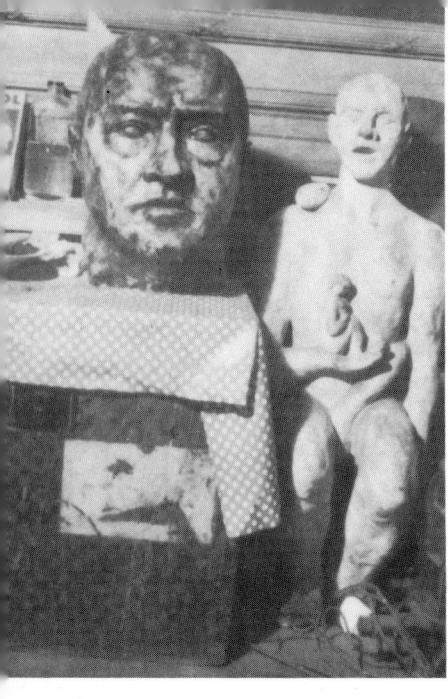

Links: Beckmanns Atelier nach seinem Tod, *Selbstbildnis,* 1936, und *Adam,* 1936. Rechts: Beckmanns Sessel.

Links: Blick zur Fensterwand. Rechts: Die Malutensilien.

verhüllte Gestalten, eine in Grün, die andere in Schwarz, jede hält eine weiße Kugel vor sich, in der eine brennende Kerze steckt. Am linken und rechten Bildrand rahmen rosa Marmorsäulen und Palmen die Szene. Auf der linken Seite, von der Säule zum Teil verdeckt, steht ein weiterer Croupier in Uniform, auch er mit einer hohen, brennenden Kerze in der Hand. Nicht weit von der Säule auf der rechten Seite, auf einer Art Stufe oder Wandvorsprung, sitzt vornübergebeugt ein weiterer Casinoangehöriger, der einen Rechen zum Einsammeln und Verteilen der Chips in die Höhe hält.

Als mir Max das Bild zum ersten Mal zeigte, erklärte er mir, daß die beiden geheimnisvoll verhüllten Gestalten die Spielchancen – Gewinnen oder Verlieren – verkörpern und daß die kugelförmigen Gegenstände, die diese geheimnisvollen Gestalten in der Hand halten, Kerzenleuchter sind.

Von den beiden Triptychen, über die Beckmann mit mir in einiger Ausführlichkeit gesprochen hat, schildert *The Beginning,* das achte, 1949 vollendet, Erinnerungen an seine Kindheit. Die Szene im Mittelbild zeigt ein Dachzimmer, und der Junge auf dem Schaukelpferd ist Max selbst. Eine Katze, die, kopfunter hin und her baumelnd, angetan mit schwarzen Stiefeln, von der Decke hängt, stellt den »Gestiefelten Kater« dar. Vor dem Schaukelpferd, auf einem Diwan, sitzt eine lebensgroße mechanische Puppe, die Seifenblasen macht und die unzutreffend als »Governess«, als Erzieherin, beschrieben wurde. Ihre Glasaugen starren ins Leere, unberührt von dem, was um sie herum vorgeht. Hinter ihrer rechten Schulter wird, teilweise verdeckt, eine Zeitung lesende alte Frau sichtbar. Diese alte Frau, eine aus anderen Gemälden von Beckmann wohlbekannte Gestalt, ist die Haushälterin. Das Ehepaar in mittleren Jahren auf der linken Seite, das die Leiter heraufsteigt, sind die Eltern des Jungen auf dem Schaukelpferd. Sie sind böse über den Krach der spielenden Kinder. Im Hintergrund rechts sieht man ein Kindertheater, auf dessen Bühne ein als Clown verkleideter Junge steht. Max, einer seiner Freunde und dessen Schwester haben sich oft verkleidet und Stücke aufgeführt, die Max verfaßt hatte. Wir haben das erst aus einem Brief erfahren, den Peter Beckmann von einer Freundin aus Max' Kinderzeit bekam. Sie schrieb, daß Max nicht nur die Stücke für die drei verfaßte, sondern sie auch mit ihnen einstudierte.

Die rechte Tafel des Triptychons zeigt ein Schulzimmer. An der Wand hängen zwei Bilder, dazwischen steht der Gipsabguß eines römischen Porträts. Rechts, hinter dem Rücken des Lehrers, steht ein Globus. Unter den Knaben ist Max, er zeigt seinen Schulkameraden eine kleine Zeichnung, die er eben gemacht hat. Auf dem linken Flügel stehen zwei Kinder am Fenster – eines, ein Mädchen, ist die Schwester seines Schulfreundes, das andere ist Max selbst, als König verkleidet und mit einer Krone auf dem Kopf. Er schaut durchs Fenster auf einen graubärtigen Leierkastenmann, der in einem Rollstuhl sitzt – eines der Räder ist teilweise sichtbar. Zu beiden Seiten des Leierkastenmannes stehen Engel, die den Kindern erscheinen – wie in einer Vision, die Max hatte, als er zum ersten Mal in seinem Leben Musik hörte, gespielt wie hier im Bild von einem Leierkastenmann.

Die »Governess« im Mittelbild dieses Triptychons ist, wie schon gesagt, keine »Erzieherin«, wie irrtümlicherweise in einer der Diskussionen über dieses Triptychon in Umlauf gesetzt wurde. Die falsche Interpretation der Figur kommt von der Redensart »finish in governess«, die in Beckmanns Tagebuch unter dem 3. September 1948 steht. Dieser Eintrag liegt etwa acht Monate vor jenem vom 14. Mai 1949, den man für die falsche Interpretation der Figur herangezogen hat.

Beckmann hat die Redensart »finish in governess« selbst erfunden, er hat sie schriftlich und mündlich für alles verwendet, was endgültig fertig war. Der Ausspruch ist bezeichnend für das Vergnügen, das Beckmann zuweilen an Wortspielen hatte. Beispiele dafür, daß dieser Ausspruch einen endgültigen Abschluß ausdrücken soll und nicht als beschreibende Formulierung gemeint ist, finden sich im Tagebuch außer an den beiden schon erwähnten Stellen vom 3. September 1948 (»[...] Versiegelung des Transports durch den Zollbeamten – also finish in governess.«) und vom 14. Mai 1949 (»Nichts als nochmals die drei Unglücksbilder restauriert – now finish in governes – heißer Tag [...]«) unter anderen auch am 31. Dezember 1949 (»Finish in g[overness]. – Letzter Tag der Season 49.«). Wenn man diese Stellen miteinander vergleicht, wird ganz deutlich, daß die Verwendung des Wortes »governess« bei Beckmann mit der im Lexikon stehenden Definition nichts zu tun hat.

Das »geheimnisvolle, talismanartige Zeichen (ein Chrismon?)«, das angeblich auf dem Fenstersims links von der brennenden Kerze balanciert, ist deutlich das Rad des Rollstuhls, in dem draußen der Leierkastenmann sitzt.

In *City Night*, gemalt 1950, benutzt Beckmann alles, Zeichnung, Farbe und die ihm eigene Bildersprache, um seine Symbolik des Kreises darzustellen. In der Mitte des Bildes liegt nackt eine Schlafende, die von verschiedenen menschlichen Typen und zwei seltsamen Gestalten umgeben ist. Die Szenerie zeigt einen Innenraum mit einer Tür, die zu einer überfüllten Bar hin offensteht; die Menschen darin drehen sich umeinander. Durch zwei Bogenfenster im Hintergrund sieht man Häuser und einige Wolkenkratzer, diese sind wiederum umgeben von der Stadt, der Nacht, von Himmel und unendlichem Raum.

An einer Reihe von Gegenständen finden sich Rundformen, die das Kreismotiv betonen: die Bogenfenster, die Bekrönung der Tür zur Bar, der Boden der Flasche, die Äpfel, der Spiegel, die Krone im Vordergrund, die Köpfe und anderes. Streng kontrapunktisch zum Kreis stehen vertikale Linien – so das Schwert, der Türrahmen rechts, die gestreiften Hosen des Straßensängers, die Vertäfelung der Wand und die Häuser im Freien.

Alle Farben des Regenbogens sind in diesem Bild verwendet. Der Regenbogen als Symbol des Farbkreises schließt sowohl das Weiß wie das Schwarz ein. Farbsymbolik bestimmt das ganze Bild – Schwarz bedeutet das Dunkel der Nacht, Weiß steht für Unschuld, in diesem Fall sogar für Ahnungslosigkeit.

Die zentrale Figur in *City Night*, nämlich das Symbol der Schönheit, wird durch eine unschuldige Frau dargestellt, die ihre Umgebung ebensowenig wahrnimmt wie die Gefahren, die ihr Leben bedrängen: nicht die Schäbigkeit der Prostituierten, nicht den Jammer des Blinden, nicht die Bedrohung durch Krieg, nicht die Farcen, die das Leben spielt; nicht die Armut und Harmlosigkeit des Straßensängers, nicht Eitelkeit und Gier der sich vorne duckenden Gestalt mit der Krone und nicht die Ungeduld und Neugier des froschähnlichen Geschöpfes links, das eine Kerze hält, um die Anschrift auf dem Brief lesen zu können: »Mr. M. Beckmann, New York, U.S.A.« Die Wolkenkratzer sind durch aufgesetzte Köpfe mit verschiedenem Ausdruck vermenschlicht. »Die Manhattentürme«, schrieb Beckmann, »nickten bedächtig zu meinen Gedanken, – ja manche richteten sich noch stolzer auf als vorher. ›Richtig‹, sagten sie zu mir ›Richtig‹ – ›auch wir sind Natur geworden. Natur aus Menschenhänden und über den Menschen hinaus‹ [...]« (Ansprache St. Louis, 1950)

So kommt am Ende noch einmal die Vorstellung vom Kreis:

der nicht endende Wechsel von Tag und Nacht und die zahllosen Stadtnächte, die immer wiederkehren, solange die Welt besteht.

Der *Abstürzende*, den Beckmann 1950 gemalt hat und den er mir im selben Jahr schenkte, ist das Symbol für den Menschen, der zur Erde stürzt, um wiedergeboren zu werden, noch einmal ein Leben als Mensch auf diesem Planeten zu führen und den Umgang mit Gut und Böse zu lernen. Das Gute und das Schöne sind in diesem Gemälde durch Blumen auf der Erde und auch im Haus rechts im Bild symbolisiert. Das Böse und die Erfahrung des Schrecklichen werden durch die Flammen, die aus dem Haus auf der linken Seite schlagen und sich mit den Wolken mischen, dargestellt. Der Hintergrund des Gemäldes zeigt den kosmischen Himmelsraum. Die geflügelten Gestalten im Boot sind Engelwesen, die den *Abstürzenden* aus dem Boot seiner Phantasie geworfen haben, das den unendlichen, durch das Blau des Himmels dargestellten Raum durchfährt. Im Bild ist nicht der Ozean zu sehen, und der Gegenstand am linken Rand ist auch nicht etwa ein Rad, sondern – wie mir Beckmann sehr genau erklärt hat – ein eiserner Balkon, gesehen aus der Perspektive des Stürzenden. Die Blumen am Boden unten malte Beckmann absichtlich übergroß, weil für den Abstürzenden der Boden zu steigen scheint; eine seltsame Erfahrung, von der Menschen, die einmal aus größerer Höhe abgestürzt sind, berichtet haben.
Man hat auch behauptet, es sei zu vermuten, daß es sich bei der monumentalen Gestalt des fallenden Mannes um ein Selbstbildnis Beckmanns handle. Begründet wird diese Annahme damit, daß der Mann eine schwarze Kappe trage. Doch das ist ein Irrtum; der Mann trägt keine schwarze Kappe. Die Fehlinterpretation beruht womöglich auf der Assoziation des *Selbstbildnisses* aus dem Jahr 1934, in dem Beckmann sich mit

einer eng anliegenden schwarzen Kappe porträtiert hat. Sorgfältige Betrachtung des Originals des *Abstürzenden* zeigt, daß die Textur der Pinselstriche an der schwarzen Stelle Haare erkennen läßt – was übrigens auch durch die ungleichmäßige Begrenzung des Schwarz im Nacken deutlich wird.

Es wurde auch gesagt, dieses Bild »eines Mannes, der sich kopfüber zwischen hohen Gebäuden herabstürzt, aus deren Fenstern Flammen schlagen«, sei von einem Traum inspiriert. Dieses Mißverständnis könnte auf eine Stelle in Beckmanns Tagebuch aus St. Louis zurückgehen: »Wilde Träume in der schwankenden Nacht. Untergehende Häuser die doch fest standen, Wasserfälle aus ganz hohen Turmhäusern...« (10. April 1949)

Es stimmt, daß Beckmann einige Male von dem einen oder anderen Bild geträumt hat, an dem er gerade arbeitete. Meist hat er mir jedoch den Inhalt seiner Träume nicht erzählt. Von den hier von mir ausführlicher beschriebenen Bildern hat er niemals gesagt, sie seien durch Träume inspiriert. So kann ich nur annehmen, daß weder *The Beginning* noch der *Abstürzende* in Träumen ihren Ursprung haben.

Soviel ich weiß, geht das Bild des *Abstürzenden* auf eine der hinduistischen Lehren aus den Veden zurück. Kurz nach Beckmanns Tod begann ich einige der Veden zu lesen, sie interessierten mich so stark, daß ich begann, Vedanta zu studieren. Ich wußte, daß sich Beckmann jahrelang mit hinduistischer Philosophie und Religion beschäftigt hatte; er besaß »Die Philosophie der Upanishads« von Paul Deussen (Leipzig 1899).

Der *Abstürzende* bezieht sich, wie Max mir gesagt hat, auf die Lehre, daß der Mensch so lange zur Erde zurück und ein anderes Leben führen muß, als er irdische Wünsche und menschliche Bindungen hat.

Sichtbares, Unsichtbares

Max und ich haben – jeder für sich – Tagebuch geführt, seit wir verheiratet waren. Als 1940 die deutsche Armee in Holland einmarschierte, bestand Max darauf, daß wir alle Tagebücher verbrannten, weil er fürchtete, die Nazis könnten sie finden, falls sie je unsere Wohnung durchsuchen sollten. Zwei Seiten jedoch, mit den Daten vom 4., 6. und 7. Mai 1940, sind noch vorhanden; ohne daß er es wußte, riß ich sie aus einem seiner Tagebücher, während er die anderen ins Feuer unseres eisernen Ofens warf. Später habe ich diese Seiten in Büchern versteckt, die mir gehörten.

Nachdem mehrere Monate ins Land gegangen waren, unsere Wohnung nicht durchsucht und Max auch nicht als »entarteter« Künstler verhaftet worden war, begann er erneut, täglich kurze Notizen zu machen; die ersten, vom 1. August 1940, stehen im zweiten von drei Notizbüchern, die seine Gemäldelisten enthalten. Die Eintragungen wurden länger und länger und wurden bald auch wieder in richtige Tagebücher geschrieben, die er bis zum Tag vor seinem Tod geführt hat.

Einige der folgenden Bemerkungen stammen aus dem veröffentlichten Teil von Max Beckmanns Tagebüchern aus den Jahren 1908 bis 1909 und aus den späteren, die 1940 beginnen. Einige sind aber auch dem unveröffentlichten Teil dieser Tagebücher entnommen, und andere stammen aus meinen eigenen; dazu zitiere ich Stellen aus der Rede »Über meine Malerei« in den New Burlington Galleries in London (1938), aus Notizen Beckmanns in seinen Büchern, die er gelesen hat; auch Gedanken, die er zuweilen rasch auf irgendwelche losen Zettel schrieb, die gerade zur Hand waren, sind darunter.

»Ging in's Museum (Kaiser Friedrich). Besonders begeistert von der Entführung der Proserpina einem Jugendbild Rembrandts. Ich denke dabei immer an Böcklin, wie schade, daß er das nicht konnte und er wollte doch so etwas ähnliches. Fabelhaft vollendet ist das schon. Eine Größe der Anschauung bei all der kostbaren Detailmalerei?! Und dann hauptsächlich Jan Steen. Das ist mein besonderer Liebling. Ein großer Humorist und Dramatiker. Vor meinem Rubens standen lauter Copisten. Es war recht ärgerlich.« (Leben in Berlin, 13. Januar 1909)

»Ach Gott wenn Du nicht zu der schönen Kunst auch noch den verfluchten Ehrgeiz, die Mutterliebe der Künstler für ihre Bilder gesetzt hättest. Wie schön könnte das sein.« (Leben in Berlin, 27. Januar 1909)

Die folgenden Sätze stammen aus der Rede »Über meine Malerei«, die Beckmann am 21. Juli 1938 in London in den New Burlington Galleries gehalten hat:

»Nach meiner Ansicht, sind alle wesentlichen Dinge der Kunst, seit Ur in Chaldäa – seit Tel Halaf – und Kreta immer aus dem tiefsten Gefühl für das Mysterium des SEINS entstanden. – Ein ›Selbst‹ zu werden ist immer der Drang aller noch wesenlosen Seelen. – Dieses ›Selbst‹ suche ich im Leben – und in meiner Malerei.

Kunst dient der Erkenntnis nicht der Unterhaltung – der Verklärung – oder dem Spiel. Das Suchen nach dem eigenen Selbst ist der ewige nie zu übersehende Weg den wir gehen müssen.

Höhe – Breite – und Tiefe in die zweidimensionale Fläche zu verwandeln, ist mir stärkstes Zaubererlebnis, aus der mir eine Ahnung jener vierten Dimension entsteht, die ich mit meiner ganzen Seele suche.

Das einmalige und unsterbliche Ego zu finden – in Tieren und Menschen – in Himmel und Hölle, die zusammen die Welt ergeben in der wir leben.

Raum – *Raum* – und nochmals *Raum* – die unendliche Gottheit die uns umgibt und in der wir selber sind.

Das Glück oder Unglück will es, daß ich nicht nur weiß, – nicht nur schwarz sehen kann. Eines allein wäre viel einfacher und eindeutiger. – Allerdings wäre es dann auch nicht existent. – Aber trotzdem, ist es doch der Traum Vieler – nur das Weiße (nur das gegenständlich Schöne) – oder nur das Schwarze (das Häßliche und Verneinende) sehen zu wollen. – Ich kann nicht anders als mich in Beiden zu realisieren. Nur in Beiden, schwarz und weiß, – sehe ich wirklich Gott als eine Einheit, wie er es sich als großes ewig wechselndes Welt-Theater immer wieder neu gestaltet.

Kommen geistige, – metaphysische, – irdische und unirdische Geschehnisse in mein Leben, so kann ich sie nur auf dem Wege der Malerei festhalten. – Entscheidend ist nicht der Gegenstand, – aber seine Übersetzung mit den Mitteln der Malerei in die Abstraktion der Fläche. Ich brauche daher kaum ungegenständliche Dinge da mir der gegebene Gegenstand bereits unwirklich genug ist, und ich ihn nur durch die Mittel der Malerei gegenständlich machen kann.«

»In jeder Kunstform kann Ungewöhnliches erreicht werden und es hängt allein von der produktiven Fantasie des Beschauers ab, das zu entdecken [...] Kunst ist nichts anderes als vollendete Natur.« (aus der Ansprache St. Louis, 1950)

»(Mitternacht.) Nochmals – was ich geschaffen und getan habe, sind nur abgeworfene Häute meines Selbst – Möge das unsichtbare Geheimnis mich nicht aufs Neue in ›Versuchung‹ führen.« (Tagebuch, 8. September 1940)

»Alle bestehenden Dinge sind *nur* dazu da, damit wir lernen ohne sie auszukommen (fertig zu werden?).« (2. Februar 1937, unpubliziert)

»Schwer sind die Nebel zu durchstoßen, die einen von den

andern trennen. Doch ist es möglich überall zu sein, wenn man im Hier und Dort nicht mehr vorhanden.« (Tagebuch, 18. Dezember 1943)

»Eigentlich ist jeder Tag den man nicht in absoluter Meditation verbringt, eine Verschwendung.« (Tagebuch, 20. Dezember 1940)

»Äußerste Empfindung ist bereits Gestaltung, transcendenter Wille ist Genie, oder höchste Form der Seele.« (Tagebuch, 19. Oktober 1942)

»Merkwürdige Sensationen gibt die Malerei, aber nur, wenn man zum Zerreißen sich anspannt...« (Tagebuch, 17. Oktober 1943)

»Das Gegenwärtige zeitlos machen und das Zeitlose gegenwärtig.« (undatierte Bemerkung von Beckmann auf einem alten Briefumschlag, unpubliziert)

»Wenn unser individuelles Prinzip, gebunden an Zeit und Raum und Kausalität, in dieser einmaligen Form nur sich äußern könnte, warum sollte es nicht möglich sein, daß dieser individuelle Atomkomplex sich auch unter anderen Bedingungen auf einer anderen Bewußtseinsebene äußert? – Feind dieser Theorie sind immer nur Menschen die kollektiv sehr gut (d. h. wissenschaftlich...), aber nicht individuell denken können.« (Tagebuch, 1. Juli 1944)

»›Bei der Arbeit fühle ich mein Selbst am stärksten‹, sagte er. ›Alle Dinge um uns herum sind schließlich nur Medien, durch die wir empfinden. Haben, besitzen kann man nichts, es geht ja alles vorüber. Aber am schlimmsten ist es, wenn man sein Ich verliert – was geschieht, wenn man nur in Äußerlichkeiten der Gesellschaft lebt. In der Kunst verdichtet sich die Seele.‹« (Ausspruch von Beckmann, in meinem Tagebuch am 1. Januar 1943 eingetragen)

»›Die größtmögliche Gestaltungskraft mit der möglichst geringen Verletzung des (Deines) Nächsten zu erreichen, ist das Ziel des Menschen‹ sagte Max heute.« (Ausspruch von Beckmann, in meinem Tagebuch am 1. August 1944 eingetragen)

»›Es bleibt uns der Glaube und die Intuition‹ – eben sprachen wir über sogenannte Naturgesetze. Beckmann verabscheute das Wort ›Naturgesetz‹, er findet es zu gegenständlich und blind, so wie ›blinder Zufall‹ . . . ›Hinter allem ist eine *Absicht* eines Unbekannten oder einer nicht erkennbaren Macht, die Schopenhauer Urwillen nannte.‹« (zwei Aussprüche von Beckmann, notiert in meinem Tagebuch im Mai 1943 nach einem Gespräch über Schopenhauer)

»Bezweifle daß der Wille zur Lebensverneinung genügt, um eine Wiedergeburt zu verhindern. Außerdem ist diese Idee ebenso unphilosophisch und nur ein Glaube wie jeder andere Glaube auch – Maßvoller Genuß vorhandener Ergötzlichkeiten, verbunden mit dem Bewußtsein ihrer Unzulänglichkeiten dürfte der richtige Weg sein. – Wenn Du Dich aus Zeit und Raum ausschalten willst um ganz im ›OUM‹ aufzugehen, so ist es noch sehr die Frage, ob Du nicht doch in neuer Persönlichkeit in einen anderen ›Raum an sich‹ gestellt wirst.« (Tagebuch, 12. Februar 1949, zu Arthur Schopenhauer)

»›Er (Gide) versteht es, den verwehten Fetzen des Alltäglichen eine künstlerisch bedeutende Form zu geben.‹« (Beckmann während der gemeinsamen Lektüre – ich las vor – der »Falschmünzer« von André Gide, 1. Februar 1944, Vermerk in meinem Tagebuch)

»Abends ›A Farewell to Arms‹ von Hemingway zu Ende gelesen. – Der Kaiserschnitt am Ende etwas unangenehm zufällig überraschend. – Aber sonst ein gutes Buch.« (Tagebuch, 14. Oktober 1945)

»Las weiter Pythagoras und erfuhr, daß man den Tod nicht anders als einen Ruf auf eine neue Bewußtseinsebene verstehen soll.« (unpublizierte Notiz Beckmanns)

»Das Leben ist ein Spiel, das von Anfang
an – – – – – verloren ist – – – – –
Es gibt keine Schuld, aber peinliche
Situationen für den Täter.« (Tagebuch,
19. April 1945)
»Nichts ist lächerlicher als wenn man sich
selber interessant vorkommt.« (Tagebuch,
30. April 1945)
»Was soll man den Menschen sagen –
sie sollen sich nicht beklagen,
denn es ist – Nichts – was sie denken
und was sie tun – verschenken
sie an den nächsten Traum.
denn es ist verboten zu sein
und hilft auf dieser Welt
nur was uns gefällt –« (Tagebuch, 31. Juli 1945)
»Ich spaziere an der Peripherie
des Lebens und bin – weiß Gott
damit reichlich zufrieden.

– – – – – – – –

IM TAIFUN WAR ICH FRÜHER
Wann komme ich in die absolute Stille?!«
(Tagebuch, 6. Juli 1945)
»Im Grunde ist ›jeder‹ ein ängstlicher Mensch. In der Art dieses
zu verbergen, kann man den Grad seines Lebenstalents
erkennen.« (Tagebuch, 14. Juli 1945)
»[...] es regnet, ersten Herbstregen und des Nachts ist der
Rokin wieder hell und ich dachte an mich als Kind in Leipzig,
wenn ich mit Lixer auf die nächtlich erleuchteten Straßen
sah...« (Tagebuch, 14. September 1945)
»Wir *müssen* an unendliche Beziehungen glauben, meist
sinnlos für unser Denken und unentwirrbar, doch ist es sicher
die einzige Möglichkeit nicht sein Heimatgefühl im Kosmos zu

verlieren – außerdem ist es logisch.« (Tagebuch, 30. November 1949)

»Aber schließlich einmal muß alles ein Ende haben – auch meine kurze – und nicht genügend chemisch gereinigte Existenz – Angst vor dem Tode – immer noch ein Zeichen, daß man seine Geburt *gewollt* hat –« (Tagebuch, 12. Juni 1949)

»Immer ist die Kunst neben Religion und Wissenschaft die Helferin und Befreierin auf dem Wege der Menschheit gewesen. Sie befreit durch die *Form* die vielen Zwiespältigkeiten des Lebens und läßt uns manchmal hinter den dunklen Vorhang blicken, der die unsichtbaren Räume verhüllt, in denen wir vereint einst sein werden.« (Schluß der Ansprache St. Louis, 1950)

Die Argonauten

Über das *Argonauten*-Triptychon ist schon viel gesagt und geschrieben worden. Es gibt verschiedene Interpretationen und dürfte auch in Zukunft noch mehr geben, weil dieses Triptychon als eines der großen Werke der Malerei des 20. Jahrhunderts gilt. Erst im Herbst 1950, nach seiner Rückkehr von den Sommerkursen in Mills College, hat Max sich mehr und mehr in die Arbeit an diesem Werk gestürzt – sich zuletzt fast ausschließlich darauf konzentriert.

Die erste Erwähnung des 1949 in St. Louis begonnenen Triptychons erscheint in Beckmanns Tagebuch unter dem 19. April. Darin ist von einem Bild *Maler und Modell* die Rede, das später die linke Tafel der *Argonauten*, wie wir sie heute kennen, werden sollte. Ursprünglich hatte das Bild nicht diesen Titel. Am 27. Januar 1950 erscheint es im Tagebuch mit der Bezeichnung *Künstler*, Max hat sie bis zum 9. Dezember verwendet. An diesem Tag nun träumte er von den Argonauten, und am 13. Dezember benutzte er im Tagebuch zum ersten Mal den Titel *Argonauten*; er hat ihn bis in seine letzte Eintragung verwendet.

Die Geschichte der Argonauten ist eine der berühmtesten griechischen Sagen. Sie berichtet von Jasons Suche nach dem Goldenen Vlies, das in einer verborgenen Höhle in Kolchis hing und Tag und Nacht von einem wilden Drachen bewacht wurde. Mit einer Gruppe der edelsten griechischen Helden, Herakles, Orpheus, Theseus, Meleager und anderen, segelte Jason mit dem Schiff »Argo«, in die ein Stück Holz der Orakeleiche des Zeus in Dodona eingearbeitet war. Für Beckmanns eigene schöpferische Vorstellung war das lediglich der Ausgangspunkt, er war keineswegs an den griechischen Mythos gebunden.

Die *Argonauten* sind das einzige Triptychon, bei dem ich Beckmann zuweilen bei der Arbeit zusehen durfte. So konnte ich eine Reihe der Veränderungen, die das Bild während seiner Entstehung durchlaufen hat, verfolgen. Eine der wichtigsten Veränderungen betraf den Kopf des Jünglings auf der rechten Seite des Mittelbildes.

Die folgenden Eintragungen in Max' Tagebuch vom Dezember 1950 zeigen in etwa den Kampf mit bestimmten Einzelheiten des Gemäldes.

»Ganzen Tag gearbeitet, was ich eigentlich gar nicht wollte. Immer noch an den ›Argonaut's‹, na vielleicht hab' ich's doch noch gesteigert.« (13. Dezember 1950)

»12 Stunden an dem rechten Kopf von Argo – welcher Wahnsinn –« (16. Dezember 1950)

»4 Stunden an dem lächerlichen rechten Kopf von den ›Argonauten‹.« (17. Dezember 1950)

»*Nochmals* neu rechter Kopf of ›Argonaut's‹.« (18. Dezember 1950)

(12) Stunden

an den

rechten Kopf, Auge —

welchem Wahnsinn

Aus Beckmanns Tagebuch.

175

Diesmal schien Max mit dem Kopf zufrieden, und ich hoffte, daß dies die endgültige Fassung wäre. Beim Abendessen am 23. Dezember, nach langen Stunden der Arbeit, sagte er mir jedoch, daß er den Kopf noch einmal ändern wolle. Ich erschrak; als er es bemerkte, erklärte er mir, er habe zwar selbst das Gefühl, der Kopf sei gut, und wahrscheinlich würde er jeden, der ihn sehen würde, überzeugen; er müsse ihn aber doch noch einmal zerstören. Es sei noch nicht der Kopf, der ihm für diese Figur vorschwebe, und er wäre gegen sich selbst nicht aufrichtig, wenn er ihn so lassen würde. Später am Abend ging er zurück ins Atelier. Nach mehreren Stunden Arbeit kam er zu mir herüber und sagte mir, er glaube nun geschafft zu haben, was er gesucht habe. Er wolle mir den Kopf aber erst zeigen, wenn er ihn am nächsten Morgen noch einmal angesehen hätte.

Am 23. Dezember schrieb Max in sein Tagebuch: »*Gearbeitet, ›Seelöwen‹* – und Kopf von ›Argonauten‹ – verdammt –«

Am Morgen des 24. Dezember arbeitete Max wieder am Triptychon. Vor einem späten Mittagessen rief er mich ins Atelier, die *Argonauten* anzuschauen – und da sah ich den Kopf, den er in der vergangenen Nacht gemalt hatte, den endgültigen. Ich war sprachlos. Der Kopf war unvergleichlich, anders als alle anderen, die ich vorher in diesem oder irgendeinem anderen seiner Bilder gesehen hatte. Ich war überwältigt vom Ausdruck, von der Reinheit und Wahrhaftigkeit im Gesicht und dem Ausgleich von Spannung und Entspannung. Alles schien mir darauf hinzudeuten, daß der Jüngling sich im Zustand einer Vision befinde. Auch am Körper bemerkte ich eine leichte Veränderung; die Haltung schien freier, schien entspannter als zuvor. Als ich Max das sagte, nickte er und sagte: »Ja, genau das ist's«, und zeigte mir, was er verändert hatte, um die entspanntere Stellung zu erreichen. Zum ersten Mal seit vielen Monaten war er glücklich, er schien zufrieden und beschloß, eine Woche Ferien von der Arbeit zu machen.

Der 26. Dezember war ein eiskalter Tag, es schneite. Max machte am Morgen einen Spaziergang. Nachmittags sagte er so nebenbei, er wolle noch etwas an einem nicht fertigen Bild malen, an *Hinter der Bühne (Backstage)*; das mache ihm keine Mühe und werde ihn deshalb auch nicht anstrengen. Abends vor dem Essen zeigte Max mir das Bild, er sagte, es sei fast fertig bis auf ein paar Stellen in Pastell, die er noch wegwischen und am nächsten Tag in Öl malen wolle. Nach dem Essen erklärte er, er wolle noch einmal nach *Backstage* sehen. Da ich wußte, wie erschöpft er von den zurückliegenden so anstrengenden Wochen war, gab ich ihm zu verstehen, daß ich Angst hatte, er würde wieder zu arbeiten anfangen. Aber Max versicherte mir, er würde es nicht tun, ich solle ihn in einer Stunde rufen.

Ich legte mich auf mein Bett und mußte plötzlich an die Warnung von Dr. Fries denken. Ich fürchtete, Max würde etwas zustoßen. Aber ich hatte trotz meiner Befürchtungen irgendwie das Gefühl, daß ich nicht das Recht hatte, seine Arbeit zu unterbrechen... Bis er mich ins Atelier rief, vergingen fast zwei Stunden. Beim Eintreten bemerkte ich sofort, daß *Backstage* nicht auf der Staffelei stand; dafür waren drei Tafeln davorgestellt.

In Angst, daß Max an den *Argonauten* gearbeitet und den Kopf des Jünglings womöglich noch einmal geändert haben könnte, und bevor ich das Bild auch nur ansah, rief ich mit Ärger in der Stimme: »So hast du doch etwas im Triptychon verändert, obwohl du mir etwas anderes gesagt hast!«

Max antwortete sehr ruhig: »Setz dich hin, und sieh dir's an.«

Max stand mit dem Rücken zu mir, als er Palette und Pinsel auf seinen Arbeitstisch legte, und sagte: »Ja, jetzt ist es gut, es war der Mühe wert. Jetzt mache ich keinen Pinselstrich mehr dran. Endlich habe ich's geschafft!«

Ich blickte hinüber zum Triptychon und sah, daß Max die linke Schläfe und Wange, den rechten Arm und den linken Knöchel des Jünglings mit einem durchscheinend-lichten Gelb übermalt hatte, was die ganze Erscheinung wie überirdisch leuchten ließ. Tränen kamen mir in die Augen; ich schwieg, überwältigt von der wunderbaren, fast unheimlichen Hoheit des Bildes. Max, verstört durch meine ungehaltenen Äußerungen beim Betreten des Ateliers, hatte kein einziges Wort gesagt. Noch mit dem Rücken zu mir stehend, meinte er: »Wenn du weiter böse bist, stelle ich's besser weg, es hat keinen Sinn, wenn du es ansiehst und schlecht gestimmt bist.« – »O nein«, rief ich, »bitte laß es stehen – es ist so wunderbar!« Max wandte mir den Kopf zu, und als er mich ansah, lächelte er. An seinem Gesicht sah ich, daß er sehr wohl wußte, was mir durch den Sinn gegangen war.

Da Max nun gesagt hatte, er werde keinen Pinselstrich mehr an den *Argonauten* machen, wußte ich, daß er es ernst meinte. Ich konnte immer am Klang seiner Stimme hören, ob er tatsächlich meinte, ein Bild sei fertig. Diesmal klang sie unverkennbar klar und sicher; sie war so bestimmt, daß ich wußte, Max werde seine Meinung um nichts in der Welt ändern.

An diesem Abend des 26. Dezember, als Max mir das fertige Triptychon zeigte, stellte ich ihm zu dem Bild einige Fragen. Meistens wollte Max seine Gedanken nicht preisgeben und schwieg. Zu den früher entstandenen Triptychen hat er auch mir nichts zu den Symbolen und ihrer Bedeutung erklärt, hatte höchstens gesagt: »Wenn du willst, kannst du es auch so ansehen.« Wenn er ein Triptychon begonnen hatte, malte er daran nie ausschließlich; manchmal standen die einzelnen Gemälde einige Wochen, ja Monate angefangen im Atelier. Zwischendurch malte er andere Bilder, zum Beispiel Stilleben, manchmal auch Porträts. Diesmal aber erklärte er mir die Symbole. Wie in den wenigen anderen Fällen hielt er nichts zurück, versuchte auch nicht, seine Gedanken und Vorstellungen zu verbergen.

Der alte Mann im Mittelbild, der eine aus dem Meer nach oben führende Leiter hinaufsteigt, ist ein Gott, der den Jünglingen den Weg in eine bessere Welt weist – den Weg zu einer höheren Ebene des Bewußtseins über dem irdischen Leben. Es weht ein heftiger Wind; Sonne und Mond sind verfinstert, zwei neue Planeten im Entstehen begriffen. Der Jüngling rechts erlebt eine Vision, er nimmt die irdische Umgebung nicht wahr. Auf seinem Arm sitzt ein Vogel – die Taube aus der Sage, die Max in einen Vogel seiner eigenen Phantasie verwandelt hat. Die Leier links unten im Vordergrund kann mit Orpheus – er war einer der Argonauten – in Verbindung gebracht werden.

Der Maler im linken Bild steht für alle Künstler, ist keine Figur der Selbstidentifikation. Beckmann meint hier nicht sich, sondern den Künstler schlechthin. Die sitzende Frauengestalt, das Modell, ist Medea. Die singenden Mädchen im rechten Bild stellen den griechischen Chor dar.

An diesem Abend haben wir das Bild sehr lange miteinander angeschaut. Wir saßen ganz still davor, ohne zu sprechen. Als wir schließlich schlafen gingen, war es sehr spät.

Für gewöhnlich frühstückte Max allein, weil er oft lange in die Nacht hinein arbeitete – bis vier Uhr früh. Aber am nächsten Tag bat er mich, mit ihm gemeinsam zu frühstücken; er sagte, er fühle sich besser als die ganze letzte Zeit. »Siehst du«, sagte er zu mir, »die Arbeit gestern nacht hat mir überhaupt nichts ausgemacht, im Gegenteil, es geht mir sehr gut!« Er sah glücklich und wohl aus, als er das sagte.

Im Laufe des Vormittags sollte Dr. Abicht, unser Steuerberater, wegen unserer Einkommensteuer kommen. Da ich mich immer darum kümmerte, beschloß Max, einen Spaziergang in den Central Park zu machen oder vielleicht ins Metropolitan Museum zu gehen, um sein *Selbstbildnis in blauer Jacke,* es ist sein letztes, anzusehen, das dort in einer Ausstellung mit dem Titel »American Painting Today, 1950« hing.

Dr. Abicht kam gegen zehn Uhr. Nachdem Max ihn begrüßt hatte, verließ er die Wohnung und sagte, er würde zum Mittagessen um halb ein Uhr zurück sein. Dr. Abicht und ich gingen die Bücher durch, und er eröffnete mir, daß wir weniger Steuern zu zahlen haben würden, als ich befürchtet hatte. Wir unterhielten uns noch etwas, dann ging er. Ich war so vergnügt über das gute Ergebnis, daß ich unseren kleinen Pekinesen Butschi ergriff und mit ihm im Zimmer herumtanzte. Ich beschloß, Max ein Stück entgegenzugehen, um ihm gleich die erfreuliche Neuigkeit mitzuteilen. Ich wollte gerade meinen Mantel anziehen, als es klingelte. Ich drückte auf den Türöffner, öffnete die Tür und sah den Hausmeister den langen Flur entlangkommen; er hatte die Hände wie warnend erhoben, mit ihm kamen zwei Polizisten.

»Sind Sie Mrs. Beckmann?« fragte mich einer der Polizisten. »Ja«, antwortete ich, worauf er unvermittelt sagte: »Ihr Mann ist soeben an der Ecke 61st Street und Central Park West gestorben.« Ich war wie vom Blitz getroffen. Den Polizisten bat ich ins Wohnzimmer, ich wollte mehr wissen. Aber da war kaum noch etwas zu sagen, außer daß ich den Toten identifizieren müsse.

In meiner Not rief ich meine treue Freundin Jane Sabersky an. Sie kam sofort und ging mit mir zur Polizeistation 68th Street West, um Max Beckmann zu identifizieren.

Seit dem Tag nach Max' Tod bin ich sicher, daß sein Traum vom 9. Dezember eine Vorankündigung war. An diesem Morgen hatte er gleich nach dem Aufwachen zu mir gesagt: »Ich habe von den Argonauten geträumt ... meine Figuren in der

Mitteltafel traten aus dem Bild und liefen auf mich zu.«
– »Haben sie etwas zu dir gesagt?« fragte ich ihn. »Nein«, sagte
er. »War es schrecklich oder war es schön?« – »Es war sehr
merkwürdig und überraschend«, sagte Max. »Sie standen
einfach vor mir und sahen mich durchdringend an – ich war
überhaupt nicht erschrocken.«
Selbst heute – wo ich die letzten Seiten dieses Buches schreibe,
so viele Jahre nach Max Beckmanns Tod – sind mir die
geheimnisvollen Zusammenhänge, die sich wie Fäden in einem
Gewebe durch seine letzten Lebenstage ziehen, überdeut-
lich.
Da war die heftige Konzentration auf die Arbeit an dem
Jüngling mit dem Vogel: das Arbeiten und mehrfache Überarbeiten am Kopf, das Hervorheben des Körpers mit diesem
seltsam ätherischen Licht. Da war Max' Gefühl von Wohl-
befinden, Glück und Gesundheit, nachdem er das Bild schließlich zu seiner eigenen Zufriedenheit zu Ende gemalt hatte. Da
waren, im Gegensatz dazu, der ernste – ihm unbekannte
– Zustand seines Herzens und immer das Echo der Worte von
Dr. Fries: »Es kann jederzeit eintreten.« Trotz der Bezugnahme
auf die griechische Mythologie im Titel des Triptychons gibt
es darin Überlagerungen mit fernöstlicher Philosophie und
Religion, die Max viele Jahre interessiert hatten. Man kann
wohl sagen, daß Max Beckmanns Kunst und sein Leben in
diesem großartigen Werk ihren Höhepunkt erreicht haben...
Vielleicht sind im letzten Augenblick die beiden von ihm
geschaffenen Jünglinge, die im Traum auf ihn zugegangen
waren, noch einmal erschienen, um mit ihm den dünnen
Schleier zu durchschreiten, der seiner Vorstellung nach die
sichtbare, bekannte von der unsichtbaren, unbekannten Welt
trennt.
Im Mittelbild der *Argonauten* ist – nach dem, was er mir gesagt
hat – der Himmel der unendliche Raum, das »Zwielicht der

Götter«. In den beiden Seitentafeln hat Beckmann in Symbol-
gestalten und in Metaphern für bildende Kunst und Musik
sein Ja zum Leben gemalt.

IV
Texte von Max Beckmann

Von Max Beckmann,
geschrieben zwischen 1925 und 1930

[1.]

Der Sportidiot ist die Seele des kollektiven Menschen.

[2.]

Die Eitelkeit des kollektivistischen Menschen hat sich zur Masse geschlossen um das Individuum zu töten.

[3.]

Die Menschheit hat vergessen, daß sie selbst Gott ist, und betet daher den Fußball und das Kino an.

[4.]

Reaktion auf den unfähigen Geist erzeugt Massenselbstbewußtsein des Sportstumpfsinns. Metaphysische Unruhe ist nur gering vorhanden.

[5.]

Es fehlt das neue Gesetz: »Der neue Glaube, daß wir selber Gott sind und die Verantwortung tragen über Leben und Sterben; daß jede Form von Nationalismus eine kretinhafte Lächerlichkeit und Zeitvergeudung am Werk der Unsterblichkeit der Menschheit ist.

[6.]

Es ist Nötig diese Kirche zu schaffen in der sich die transcendente Politik der Menschheit zu erledigen hat.

[7.]

Jede Minute ist Zeitvergeudung die nicht begreift, daß die

Menschheit selbst Gott, selbst die Verantwortung, selbst die Entscheidung über Leben und Tod hat oder haben kann.

[8.]

Nur durch diesen Glauben kann die Welt entstehen, die den Sportidiot bei Seite schiebt und den zwanzig Individuen der Menschheit unter den Menschen die Macht verschafft, den Zusammenschluß der Menschheit zu erzwingen.

Geschrieben zwischen 1925 und 1940

Nicht in der Ferne suchen – jetzt im Moment – das was wir sind, ist die Empfindung der Ewigkeit.

Eingekreist sind wir in der ewigen Sehnsucht des Seins!

Die Ansätze zum Rhytmus sind in der Natur vorhanden, man muß sie nur vollenden.

Wir sind erwacht im Kreis der Atmosphäre.

Führerlos im Unendlichen, ohne Fuß, ohne Ziel, treiben wir in der weißlichen Helle schauriger Gerüste umher – und Veilchen, Hyazinthen und Narzissen strömen ihre Gerüche um uns in der strahlenden Helle blauglühender Gestirne.

Jeder Augenblick ist die Ewigkeit – in der Verwandlung ist die Seele der Welt.

An Cynthia (I)

In den weißen Hallen mit den rosa Stühlen stehen schwarze
                    Kellnerfräcke rings herum
Alte, dicke, reiche, vollgefreßne Bäuche stecken langsam,
                    müde Bissen in d. Mund und lächeln dumm.
Nun sehe ich den Wald. Schwarz steigt er auf in meiner Seele,
                    schwarz und böse
Dunkel sind die langen Gänge, die ich mit der roten
                    Fackel, die ich trage nicht erlöse
In den schmalen schwarzen Hallen sind die dunklen
                    Kellnerfräcke stumme Schatten
blaß und traurig stehn sie da, wie die Leichen Abgeschiedner
                    die uns nun erwarten.
Immer tiefer geh ich durch die dunklen Bäume
                    in der schwarzen Nacht
dicke Bäuche, weiße Arme mit Brillanten und mit
                    bunten Larven haben hell gelacht
Erdbeereis gefällig, Cheester, Kaffee oder ein Licör
                    Es ist mir gleich.
Schwer zieht meine Seele durch den dunklen Weg, sucht das
                    Ende, sucht das Reich. –
Doch die Orchideengärten schießen plötzlich ihren Duft
                    durch die Finsternis wie ein Fanal
Lieblich und unendlich süß, ein buntes Feuerwerk
                    strahlt Blüthenduft durchs schwarze Tal
Die Sterne Deiner Augen stehn in dem Glanz, wie
                    blaue Monde weit entrückt
Der schwarze Wald versinkt, die Masken fliehn
                    die dunklen Kellner sind entzückt
Noch ist nicht Tag, Nachmitternacht ist hell erleuchtet
                    von Lampen u. Raketen in dunklem Glanz

187

Doch bin ich schon zu Haus. Im Hause meiner Seele
                                        bin ich bei Dir zu Spiel u. Tanz
Der Morgen naht und Schlaf und Traum, die
                              grauen Freunde, am Tor nach Mitternacht
Bald kommt die Sonne, Cynthia!.! – hell sind
                                        wir dann erwacht – erwacht.

(30. Mai 1925)

An Cynthia (II)

Hörst Du den Taumel der Welt
Kennst Du die Stille des Sein's?
Tief sind die Freuden der Nacht
Tief auf den Traum gestellt.
Bunt ist das Leben der Macht
Schön ist das Spiel des Schein's.
Doch höre die ferne Musik jenseits des weiten Tal
Auf fremden Instrumenten klingt sie weit zu uns herüber
Die Helligkeit von unzähligen Morgensonnen
Tönt schimmernd in den silbernen Schall
                                        ihrer fernen Riesenposaunen:
    Über alles Böse hinweg gehör ich Dir
    Alles Gute stirbt vor Freude bist Du bei mir
    Ohne Sinn und Wille sind wir im Tiefsten ein's
    Berge Wälder und Meere tragen die Sonnen
                                        unseres ewigen Sein's
Schneeweiße Häuser schimmern von fernen Gestirnen
                              unser grenzenloses Glück...
Auf goldenen Fischen schwimmen wir in den Hafen ferner
                                                    Träume.

(1925)

188

Über meine Malerei
Rede, gehalten in der Ausstellung »Twentieth Century German Art« in den New Burlington Galleries, London, 21. Juli 1938

Verehrte Damen und Herren!
Es ist mir außerordentlich leid, mich nicht in englischer Sprache ausdrücken zu können. Aber vielleicht kann ich das später einmal nachholen. – Als Voraussetzung meines Versuchs einer Erklärung (das heißt a priori einer fast unmöglichen Erklärung) möchte ich als Erstes betonen, niemals in irgend einer Form mich politisch betätigt zu haben.
Ich habe nur versucht mein Weltbild so intensiv wie es mir möglich war zu realisieren.
Malerei ist eine schwere Sache und fordert den Menschen mit Haut und Haaren ––––––– so bin ich vielleicht blind an vielen Dingen des realen und politischen Lebens vorbeigegangen.
Allerdings nehme ich an, daß es zwei Welten gibt! – Die Welt des Geistes und die der politischen Realität! – Beide sind streng gesonderte Funktionen der Lebensmanifestation, die sich wohl manchmal berühren – aber im Prinzip grundverschieden sind. Welche wichtiger sind muß ich dem Zuhörer überlassen. –––––––
Worauf es mir in meiner Arbeit vor allem ankommt, ist die Idealität die sich hinter der scheinbaren Realität befindet. ––––––––– Ich suche aus der gegebenen Gegenwart die Brücke zum Unsichtbaren ––––––––– ähnlich wie ein berühmter Kabbalist es einmal gesagt hat: »Willst du das Unsichtbare fassen, – dringe so tief Du kannst ein – in das Sichtbare« –––––––––––––––

Es handelt sich für mich immer wieder darum die Magie der Realität zu erfassen, und diese Realität in Malerei zu übersetzen. – Das Unsichtbare sichtbar machen durch die Realität.
– Das mag vielleicht paradox klingen, – es ist aber wirklich *die Realität* – die das eigentliche Mysterium des Daseins bildet!

Entscheidend hilft mir dabei die Durchtastung des Raumes. – Höhe, – Breite und Tiefe in die Fläche zu übertragen, sodaß aus diesen drei Raumgegebenheiten sich die abstrakte Bildfläche des Raums gestaltet, die mir Sicherheit gibt gegen die *Unendlichkeit* des Raumes. – Meine Figuren kommen und gehen wie sie mir Glück und Unglück bieten. – Ich aber suche sie festzuhalten in der Entkleidung ihrer scheinbaren Zufälligkeit. Das einmalige und unsterbliche Ego zu finden – in Tieren und Menschen – in Himmel und Hölle, die zusammen die Welt ergeben in der wir leben.

Raum – – – – *Raum* – – und nochmals *Raum* – – die unendliche Gottheit die uns umgibt und in der wir selber sind.

Dies suche ich zu gestalten durch Malerei. Eine Funktion – die grundverschieden von Dichtung und Musik, – für mich aber vorherbestimmte Notwendigkeit ist. – – – – – Kommen geistige, – metaphysische, – irdische und unirdische Geschehnisse in mein Leben, so kann ich sie nur auf dem Wege der Malerei festhalten. – Entscheidend ist nicht der Gegenstand, – aber seine Übersetzung mit den Mitteln der Malerei in die Abstraktion der Fläche. Ich brauche daher kaum ungegenständliche Dinge da mir der gegebene Gegenstand bereits unwirklich genug ist, und ich ihn nur durch die Mittel der Malerei gegenständlich machen kann.

Ich bin oft – sehr oft allein. Das Atelier in Amsterdam, ein großer alter Tabaks-Speicher, füllt sich aufs Neue mit Figuren aus alter und neuer Zeit und immer spielt das Meer von Nah und Weit durch Sturm und Sonne – in meine Gedanken.

Dann verdichten sich die Formen zu Dingen, die mir verständlich erscheinen in der großen Leere und Ungewißheit des Raumes, den ich Gott nenne.

Der konstruktive Rythmus der Kabbala hilft mir manchmal dabei. – Wenn meine Träume über Oanes Dagon zu den letzten Tagen der versunkenen Kontinente unserer Planeten wandern. Nichts andres ist mir die Straße mit dem Mann, der Frau und dem Kind, der Aristokratin oder Prostituierten, dem Dienstmädchen oder der Fürstin. Zwiespältige Träume – laufen sie mir durcheinander, Samothrake – Piccadilly – oder Wallstreet. – Eros und *nicht* mehr sein wollen. – Alle diese Dinge bestürzen mich wie Tugend und Verbrechen – schwarz und weiß ––––––––––– ja – schwarz und weiß, das sind die beiden Elemente mit denen ich zu tun habe. Das Glück oder Unglück will es, daß ich nicht nur weiß, – nicht nur schwarz sehen kann. Eines allein wäre viel einfacher und eindeutiger. – Allerdings wäre es dann auch nicht existent. – Aber trotzdem, ist es doch der Traum Vieler – nur das Weiße (nur das gegenständlich Schöne) – oder nur das Schwarze (das Häßliche und Verneinende) sehen zu wollen. –––––––– Ich kann nicht anders als mich in Beiden zu realisieren. Nur in Beiden, schwarz und weiß, – sehe ich wirklich Gott als eine Einheit, wie er es sich als großes ewig wechselndes Welt-Theater immer wieder neu gestaltet. –––––

So bin ich denn fast ohne zu wollen von formalen Prinzipien auf transcendente Ideen geraten. – Eine Angelegenheit die durchaus nicht mein »Fach« ist. Trotzdem schäme ich mich dessen nicht.

Nach meiner Ansicht, sind alle wesentlichen Dinge der Kunst, seit Ur in Chaldäa – seit Tel Halaf – und Kreta immer aus dem tiefsten Gefühl für das Mysterium des SEINS entstanden. ––––––––– Ein »Selbst« zu werden ist immer der

Drang aller noch wesenlosen Seelen. – Dieses »Selbst« suche ich im Leben – und in meiner Malerei.

Kunst dient der Erkenntnis nicht der Unterhaltung – der Verklärung – oder dem Spiel. Das Suchen nach dem eigenen Selbst ist der ewige nie zu übersehende Weg den wir gehen müssen. Es gibt natürlich auch hierfür andere Wege, Litteratur, Philosophie oder Musik. –––––––––Meine Ausdrucksform ist nun einmal aber die Malerei. Belastet – oder begnadet – mit einer furchtbaren vitalen Sinnlichkeit muß ich die Weisheit mit den *Augen* suchen. Ich betone besonders Augen, denn nichts wäre lächerlicher und belangloser wie eine zerebrale gemalte Weltanschauung ohne den schrecklichen Furor der Sinne für jede Form von Schönheit und Häßlichkeit des Sichtbaren. Wenn sich aus meiner Form, die ich für dieses Sichtbare gefunden habe sogenannte litterarische Themen ergeben, das wären also Portraits, gegenständliche Kompositionen oder Landschaften, so sind sie alle entstanden auf Grund der Voraussetzung der Sinne, in diesem Falle der Augen, und jedes zerebrale Thema ist noch einmal umgewandelt in Form, Farbe und Raum.

Alles Zerebrale und Transcendente bindet sich in der Malerei mit einer ununterbrochenen Arbeit des Sehens. Jeder Ton einer Blume, eines Gesichts, eines Baumes, einer Frucht, eines Meeres oder eines Berges wird gierig notiert von der Intensität meiner Sinne, zu denen dann auf mir selbst nicht bewußte Art die Arbeit meines Geistes und letzten Endes die Kraft oder die Schwäche *meiner Seele* kommt. Dieses ursprüngliche und ewig unveränderliche Kraftzentrum welches Geist und Sinne erst fähig macht persönliche Dinge auszusagen.

Die Kraft der Seele ist es, die den Geist u. d. Sinne zu dauernder Turnübung zwingt um die Anschauung des Raumes zu erweitern.

Etwas davon ist vielleicht in meinen Bildern vorhanden.

Das Leben ist immerhin schwierig, ich glaube diese Neuigkeit dürfte nun doch schon allgemein bekannt sein. Diesen Schwierigkeiten mich einigermaßen zu entziehen, übe ich den reizenden Beruf eines Malers aus. Ich gebe zu, es gibt einträglichere Methoden um den sogenannten Schwierigkeiten des Lebens zu entgehen ------------ Ich leiste mir nun einmal diesen Luxus. Eh bien ------ denn ein Luxus ist es selbstverständlich Kunst zu machen und in dieser Kunst auch noch seine eigene Meinung haben zu wollen ---------- Oh mein Gott ---- nichts ist luxuriöser ----- aber es ist Sport, und ich hoffe ein guter Sport, für mich jedenfalls einer der wenigen, die dieses recht schwierige und manchmal recht kümmerliche Dasein einigermaßen interessant machen. ------- Liebe – in animalischem Sinne ist eine Krankheit, aber eine Lebensnotwendige, die zu überwinden ist. Politik – ein recht scherzhaftes Spiel, nicht ohne Lebensgefahr wie man mir versichert hat, aber wohl zeitweilig unterhaltend. Gut Essen und Trinken – nicht zu verachtende Angewohnheiten, meistens mit schlechten Folgen --------- um die Welt zu segeln in 91 Stunden sicher sehr anstrengend --------- wie auch Auto-Flugzeug-Rennen oder eine Atomzertrümmerung -------- am anstrengendsten aber ist die Langeweile, ein Grund wie ich befürchte, aus welchem sich die hochachtbare Versammlung auch hier vereinigt hat und wie man sich anderswo zu ähnlichen Zwecken vereinigt.
Nun ja, das wissen wir.
So lassen Sie mich denn teilnehmen an Ihrer Langeweile und Ihren Träumen – meine sehr hochverehrten Mitmenschen und nehmen Sie Teil an den Meinen, die ------- vielleicht die Ihren sind.
Im Grunde ist über Kunst genug geredet, und letzten Endes ist alles unzulänglich, wenn man mit Worten seine Taten interpretieren soll. --------- Trotzdem werden wir weiter

reden und weiter malen, musizieren, uns langeweilen und uns aufregen, Kriege führen und Frieden schließen, solange die Kraft der Phantasie der Imagination ausreicht. ––––––––– Imagination –––– vielleicht die göttlichste Eigenschaft des Menschen. ––––––––– Nun, Imagination des Raumes, das ist mein Traum. Die Abänderung des optischen Eindrucks der Welt der Objekte durch eine transcendente Mathematik der Seele. Das ist die Vorbedingung. Prinzipiell ist jede Veränderung des Gegenstandes erlaubt die sich durch ausreichende Gestaltungskraft legitimieren kann. Ob sie Erregung – oder Langeweile im Beschauer erzeugt, das meine verehrten Damen und Herren, bleibt Ihnen überlassen.

Für mich entscheidend ist die gleichmäßige Anwendung eines Formprinzips, das bei der Veränderung des Objekts der Imagination vorgenommen wird. –––––––––

Das Eine ist sicher, wir brauchen die Übersetzung des *Dreifachen* Raums der Welt der Objekte in den Zweifachen der Bildfläche.

Wird die Bildfläche nur mit einem zweifachen Raumerlebnis gefüllt, so entsteht Kunstgewerbe oder Ornament. Sicher kann man sich auch daran ergötzen. Mir selber ist es langweilig und gibt mir nicht genügend visuelle Sensation.

Höhe ––– Breite ––– und Tiefe in die zweidimensionale Fläche zu verwandeln, ist mir stärkstes Zaubererlebnis, aus der mir eine Ahnung jener vierten Dimension entsteht, die ich mit meiner ganzen Seele suche.

Prinzipiell bin ich immer dagegen gewesen, daß der Künstler über sich und seine Arbeiten schreiben oder reden soll. Nicht Eitelkeit oder Erfolgsgier zwingt mich heute einmal selbst das Wort zu nehmen über Dinge, die sonst nicht auszusprechen sind für mich. ––––––––– Die Welt aber ist in eine derartige auch künstlerische Katastrophen-Situation hinein geraten, daß sie mich, der ich fast 30 Jahre als absoluter Einsiedler gelebt habe, zwingt, aus meinem Gehäuse hervor zu treten und die paar Ideen auszusprechen, die ich mühsam im Lauf der Jahre erkämpft habe. ------- Ich fahre also in der Formulierung meines künstlerischen Realisationsversuchs fort:

Die größte Gefahr die uns allen Menschen droht, ist der Collektivismus. Überall wird versucht, das Glück oder die Lebensmöglichkeiten der Menschen auf das Niveau eines Termitenstaates herabzuschrauben. ------- Dem widersetze ich mich mit der ganzen Kraft meiner Seele.

Die *Individualisierung* des künstlerisch darzustellenden Objekts durch das Gefühl der Sympathie und Antipathie ist notwendig und dient zur Formbereicherung. Mit dem Ausschalten der menschlichen Beziehungen untereinander in der künstlerischen Darstellung, entsteht jenes Vakuum unter dem wir mehr oder weniger alle leiden. ------------- Die individuelle Formveränderung aller Einzelheiten des darzustellenden Objekts sind unerläßliche Mittel zur Darstellung gesammelter körperlicher Volumen. ------- Das heißt: der Kontakt des Mitgefühls an dem Mitmenschen muß wieder hergestellt werden.

Über die Mittel diese Dinge zu unternehmen gibt es natürlich viele Wege. ------- Mir dient in sehr wesentlicher Weise das Licht als Gliederung der Bildfläche einerseits ----- und zur tieferen Durchdringung des Objekts andererseits. Da wir immer noch nicht genau wissen, was nun eigentlich dieses *»Ich«* welches im ich und Du in seinen verschiedenen Emanationen zum Ausdruck kommt, eigentlich ist, muß alles getan werden, um das »Ich« immer gründlicher und tiefer zu erkennen. ----- Denn das »Ich« ist das größte und verschleiertste Geheimnis der Welt. ----- Hume und Herbert Spencer haben das »Ich« auf eine Reihe von Vorstellungen zurückgeführt, an deren Ende sie nichts finden können.

Nun ----- ich glaube an das »Ich« in seiner ewigen und unvergänglichen Form, dessen Wege in unbegreiflicher Art unsere Wege sind. Aus diesem Grunde interessiere ich mich für das Individuum, das gesammte sogenannte Individuum, und suche es auf jede Weise zu ergründen und darzustellen. ---- Was bist Du? ----- Was bin ich? ----- Das sind die Fragen, die mich unaufhörlich verfolgen und quälen, aber vielleicht auch zu meiner künstlerischen Arbeit beitragen.

Schön und wichtig ist mir, als Maler, natürlich die Farbe, als seltsamer und großartiger Ausdruck eines unbegreiflichen Spektrums des Ewigen. ----------- Ich brauche sie auch zur Bereicherung der Bildfläche und tieferer Durchdringung des darzustellenden Objekts. Sie bestimmt bis zu einem gewissen Grade meine seelische Grundhaltung, ist aber der Licht- und vor allem der Formbehandlung nachgeordnet. Ein Überwiegen des farbigen Elements auf Kosten der Form und der Raumbehandlung wäre der Anfang zu einer zweifachen Bearbeitung des Raumes in der Bildfläche und nähert sich daher dem Kunstgewerbe. ------- Reine Lokalfarbe und gebrochene Töne müssen gleichzeitig verwendet werden, da eins das andere erst richtig zur Geltung bringt.

Doch das alles sind Theorien und Worte sind mangelhaft um künstlerische Probleme wirklich zu definieren. Was mir vorschwebt und was ich realisieren möchte kann ich vielleicht besser in Form einer Art von trunkenen Vision verwirklichen. ----- Eine meiner Figuren vielleicht aus der Temptation sang mir in einer Nacht dies sonderbare Lied:

Füllt auf's Neue Eure Kürbisse mit Alkohol und gebt mir selbst den Größten. ----- Feierlich will ich Euch die großen Lichter, die Riesenkerzen anstecken. Jetzt in der Nacht. – In der tiefen schwarzen Nacht.

Wir spielen Verstecken, wir spielen Verstecken über tausend

Meere. Wir Götter wir Götter in Morgenröthe um Mittag und in schwarzer Nacht.

Ihr seht uns nicht, – Ihr könnt uns nicht sehen, doch seid Ihr ich. Drum lachen wir so schön – in Morgenröthe um Mittag und in schwarzer Nacht.

Sterne sind unsere Augen, Weltnebel unsere Bärte, Menschenseelen unser Herz. Wir verstecken uns, Ihr seht uns nicht, das wollen wir gerade in Morgenröthe um Mittag und in schwarzer Nacht.

Ohne Ende sind unsere Fackeln, silbern, glühroth, purpurn, violett, grünblau und schwarz. Wir tragen sie im Tanze über die Meere und Gebirge, über die Langeweile der Welt des Lebens.

Wir schlafen – und die Gestirne kreisen im dumpfen Traum. Wir wachen und die Sonnen treten an zum Tanz über Bankiers und Schafe – über Huren und Fürsten der Welt.

––––– so ähnlich sang und sprach noch lange die Figur aus meiner Temptation zu mir, der sich gerade bemühte aus dem Quadrat der Hypotenuse eine bestimmte Konstellation der Hebriden zu den roten Giganten und der Zentral-Sonne zu bestimmen. –––––––– Nun ich war erwacht, und träumte ein bischen weiter. Immer wieder trat die Malerei als einzig mögliche Realisation der Einbildungskraft vor meine Augen. Ich dachte an meinen großen alten Freund Henri Rousseau, diesen Homer in der Portiersloge, dessen Urwaldträume mich manchmal den Göttern näher gebracht hatten –– und grüßte ihn ehrerbietig im Traum. ––––– Neben ihm sah ich William Blake – diese edelste Emanation des englischen Genius. Er winkte mir freundlich zu mit einer überirdischen Väterlichkeit:

Habe Vertrauen zu den Dingen – sagte er, – lasse Dich nicht schrecken von all dem Entsetzlichen der Welt. Alles ist eingeordnet und richtig und muß seinen Weg gehen um

Vollkommenheit zu erreichen – – – um eine größere – nie ganz
zu erreichende Vollkommenheit. Suche diesen Weg – – – und
Du wirst die grenzenlose Schönheit der Schöpfung aus dem
eigenen »Ich« immer tiefer verstehen, immer mehr lieben, und
immer losgelöster werden, von all dem, was Dir jetzt noch
jämmerlich traurig oder schrecklich ist.

Ich erwachte – und sah mich in Holland, inmitten einer
grenzenlosen Verwirrung der Welt. – – – – – – – Aber mein
Glaube an eine endliche Befreiung und Erlösung von allen
Dingen, die mich quälten und erfreuten, waren neu gestärkt
und ruhig legte ich meinen Kopf wieder in die Kissen.
– – – – – – Um zu schlafen und weiter zu träumen.

Speech given by Max Beckmann to his first class in the United States at Washington University, St. Louis, 23rd September, 1947

Thank you, ladies and gentlemen, for showing me your work.
It was very interesting for me, and now we can begin.

I hope that you won't expect me to instill in your minds at once
– – like a mighty magician – – the spirit of fiery genius. In my
opinion you ought to learn very much, in order to forget the
most of it later on. That means, that I wish you to discover your
own selves, and to that end many ways and many detours are
necessary.

One can hardly expect this to happen at an early age; you must
bide your time by forming as many conceptions of reality as
you possibly can; conceptions which later on you will be able to
use with your own free will. You must remain self-reliant and
free, but forever bound within your own law, indeed,
presuming, that there exists such a law in everyone of you.

However, you already have started this adventure of seeking your own self. In doing so, everyone is on his own.

I shall try to assist you with all my means. But do not forget that the main work will be yours – – and do not expect too much of me, who himself is still in search of his own true self.

The most important things everyone must teach himself, and yet, of course, suggestions can be helpful.

I do not have to tell you there can be no question of thoughtless imitation of nature.

Please do remember this maxim – – the most important I can give you: If you want to reproduce an object, two elements are required: first, the identification with the object must be perfect: and secondly, it should contain, in addition, something quite different. This second element is difficult to explain. Almost as difficult as to discover one's self. In fact, it is just this element of our own self that we are all in search of.

In order to start and to develop this game, after having become familiar with your work, I shall confront you from time to time with problems, or I shall ask you to seek such problems yourself.

I may spend a lot of time with you; however, there may be times when I shall find it better to leave you alone with your work.

According to my conviction as an artist, I do not want to give you an academic training in the strict sense of the work, as it is my most sincere wish and intention to show and make easy your way toward *independent!* work of your own.

Now let us begin:

First problem: Still life with fruit, which everyone may execute to his own liking – – on condition that all given objects will be represented on the canvas.

Secondly: composition and interpretation have to be identical from the very beginning. Even in sketches from nature, you must at the same time observe the distribution of space.

Thirdly: Difference between painting and drawing. In painting, the composition, by means of space and distribution of surface, has to be executed up to the last part of the picture. In drawing, space may be improvised, sometimes by omission and sometimes by suggestion.

Drei Briefe an eine Malerin
Vortrag, gehalten am 3. Februar 1948 in Stephens College, Columbia, Missouri

Erster Brief

Es ist sicher das törichtste und unzulänglichste Unternehmen, Dinge über Kunst in Worte oder Schrift fassen zu wollen, denn ob man will oder nicht, spricht jeder doch nur pro domo seiner eigenen Seele, und eine absolute Objektivität oder Gerechtigkeit ist nicht möglich. Außerdem sind gewisse letzte Dinge nur durch Kunst an sich auszudrücken, sonst bräuchten sie nicht gemalt, geschrieben oder musiziert zu werden. – Bleibt also letzten Endes nur ein Vertrauen oder Glauben an die gegebene Persönlichkeit, die mit mehr oder weniger großer Intelligenz oder Energie ihre Meinung vorträgt. – Sie behaupten nun, diesen Glauben zu haben, und wollen ihn auf meine Persönlichkeit konzentrieren und meine Weisheit hören.

Nun, ich gebe zu, daß Sie manchmal wirklich für Malerei interessiert sind, und kann ein gewisses Gefühl der Befriedigung über dieses Vertrauen nicht unterdrücken, wenn auch mein Glaube an Ihr wirklich tiefes Interesse für Kunst nicht allzu stark entwickelt ist, da ich mit Betrübnis des öfteren sehen mußte, wie Modeschau, Bridgetee, Tennispartie oder Fußballmatch einen großen Teil Ihrer Interessen anderen Bahnen zuführte.

Sei es, wie es sei. Sie wissen, daß Sie sehr schön sind, das ist bedauerlich, aber es zwingt mich etwas zu tun, was mir eigentlich contre Cœur geht. – Also. – –

Sie haben in der Entwicklung Ihres Geschmacks schon manches hinter sich gelassen, gewisse Herbstlandschaften in braun und weinrot, einige besonders schöne und eßbare Stilleben der holländischen alten Schule, machen nicht mehr den verführerischen Eindruck auf Sie wie früher. Ja, wie Sie mir versichern, selbst die wundervollen Gebilde, Bilder der letzten Jahre entwickeln in Ihnen jenes traurige Gefühl der langen Weile, dem Sie so gern entfliehen möchten, und doch waren Sie einst so stolz, gerade diese Dinge verstehen zu können.

– Und nun – was ist nun? Sie stehen da und wissen nicht mehr aus noch ein; abstrakte Dinge langweilen Sie genau so wie die akademische Vollkommenheit – und betrübt richten Sie Ihre Augen auf das violette Rot Ihres Nagellacks, als die letzte Realität, die Ihnen geblieben ist.

Trotzdem, verzweifeln Sie nicht. Es gibt immer noch Möglichkeiten, wenn sie auch zur Zeit sehr verschüttet sind. – Ich weiß, Ihre größten Feinde für eine wirklich echte Konzentration sind die großen Weltübel, das Auto, die Photographie, das Kino – alle die Dinge, die den Menschen mehr oder weniger bewußt den Glauben an eine eigene Individualität und an transzendente Möglichkeiten nehmen, ihn zum Serien- und Klischeemenschen machen.

Trotzdem, wie gesagt, können und dürfen wir die Hoffnung nicht aufgeben, uns aus dem Kreis der Maschinenphantome den Weg zu einer höheren Wirklichkeit zu suchen und auch zu finden. – Was dafür nottut, ist schwer in Worten auszudrükken, da gerade das Dinge sind, die fast mehr Begnadung oder Begabung sind. – Es handelt sich um die wirkliche Liebe zu den

Dingen der Erscheinung außer uns, und den tiefen Geheimnissen der Ereignisse in uns selbst. – Zu den Dingen außer uns – wie in uns, gehört das ewige Suchen nach der Individualität der eigenen Seele; daher ist auch in der Kunst wieder ein verstärktes Bestreben zu den individuellen Dingen dringend notwendig, so abstrakt auch jedes gute Kunstwerk von Bellini bis Henri Rousseau immer gewesen ist.

Denken Sie daran, daß Raumvertiefung im Kunstwerk – auch in der Plastik, die jedoch mit anderen Mitteln arbeiten muß – immer das Entscheidende ist. Raum, dessen wesentliche Bedeutung identisch ist mit Individualität, oder das, was die Menschen Gott nennen. Denn im Anfang war der Raum, diese unheimliche und nicht auszudenkende Erfindung der Allgewalt.

Zeit ist eine Erfindung der Menschen, *Raum* ist der Palast der Götter. Aber wir wollen nicht abschweifen in Metaphysik oder Philosophie. Nur nicht vergessen, daß die Dinge der Erscheinung im Raum etwas göttlich Gegebenes sind, die zu negieren oder durch neue Formen zu ersetzen, leider immer Fluch der Ohnmacht, der Lächerlichkeit oder zum mindesten aber die Idee der Absichtlichkeit in sich tragen.

Tiefste Ehrfurcht vor der *Erscheinung* und ihre Wiederholung oder Darstellung in Tiefe, Höhe und Breite des Bildraums ist notwendig. Dem Gesetz der Fläche folgend, die niemals durch eine falsche realistische Illusionstechnik durchbrochen werden darf, können wir dann mit der allergrößten Anstrengung vielleicht dazu gelangen, uns selbst zu finden – uns selbst zu sehen im Kunstwerk. Denn schließlich mündet alles Streben und Suchen doch darin, sich selbst zu finden.

Das echte Selbst, von dem wir nur ein schwacher Abglanz sind. Sicher ist es die schwerste und letzte Anstrengung, die wir armen Menschen machen können – und bei all dieser Arbeit wird Ihre gepflegte Schönheit und Ihr Bedürfnis nach dem äußerlichen sinnlichen Anreiz des Lebens, manchmal leiden müssen. – Aber seien Sie getrost, Sie werden noch immer viele schöne und nette Dinge erleben – aber intensiver und glutvoller, als wenn Sie sich unter bitterem Gelächter in das Geschrei der Serienmenschen einreihen lassen.

Letzthin sprachen wir vom Rausch, sicher ist alle Kunst auch Rausch – aber disziplinierter Rausch. – Trotzdem lieben wir auch die Champagnerurwälder, die großen Hummer- und Austernseen und die giftige Pracht der lüsternen Orchideen – davon einmal in einem anderen Brief. –

Zweiter Brief

Es ist notwendig für Euch, die Ihr Euch den bunten und lockenden Gefilden der Kunst nähert, es ist sehr notwendig, daß Ihr begreift, wie sehr Ihr nun auch in Gefahr seid.

Ergebt Ihr Euch der Askese, der Abkehr von allen menschlichen Dingen, so erreicht Ihr wohl eine gewisse Konzentration, aber Ihr könnt auch vertrocknen dabei. Stürzt Ihr Euch rücksichtslos in die Arme der Leidenschaft, so könnt Ihr leicht verbrennen. Kunst, Liebe und Leidenschaft sind sehr nahe verwandt. Denn mehr oder weniger dreht sich alles um Erkenntnis oder den Genuß der Schönheit in irgendeiner Form. Und der Rausch ist schön – nicht wahr, meine Freundin? –

Warst Du nicht manchmal mit mir in der tiefen Höhle der Champagnergläser, wo die roten Lobster herumkriechen und schwarze Kellner die roten Rumbas servieren, die die Glut durch die Adern jagen zum wilden Tanz – wo sich weiße Kleider und schwarze Seidenstrümpfe um die schmalen Hüften der jungen Götter pressen zwischen Orchideenblüten und dem Klirren der Tambourine?

Dachtest Du nicht in der höllenheißen Ekstase zwischen Fürsten, Gangstern und Kokotten, das hier ist der Glanz des

Lebens – ließen Dich nicht träumen die weiten Meere in heißen Nächten, in denen wir brennende Funken waren, weit über dem Meer und den Sternen auf dem fliegenden Fisch. – Herrlich war Deine Maske des schwarzen Feuers, in dem Dein langes Haar brannte, und Du glaubtest, endlich – endlich den Gott in den Armen zu halten, der Dich erlösen würde aus Armut und Sehnsucht! – – – – – –

Dann kam das andere – das kalte Feuer – der Ruhm. –

Nie wieder, sagtest Du – nie wieder soll mich mein Wille versklaven an einen anderen – jetzt will ich allein sein – allein mit mir und meinem Willen zur Macht – zum Ruhm.

Du bautest Dir ein Haus aus Eiskristallen und wolltest Drei-Ecke und Vier-Ecke umschneiden zum Kreis. – Aber Du wirst das Pünktchen nicht los, was in Deinem Gehirn nagt – das Pünktchen, das ist »der Andere«. Unter dem kalten Eis nagt noch immer die Leidenschaft, die Sehnsucht geliebt zu werden von dem Anderen, wenn auch auf einer anderen Ebene wie in der Hölle der tierischen Sinne. Das kalte Eis brennt ebenso wie das heiße Feuer – und unruhig gehst Du allein durch Deine Paläste von Eis. – Denn Du willst noch nicht aufgeben die Gefilde der Täuschung, noch brennt in Dir das Pünktchen – der Andere! Und darum bist Du Künstlerin, mein armes Kind. Und weiter wandelst Du in Träumen wie ich selber – aber auch durch dies alles müssen wir hindurch, meine geliebte Freundin.

Du Traum meines Selbst in Dir – Du Spiegel meiner Seele. – Vielleicht werden wir einmal erwachen, allein oder zusammen, das ist verboten zu wissen.

Ein kühlender Wind der jenseitigen Ebenen wird uns erwecken im traumlosen All und wir sehen dann uns und doch nicht uns, entronnen den Gefahren der dunklen Erde, den glühenden Trauergefilden der Mitternacht. Erwacht sind wir dann im Kreis der Atmosphären – und Wille und Leidenschaft, Kunst und Täuschung sinkt herab wie ein Vorhang von grauem Nebel

– und ein Licht strahlt auf, dahinter ein unbekanntes riesiges Leuchten. –
Dort, ja dort werden wir erkennen, meine Freundin – allein oder zusammen –– wer kann das wissen?! –

Dritter Brief

Ich kann Sie nur immer wieder auf Cézanne hinweisen. Ihm ist es gelungen, einen exaltierten Courbet, einen mysteriösen Pissarro und, zum Abschluß, eine gewaltige neue Bildarchitektur zu schaffen, in der er wirklich ein letzter alter Meister – oder besser gesagt, endlich ein neuer »Meister« geworden ist, der gleichberechtigt neben Piero della Francesca, Uccello, Grünewald, Orcagna, Tizian, Greco, Goya und van Gogh steht. Nehmen Sie auf einer ganz anderen Seite noch die alten Zauberer Hieronymus Bosch, Rembrandt und als fantastische Blüte aus dem trockenen England William Blake, so haben Sie eine ganz nette Reihe von Freunden, die Sie auf Ihrem dornenvollen Pfade – dem Entfliehen der menschlichen Leidenschaften in die Phantasiepaläste der Kunst – begleiten können. Vergessen Sie nicht die Natur, durch die Cézanne, wie er sagte, klassisch werden wollte. Gehen Sie viel spazieren, verschmähen Sie möglichst das verderbliche Auto, das Ihnen die Augen wegnimmt, geradeso wie das Kino oder die vielen bunten Newspaper.
Lernen Sie die Formen der Natur auswendig, damit Sie sie verwerten können wie Noten in einem Musikstück. Dazu sind diese Formen da. Natur ist ein wundervolles Chaos, und unsere Aufgabe und Pflicht ist es, dieses Chaos zu ordnen und ... zu vollenden. Lassen Sie andere verwirrt in alten Geometriebüchern oder in höheren Arithmetikaufgaben farbenblind herumirren. Wir wollen uns der gegebenen Formen freuen.

Ein Menschengesicht, eine Hand, eine weibliche Brust oder ein männlicher Körper, ein freud- und leidvoller Ausdruck, die unendlichen Meere, die wilden Felsen, die melancholische Sprache der schwarzen Bäume im Schnee, die wilde Kraft der Frühlingsblumen und die schwere Lethargie des heißen Sommermittags, wenn Pan, unser alter Freund, schläft und die Mittagsgespenster sprechen.

Das ist schon genug, um das Leid der Welt zu vergessen oder zu gestalten. Der Wille zur Gestalt trägt auf alle Fälle einen Teil der Erlösung in sich, die Sie suchen. Der Weg ist hart und das Ziel endlos, – aber es ist ein Weg. –

Nichts liegt mir ferner, als Sie zu einer gedankenlosen Nachahmung der Naturerscheinungen anregen zu wollen. Immer wieder muß jede Form des Natureindrucks zu einem Ausdruck Ihrer eigenen Freude oder Ihres eigenen Leids werden, und daher in der Gestaltung die Veränderungen erhalten, die erst die Kunst, die echte Abstraktion, ausmacht. Aber überschreiten Sie nicht die »Linie«; sobald Sie nicht aufpassen, sobald Sie müde werden und doch gestalten wollen, rutschen Sie ab – entweder in gedankenlose Imitation der Natur oder in sterile Abstraktionen, die kaum zu einem anständigen Kunstgewerbe reichen. –

Für heute Schluß, meine liebe Freundin. Ich denke sehr an Sie und Ihre Arbeit und wünsche Ihnen von Herzen Kraft und Stärke, den guten Weg, wie Laotse sagt, zu finden und weiter zu verfolgen. Er ist schwer, ich weiß es, mit seinen Fallstricken links und rechts. Wir alle sind Seiltänzer! Bei ihm ist's wie in der Kunst, so auch bei allen Menschen: »Der Wille, das Gleichgewicht zu erreichen und zu behalten.«

Ansprache von Max Beckmann für die Freunde
und die philosophische Fakultät
der Washington University St. Louis
am 5. und 6. Juni 1950,
geschrieben Ende Mai 1950

Es ist schön für mich nach langer Zeit wieder in Räumen und Freundeskreisen zu sein, mit denen ich meine ersten Eindrücke von Amerika – arbeitend – erlebt habe. Wenn der »Silvercascade« über die Brücke des Mississippi donnert, kommen die Erinnerungen an meine erste Ankunft in St. Louis wieder lebendig vor meine Augen.

Der große Gelbe Fluß – (vergessen wir nicht G. Catlin und seine schönen Portraits dieses Riesenstromes) – Downtown taucht auf – und schon sind wir im Auto und sausen ins Chace-Hotel. – – Und langsam kommt alles andere – der schöne Park, das Jefferson-Lindberg-Museum, die Artschool und University und das schöne City-Art-Museum. – Schnell wie ein Traum ist die Zeit verstrichen und dankbar gedenke ich all der Liebe und der Hilfe treuer Freunde, die mir die erste Zeit meiner Einwanderung schön und leicht machten. – Sie können nicht ermessen, was das für ein innerer Umschwung war für mich, in dies friedliche Land zu kommen, nach den furchtbaren Zerstörungen, die ich in Europa miterleben mußte. – Aus diesem Grunde und aus vielen anderen wird mir die St. Louis Zeit immer unvergeßlich bleiben.

Wie sich alles im Leben zwangsläufig entwickelt, so mußte auch diese schöne Zeit begrenzt sein, aber gerade auch darum prägt sie sich mir so fest ein. – Immer aber und bei Allem, war das ewige Bindeglied – die Kunst –. Alles für und wieder der damaligen Zeit taucht auch wieder auf. Ich dachte viel daran als ich in den letzten Tagen durch die ersten Frühlingsbäume des

Zentral-Parks spazierte, die von den Riesen von Manhatten so sorgfältig bewacht werden.

Freunde möchten gern, daß ich bei dieser ersten Begegnung wieder einmal etwas über Kunst aussagen soll. Sollen wir wirklich dieses alte Thema wieder aufrollen, welches doch nie zu einem ganz befriedigenden Schluß führt, denn jeder kann ja gar nicht anders als pro domo sprechen. Speziell der Künstler selber, der eben doch nicht aus seiner Haut heraus kann.

Ist es nicht schöner spazieren zu gehen und den neuen jungen Traum der Erde wieder zu erleben, als sich in trockenen Theorien zu unzureichenden Schlüssen zu verirren. – Feiert meinetwegen Räusche des Unterbewußtseins oder des Whisky's, – liebt den Tanz, die Freude, die Melancholie und den Tod – ja auch den Tod, als letzten Übergang zu großartig Neuem – vor allem aber liebt, – liebt, – liebt, – vergeßt nicht, daß jeder Mensch, jeder Baum, jede Blume ein Individuum ist, welches verdient eingehend studiert und dargestellt zu werden.

Und wenn Ihr mich wieder fragt, *wie* soll ichs denn machen, so kann ich Euch nur immer sagen, daß alles in der Kunst eine Frage des Takts und des Zartgefühls ist, gleichgültig ob modern oder nicht modern. Wichtig und immer wieder am Wichtigsten: rücksichtslose Erkenntnis und Kritik des eigenen Ich's.

Wahrheit muß das Werk sprechen.

Wahrheit aus Liebe zur Natur und eiserner Selbstdisziplin. Wenn Ihr wirklich etwas zu sagen habt, dann kommt es schon heraus, darum scheut nicht Tränen und Verzweiflung und die Qual der Arbeit, trotz allem gibt es ja doch keine tiefere Befriedigung, als wenn uns einmal etwas Gutes gelungen ist und darum lohnt es sich wohl etwas zu schwitzen.

Das wäre über Malerei zu sagen. Ich glaube allerdings, daß es so ziemlich dasselbe Problem in allen Künsten und auch Wissenschaften ist. – Absichtlich habe ich vermieden auf die verschiedenen Kampfparolen einzugehen, da ich ein geschworener Feind aller Rubrizierungen bin. Ich finde es ist höchste Zeit endlich einmal Schluß zu machen mit den »Ismen«, und dem Beschauer es zu überlassen ein Bild schön, schlecht oder langweilig zu finden.

Nicht mit den Ohren sollt Ihr sehen sondern mit den Augen! In jeder Kunstform kann Ungewöhnliches erreicht werden und es hängt allein von der produktiven Fantasie des Beschauers ab, das zu entdecken. Darum sage ich nicht nur zum Künstler sondern auch zum Beschauer: liebt die Natur von ganzem Herzen und es werden Euch neue und ungeahnte Dinge in der Kunst aufgehen – denn Kunst ist nichts anderes als vollendete Natur. ––– Die Manhattentürme nickten bedächtig zu meinen Gedanken, – ja manche richteten sich noch stolzer auf als vorher.

»Richtig«, sagten sie zu mir »Richtig « – »auch wir sind Natur geworden. Natur aus Menschenhänden und über den Menschen hinaus« – und langsam versanken sie in dem warmen grauen Frühlingsabend –.

Immer ist die Kunst neben Religion und Wissenschaft die Helferin und Befreierin auf dem Wege der Menschheit gewesen. Sie befreit duch die *Form* die vielen Zwiespältigkeiten des Lebens und läßt uns manchmal hinter den dunklen Vorhang blicken, der die unsichtbaren Räume verhüllt, in denen wir vereint einst sein werden.

Anhang

Nachwort

Die deutsche Fassung dieses Buches war nur in enger Zusammenarbeit mit Frau Mathilde Q. Beckmann möglich. Vor allem galt es, die schriftlichen und mündlichen Äußerungen im originalen Wortlaut zu bringen; einfache Sätze lassen sich bekanntlich auf sehr verschiedene Weise von einer Sprache in die andere übertragen. Im Herbst 1981 haben wir in New York – von den publizierten Tagebüchern von Max Beckmann abgesehen – diese Stellen des englischen Manuskripts fast alle mündlich abgeklärt; für einige wenige mußte das zum großen Teil in Archiven verwahrte Material von Mathilde Q. Beckmann selbst, zusammen mit Betty Robinson, erneut durchgesehen werden.

Gegenüber dem noch nicht veröffentlichten englischen Manuskript enthält die deutsche Fassung einige Zusätze. Sie sind das Ergebnis von Gesprächen und Fragen, die vor allem die Jahre vor 1940 betreffen, weil das Ehepaar Beckmann 1940 beim Einmarsch der deutschen Besatzung in Holland die vorhandenen Tagebücher verbrannte. Es gelang mir auch, Mathilde Q. Beckmann davon zu überzeugen, daß sie mit ihrer eigenen Person sich nicht allzusehr in den Hintergrund stellen dürfe – auch Max Beckmanns wegen. (Unterhielten wir uns deutsch, begann meist die Pekinesin Pamina ärgerlich zu bellen, sie versteht nur Englisch.)

Diese Arbeitsnachmittage und -abende gaben meinem Aufenthalt in New York so etwas wie eine innere Ordnung; die Tage hatten ein Ziel, und langsam lernte ich diese Stadt auch mit den Augen von Max Beckmann sehen.

Für Vertrauen und freundschaftliche Hilfe danke ich vor allem Mathilde Q. Beckmann; zu danken habe ich auch ihrer Schwester Hedda Schoonderbeek, der unermüdlichen Betty

Robinson, Jane Sabersky, Peter Beckmann und seiner Frau Maja, Hanns Swarzenski, Perry Rathbone, Helmuth Lütjens sowie dem Archiv der Max Beckmann Gesellschaft bei den Bayerischen Staatsgemäldesammlungen in München.

München, im Frühjahr 1983 · Doris Schmidt

Erläuterungen

Im Text erwähnte Gemälde von Max Beckmann sind, wo Titelvarianten vorkommen, an erster Stelle mit den Titeln in »Max Beckmann – Katalog der Gemälde«, bearbeitet von Erhard und Barbara Göpel, Bern 1976, genannt und an zweiter Stelle mit den nebenherlaufenden, meist älteren Titeln. Die Nummern mit dem vorangestellten »G« sind die Nummern dieses Katalogs. Die Gallwitz-Nummern für die erwähnten druckgraphischen Blätter von Beckmann beziehen sich auf den Katalog der Ausstellung im Kunstverein Karlsruhe, 1962; der endgültige Katalog der Druckgraphik liegt noch nicht vor.

Die Zitate aus den Tagebüchern von Max Beckmann richten sich nach der jeweils publizierten Form. Die Texte von Max Beckmann aus den Jahren 1925 bis 1930 bzw. 1940 aus seinem Nachlaß, die hier zum ersten Mal veröffentlicht werden, wurden orthographisch nicht verändert. Das gilt auch für die beiden Gedichte »An Cynthia« aus dem Jahr 1925, die Beckmann seiner späteren Frau geschickt hat. Sie ist die Cynthia, Beckmann mochte den Namen Mathilde oder Hilde nicht. Schreibweise und die für Beckmann charakteristischen Satzzeichen, vor allem die vielen Bindestriche, sind auch für die Londoner Rede »Über meine Malerei« aus dem Jahr 1938, die bisher immer mit bereinigter Orthographie und korrigierter Zeichensetzung gedruckt wurde, beibehalten. Beckmann hat sie in London selbst deutsch gelesen, sie wurde simultan gedolmetscht.

Abgedruckt werden ferner die deutsche Fassung der »Drei Briefe an eine Malerin« (1948; nach der von Beckmann niemals in Frage gestellten Fassung bei Benno Reifenberg und Wilhelm Hausenstein, »Max Beckmann«, München 1949) und die Ansprache, die Beckmann bei seiner Ehrenpromotion in St. Louis 1950 englisch gehalten hat. Für die nur englisch vorliegende erste Ansprache von Beckmann an seine Schüler in St. Louis (1947) hat sich ein deutsches Manuskript nicht finden lassen. Im Tagebuch steht unter dem 27. August 1947 (Amsterdam) der Hinweis auf »Frau Sachs«, die, wie Helmuth Lütjens mir jetzt schrieb, »fließend englisch gesprochen hat«. Die englische Fassung stammt nicht von Mathilde Q. Beckmann, sie hat sie nur in St. Louis vorgelesen; es war die erste Rede, die sie englisch vorgetragen hat (deutsche Übersetzung S. 236).

Die »Drei Briefe an eine Malerin« hat Max Beckmann im Januar 1948 verfaßt, die Übersetzung ins Englische ist von Perry Rathbone und Mathilde Q. Beckmann. Sie hat sie in Stephens College, Columbia, Missouri, am 3. Februar, in der Art School des Museum of Fine Arts in Boston am 13. März, im Radio St. Louis (gekürzt) 1948 während der großen Beckmann-Retrospektive im City Art Museum in St. Louis, in der Art School der University of Colorado in Boulder am 18. August 1949 und in Mills College,

215

Oakland, Kalifornien, 1950 gelesen. Der Irrtum bei Reifenberg/Hausenstein, sie sei in der Columbia University in New York gehalten worden, findet sich bis in Publikationen der allerjüngsten Zeit. Was die verschiedenen deutschen Fassungen, die zum Teil auf Rückübersetzungen aus der englischen Version beruhen, angeht, sind die Hinweise bei Erhard und Barbara Göpel, auch bei Stephan Lackner (»Ich erinnere mich gut an Max Beckmann«, Mainz 1967), zum Teil nicht mehr haltbar.

Von der Londoner Rede »Über meine Malerei«, 1938 (S. 189–198), erschien die simultan übersetzte englische Fassung in einem Sonderdruck der Buchholz Gallery – Curt Valentin, New York 1941. Eine von Mathilde Q. Beckmann und Robert L. Herbert (Yale University) nach dem deutschen Manuskript korrigierte englische Version, die als korrekte englische Fassung zu gelten hat, findet sich in »Artists on their Art – Ten unabridged Essays«, edited by Robert L. Herbert, Englewood Cliffs, N. J. 1964 und 1965. Es existieren Rückübersetzungen ins Deutsche; auch darum legten wir Wert auf die originale Orthographie von Beckmann.

Die englische Fassung der »Drei Briefe an eine Malerin« mit dem Titel »Letters to a woman painter«, College Art Journal 1949 (9), S. 39–43, ist ins Deutsche rückübersetzt worden. Ein Typoskript im Archiv der Max Beckmann Gesellschaft ist offensichtlich eine Rückübersetzung.

Der Hinweis »Tagebuch« bezieht sich auf die veröffentlichten »Tagebücher 1940–1950« von Max Beckmann (zusammengestellt von Mathilde Q. Beckmann, herausgegeben von Erhard Göpel, München 1955 und 1979); einige wenige Sätze der zitierten Stellen sind hier, nach Unterlagen von Mathilde Q. Beckmann eingefügt, zum ersten Mal veröffentlicht. – Tagebuchnotizen mit dem Vermerk »Leben in Berlin« sind entnommen aus: Max Beckmann, »Leben in Berlin – Tagebuch 1908/09«, herausgegeben von Hans Kinkel, München 1966.

Auf Fußnoten haben wir absichtlich verzichtet. Die folgenden Erläuterungen sind keine Fußnoten im strengen Sinn, sondern wollen den Text von Mathilde Q. Beckmann begleiten und vor allem jüngeren Lesern die Situation verdeutlichen, der sich Beckmann und andere Künstler nach 1933 gegenübersahen.

d. s.

S. 9   Gallwitz 195.

S. 10   Friedrich August von Kaulbach (1850–1920). – Zur Malerfamilie Kaulbach siehe Evelyn Lehmann und Elke Riemer, »Die Kaulbachs – Eine Künstlerfamilie aus Arolsen«, hrsg. vom Waldeckischen Geschichtsverein, Arolsen 1978, S. 215–291 und 298–300.

S. 12 Max Beckmann war 1915 aus dem Kriegsdienst entlassen worden und nach Frankfurt am Main gegangen, wo er, wie Peter Beckmann in seinem Buch »Max Beckmann – Leben und Werk«, Stuttgart/Zürich 1982, schreibt, »bei dem Freund Ugi Battenberg eine Bleibe und ein Atelier fand«. Das Haus, Schweizer Straße 3, dicht am Mainufer in der Fortsetzung der Untermainbrücke auf der Sachsenhäuser Seite, steht noch. Beckmann und Battenberg kannten sich seit der Studienzeit an der Weimarer Akademie. Im Oktober 1925 wird Beckmann an die Städelschule »in ein Meisteratelier« berufen (im Atelierhaus des Städelschen Kunstinstituts, Dürerstraße 10 ; das Grundstück ist nur durch einen Zaun vom Garten des Museums getrennt ; dieses Atelierhaus wurde nach 1945 für die heutige »Hochschule für bildende Künste – Städelschule« umgebaut ; siehe »Städelschule Frankfurt am Main – Aus der Geschichte einer deutschen Kunsthochschule«, Frankfurt a. M. 1982, S. 79–81, 96–101 und 123 f.). Dort hätte, wenn die von Professor Ernst Holzinger (Holzinger war 1938 auf Vorschlag von Professor Georg Swarzenski Direktor des Städelschen Kunstinstituts geworden) 1950 in New York vorgebrachten Pläne für Frankfurt nicht durch Beckmanns Tod hinfällig geworden wären, Beckmann wieder ein Atelier erhalten ; es war für ihn schon vorgesehen.

Der Entwurf eines Briefes an den Bildhauer Hans Mettel, damals Direktor der Staatlichen Hochschule für bildende Künste – Städelschule, handschriftlich auf dem Papier des Institute for Advanced Study in Princeton vom 2. Dezember [1950], aus Holzingers Nachlaß, berichtet über diesen Besuch, den Beckmann am 1. Dezember im Tagebuch erwähnt und dem ein zweiter folgen sollte. Holzinger schreibt unter anderem: »Ich war gestern endlich bei Max Beckmann [...] habe bei ihm große und großartige Bilder gesehen und ihn selber wieder sehr imponierend gefunden, ruhiger und milder und ohne ›Force‹. Ich nehme an, daß er von Natur einen starken lyrischen Zug hat, und fand schon vor acht Jahren, als ich ihn das letzte Mal – in Holland – sah, daß das Gewaltsame, das noch in ihm, von ihm selber aber stark angetrieben war, im Weichen sei. Ich bin gestern in diesem Eindruck nur bestärkt worden [...] habe ihm gesagt, daß man in Frankfurt, und zwar allgemein, hoffe, er komme wieder, und, daß ich fest glaube, daß, wenn ihm das nicht auf die Dauer möglich wäre, er auch für eine beschränkte Zeit hoch willkommen wäre [...]
Die Reaktion war viel positiver, als ich zu hoffen wagte. (Es sei gar nicht ausgeschlossen, daß er nach Deutschland komme) [...]
In voller Absicht habe ich keinen Versuch gemacht, ihn irgendwie in die Enge zu treiben und festzulegen [...] um sein Freiheitsbedürfnis nicht im mindesten anzugreifen. Ich deutete nur so die Möglichkeit eines Ateliers in der Schule an, und er schwärmte von seiner alten Wohnung, die er am liebsten wieder hätte. Er sagte dann, daß Hamburg sich um ihn bemühe, daß er aber, wenn nach Deutschland, am liebsten nach Frankfurt ginge, lieber auch als nach München. In Frankfurt habe er seine entscheidenden Jahre verlebt und er hänge sehr an Frankfurt [...] Für sein Kommen wird er sich

nicht entscheiden können, ehe die Weltlage sich beruhigt und gefestigt hat
– Koreakrieg [...]
Wenn an Unterricht in der Schule, dachte er sich eine 2malige Korrektur in
der Woche, was ich völlig richtig finde. Es kämen für ihn ja nur ganz
fortgeschrittene Schüler in Frage. Sein Gesundheitszustand sei – wie ihm der
Arzt jetzt versichert habe – einwandfrei, daß er hoffen können dürfe, noch
einige Jahre arbeiten zu können. Er hat sich dann noch nach ›Details‹
erkundigt, wegen Nachtleben, ob man um 10 Uhr zu Hause sein müsse, über
die ich ihn beruhigt habe [...]
Man müßte, glaube ich, ihm zwei Möglichkeiten anbieten: a) Gastprofessur
für beschränkte Zeit, b) für Dauer ... vielleicht gleich ein Atelier in der
Schule anbieten, und vielleicht kann Garve sich einmal umtun, ob
Möglichkeiten mit der alten Wohnung an der Schweizerstraße bestehen.
Vielleicht wird die Stadt [Frankfurt] in ihrer Courage bestärkt, wenn man ihr
von den Hamburger Bemühungen erzählt [...] Eine glatte Absage wird
Frankfurt nicht bekommen [...] meine bisherige Ansprache an ihn
[Beckmann] in dieser Sache war nicht offiziell, aber so, daß er spüren konnte,
es stecke eine offizielle Absicht dahinter ...«
(Hier zitiert, weil diese Bemühungen von verschiedener Seite immer wieder
in Frage gestellt wurden. Es war der letzte Besuch aus Deutschland bei
Beckmann.)

S. 13   Siehe G 195 Landschaft mit Luftballon (1917) und G 210 Das ›Nizza‹
in Frankfurt am Main (1921); im Vordergrund des Gemäldes die Gleise der
Hafenbahn, zu der die Barriere und das Schild gehören.
Siehe G 235 Bildnis Irma Simon (1924) und G 706 Bildnis Heinrich Simon
(begonnen 1927, überarbeitet 1945, beendet 1949).
Die Battenbergs hat Beckmann mehrfach gemalt. Das Ehepaar in G 188
Gesellschaft III (1915; verschollen); beide Battenbergs in G 190 Auferste-
hung (1916; unvollendet); G 204 Die Synagoge (1919; die drei von einer
Fastnachtsveranstaltung Heimkehrenden sind Max Beckmann und das
Ehepaar Battenberg); G 206 Fastnacht (1920; dargestellt sind I. B. Neumann,
Fridel Battenberg und, liegend mit Tiermaske, Max Beckmann); G 205
Bildnis Fridel Battenberg (1920).

S. 14   G 222 Doppelbildnis Frau [Marie] Swarzenski und Carola Netter
(1923). – G 731 Bildnis Curt Valentin und Hanns Swarzenski (1946). Von
Georg Swarzenski (1876–1957), er war von 1906 bis 1938 Direktor des
Städelschen Kunstinstituts, existiert kein gemaltes Porträt. Die 1906
gegründete Städtische Galerie (im Städelschen Kunstinstitut, soweit es
Gemälde, moderne Skulpturen und das Kupferstichkabinett betrifft) nahm
1907 die Arbeit auf, und 1909 konnte bereits das Museum alter Plastik im
Liebieg-Haus eröffnet werden. Durch ein System von Leihverträgen (1922)
unter den Museen in Frankfurt, die Swarzenski abschloß und realisierte und

durch die vor allem das Museum für Kunsthandwerk und die Sammlungen im Städel großartiges Profil bekamen, wurde Frankfurt in den zwanziger Jahren eine Museumsstadt von Weltruf. 1928 wurde Swarzenski zum Generaldirektor der Frankfurter Museen ernannt; im selben Jahr hatte er mit Hilfe einer Ausstellung im Städel und mit einem zu diesem Zweck gegründeten Konsortium beitragen können, daß wesentliche Kunstwerke der Sigmaringer Sammlung in Deutschland (und in Frankfurt) blieben. Die von ihm in Städel und Städtischer Galerie aufgebaute bedeutende Sammlung der Kunst des 20. Jahrhunderts – im Städel wurden 1937 insgesamt 496 Kunstwerke beschlagnahmt – wurde durch die berüchtigte Aktion gegen die sogenannte entartete Kunst 1937/38 zerstört, blieb aber nach 1945 Vorbild und Maßstab. – Beckmann hat Swarzenski gezeichnet, es gibt eine Lithographie, 1921 (Gallwitz 161), eine Radierung (Gallwitz 280 a und b), eine 1948 in Boston entstandene Zeichnung und eine späte Lithographie (1950).

Swarzenski erwarb für Städel und Städtische Galerie von Beckmann: G 192 Kreuzabnahme (1917); G 210 Nizza (1921); G 36 Selbstbildnis (1905); G 108 Bau des Hermsdorfer Wasserturms (1909); G 188 Gesellschaft III, Battenbergs (1915; verschollen); G 222 Doppelbildnis Frau [Marie] Swarzenski und Carola Netter (1923); G 240 Doppelbildnis Karneval, Max Beckmann und Quappi (1925); G 257 Großes Stilleben mit Musikinstrumenten (1926); G 267 Der Strand (1927; verschollen); G 281 Zwei Damen am Fenster (1928); G 323 Zichorien-Stilleben. Blaue Blumen (1930); G 324 Sonnenblume (1930); G 327 Lautenspielerin. Banjospielende Frau (1930); nur G 36 und G 108 wurden 1937/38 nicht beschlagnahmt. Nach 1945 konnten G 222 und G 257 zurückerworben werden.

Was Swarzenski in Frankfurt gelungen war, gelang ihm in Boston im Museum of Fine Arts (1938/49) ein zweites Mal.

Die Sammlung von Schnitzler kam bis auf wenige Bilder 1957 in das Wallraf-Richartz-Museum in Köln. Gemalte Bildnisse Lilly von Schnitzlers sind: G 313 (1929; verschollen); G 415 Großes Frauenbild. Fünf Frauen (1935); G 803 (1937 und 1949; unvollendet).

Benno Reifenberg (1892–1970), Literatur zu Max Beckmann u. a. in »Blick auf Beckmann – Dokumente und Vorträge«, Schriften der Max Beckmann Gesellschaft II, München 1962; »What is past is Prologue«, Frankfurt a. M. 1958; »In Memoriam Max Beckmann«, Frankfurt a. M. 1953; Benno Reifenberg und Wilhelm Hausenstein, »Max Beckmann«, München 1949 und 1955; »Max Beckmann in Frankfurt«, in »Was da ist – Kunst und Literatur in Frankfurt«, Frankfurt a. M. o. J. [1963].

S. 15 Marie Louise von Motesiczky wurde 1928 von Max Beckmann gemalt, zusammen mit Mathilde Q. Beckmann in G 281 Zwei Damen am Fenster.

Ugi Battenberg (1879–1957), der nach 1945 öfter ins Städelsche Kunstinstitut kam, auch um Nachrichten von und über Beckmann mit Professor Holzinger auszutauschen, hat mir einmal den Beginn dieses Zusammenlebens geschildert: wie Beckmann in seinem Atelier gearbeitet habe, da sei schließlich für ihn, Ugi Battenberg, kein Platz mehr gewesen. Battenberg endete mit den Worten: »Er war doch der Größere.« – Die Beckmann-Sammlung der Battenbergs kam noch zu deren Lebzeiten ins Städel/Städtische Galerie.

Den Ausblick aus dem Atelier Schweizer Straße 3 zeigen zum Beispiel G 194 Selbstbildnis mit rotem Schal (1917) und G 353 Siesta (1924 und 1931).

Im Hotel »Monopol-Metropol« am Hauptbahnhof.

Die Umgebung der Wohnung Steinhausenstraße 7 findet man in mehreren Gemälden, so in G 228, G 237, G 273, G 288, G 292, G 294, G 355 und G 364.

S. 16 Viele Briefe von Beckmann sind im Hotel »Frankfurter Hof«, auf dem Briefpapier des Hotels, geschrieben, auch das Gedicht »An Cynthia (I)« (S. 187).

1942 hat Beckmann in Amsterdam den Frankfurter Hauptbahnhof gemalt (G 609).

S. 17 Das große Varieté-Theater in Frankfurt war das Schumann am Hauptbahnhof. Die Gemälde G 213 Variété (1921) und G 219 Das Trapez (1923) sind in Frankfurt gemalt. In G 213 verweist das Programm in der rechten unteren Ecke auf das Schumann-Theater.

Viele Strandbilder sind in Europa und in den USA im Anschluß an solche Reisen entstanden.

G 230 Frühlingslandschaft Park Louisa (1924) und G 232 Seelandschaft mit Pappeln (1924) zeigen typische Frankfurter Stadtrandlandschaften.

S. 18 Bei Cassirer, Januar 1907, 25 Gemälde.

Die erste Ausstellung in Berlin bei I. B. Neumann war im November 1917, die erste in New York 1926 im New Art Circle I. B. Neumann. »I. B. Neumanns Bilderhefte« wurden in den USA fortgesetzt mit »Art Lover I. B. Neumanns Bilderhefte«. – Porträts I. B. Neumann in G 206 und Gallwitz 125; dazu gibt es eine Zeichnung (heute im Busch-Reisinger Museum der Harvard University, Cambridge, Mass.).

Erste Ausstellungen bei Flechtheim: in Düsseldorf 1925, in Berlin 1927 und 1928.

S. 19 Curt Valentin war 1933 zu Karl Buchholz in dessen Galerie in der Leipziger Straße gegangen. Valentin zog 1937 nach New York und gründete dort die Buchholz Gallery Curt Valentin. Porträt Valentin in G 731. – G 348 Bildnis Rudolf Freiherr von Simolin (1931); hinter Simolin Max Beckmann und, den Rücken zum Betrachter, Mathilde Q. Beckmann (erkennbar durch die typische Haltung der rechten Hand mit Zigarette).

S. 20 Simolin nahm sich 1945 das Leben, als die Amerikaner seinen Besitz Seeseiten am Starnberger See beschlagnahmten.

Die Ausstellung »Entartete Kunst«, die einen Tag nach der Eröffnung des »Hauses der deutschen Kunst« durch Hitler von Adolf Ziegler in den alten Galerieräumen am Hofgarten in München eröffnet wurde (am 19. Juli 1937), war eine Wanderausstellung, zu der der damalige Propagandaminister Joseph Goebbels auf Grund »einer ausdrücklichen Vollmacht des Führers« den Präsidenten der »Reichskammer der bildenden Künste« Ziegler »ermächtigt« hatte. Ziegler sagte in seiner Eröffnungsrede in München u. a.: »Sie sehen um uns herum die Ausgeburten des Wahnsinns, der Frechheit, des Nichtkönnertums und der Entartung« und fuhr fort: »Uns allen verursacht das, was diese Schau bietet, Erschütterung und Ekel. – Es hätten Eisenbahnzüge nicht gereicht, um die deutschen Museen von diesem Schund auszuräumen. Das wird noch zu geschehen haben, und zwar in aller Kürze.« Hitlers Reichsregierung hatte am 31. Mai 1938 das »Gesetz über Einziehung von Erzeugnissen entarteter Kunst« beschlossen, das übrigens nicht »das Land Österreich« betraf:

Gesetz über Einziehung von Erzeugnissen entarteter Kunst
Vom 31. Mai 1938.

Die Reichsregierung hat das folgende Gesetz beschlossen, das hiermit verkündet wird:

§ 1

Die Erzeugnisse entarteter Kunst, die vor dem Inkrafttreten dieses Gesetzes in Museen oder der Öffentlichkeit zugänglichen Sammlungen sichergestellt und von einer vom Führer und Reichskanzler bestimmten Stelle als Erzeugnisse entarteter Kunst festgestellt sind, können ohne Entschädigung zu Gunsten des Reichs eingezogen werden, soweit sie bei der Sicherstellung im Eigentum von Reichsangehörigen oder inländischen juristischen Personen standen.

§ 2

(1) Die Einziehung ordnet der Führer und Reichskanzler an. Er trifft die Verfügung über die in das Eigentum des Reichs übergehenden Gegenstände. Er kann die im Satz 1 und 2 bestimmten Befugnisse auf andere Stellen übertragen.

(2) In besonderen Fällen können Maßnahmen zum Ausgleich von Härten getroffen werden.

§ 3

Der Reichsminister für Volksaufklärung und Propaganda erläßt im Einvernehmen mit den beteiligten Reichsministern die zur Durchführung dieses Gesetzes erforderlichen Rechts- und Verwaltungsvorschriften.

Berlin, den 31. Mai 1938.

Der Führer und Reichskanzler
Adolf Hitler

Der Reichsminister für Volksaufklärung und Propaganda
Dr. Goebbels

Von Beckmann wurden 509 Werke (inklusive Zeichnungen und Druckgraphik) beschlagnahmt. In der Ausstellung »Entartete Kunst« wurden – es gab nur einen »Führer durch die Ausstellung«, keinen Katalog – von ihm gezeigt: G 206 Fastnacht, 1920 (aus Berlin); G 375 Ochsen im Stall, 1933 (aus Berlin); G 192 Kreuzabnahme, 1917 (Frankfurt); G 267 Der Strand, 1927 (Frankfurt); G 257 Saxophone, 1926 (Frankfurt); G 210 Nizza, 1921 (Frankfurt); G 240 Maskenball, 1925 (Frankfurt); G 291 Blick durchs Fenster, 1928 (Köln); G 197 Christus und die Ehebrecherin, 1917 (Mannheim); G 194 Selbstbildnis, 1917 (Stuttgart) und »mehrere graphische Blätter«. (Hier nach Paul Ortwin Rave, »Kunstdiktatur im Dritten Reich«, Hamburg 1949, ferner nach dem Katalog der Ausstellung »Entartete Kunst – Bildersturm vor 25 Jahren« im Haus der Kunst München, 1962. Wichtig und mit vielen Dokumenten versehen ist das Buch von Franz Roh, »›Entartete‹ Kunst – Kunstbarbarei im Dritten Reich«, Hannover 1962. (Wir haben absichtlich hier die Titel der Bilder nicht auf den Göpelschen Katalog der Gemälde bezogen; die Bilder erscheinen in der sich mit der Aktion »Entartete Kunst« befassenden Literatur so wie hier. Vgl. auch die Liste der von Swarzenski für Frankfurt erworbenen Gemälde von Beckmann, S. 219.)

Im März 1939 wurden in Berlin im Hof der Berliner Hauptfeuerwache 1004 (eintausendundvier) Gemälde und 3825 (dreitausendachthundertundfünfundzwanzig) Zeichnungen und druckgraphische Blätter verbrannt. Anreger war Dr. Franz Hofmann, der am 11. November 1938 an Goebbels geschrieben hatte: »Das große Depot in der Köpenicker Straße ist jetzt nach allen Werten, die nur irgendwie in Devisen verwertbar sind, durchgekämmt. Ich schlage deshalb vor, diesen Rest in einer symbolischen propagandistischen Handlung auf dem Scheiterhaufen zu verbrennen, und erbiete mich, eine entsprechend gepfefferte Leichenrede zu halten.« – Auf eine erneute Bitte Hofmanns vom 22. Februar 1939 um Zustimmung zur Verbrennung (»um das Depot für den dringenden Bedarf als Getreidespeicher freizumachen«) erteilte Goebbels die Genehmigung zur Vernichtung. – Auch in Frankreich, am 27. Mai 1943, wurden auf der Terrasse der Tuilerien in Paris 500 bis 600 Bilder verbrannt; darunter waren Werke von Klee, Ernst, Léger, Picasso und Miró (siehe Jürgen Claus im Katalog der Münchner Ausstellung von 1962, S. XXXI).

S. 21   Frau Ruppelt und Mathilde Q. Beckmann in G 430 Die Küche (1936). Den kleinen Spaniel Chilly und eine Pekinesin Majong.

S. 22   Zu Beckmanns Emigration siehe auch Stephan Lackner, a. a. O., S. 18ff.

S. 23   G 412 Departure (Abfahrt) wurde schon 1942 vom Museum of Modern Art erworben. – G 192 und G 197.

S. 24 Stephan Lackner (siehe a. a. O., S. 21 f.) hieß ursprünglich Morgenroth, er nahm nach seiner Einwanderung in die USA das Pseudonym des Schriftstellers als Familiennamen an. Er schrieb mehrere Bücher über Max Beckmann, auch Romane (»Der geteilte Mantel«) und Bühnenstücke. Der Vertrag mit Lackner, geschlossen am 3. September 1938, endete durch die Zeitumstände 1940 (siehe Lackner, a. a. O., S. 173 f.).
Die Lithographien zu »Der Mensch ist kein Haustier« = Gallwitz 286.
»Mimi« Kijzer hieß Gertrud (geb. Lanz); die Kunstsammlung ihres Vaters, wesentlich eine Renaissancesammlung, ist seit 1936 im Rijksmuseum Amsterdam (mitgeteilt von Hedda Schoonderbeek).
Professor Hans Jaffé, 1915 in Frankfurt am Main geboren, emigrierte nach Holland und ist heute Professor für Kunstgeschichte der Moderne und für zeitgenössische Kunst an der Universität und Direktor des Jüdischen Historischen Museums in Amsterdam.

S. 25 17, rue Massenet.
Beckmann hatte 1929/32 ein Atelier 23bis, boulevard Brune, Paris XIVe; 1929/30 eine möblierte Wohnung 24, rue d'Artois, Paris VIIIe; 1930/32 in der rue des Marroniers (Passy).

S. 26 Hinter der Aufforderung aus Chicago standen Georg Swarzenski, Hanns Swarzenski, I. B. Neumann, Curt Valentin und Ludwig Mies van der Rohe, der Beckmann von Berlin her kannte. Dr. Oswald Goetz, Kustos am Städelschen Kunstinstitut, war Ende Dezember 1938 in die USA ausgewandert und arbeitete am Art Institute in Chicago.
Dr. Rudolf Heilbrunn kam nach dem Krieg nach Frankfurt zurück. Beckmann hat ihn 1946 in Amsterdam gezeichnet. In der »Frankfurter Allgemeinen Zeitung« vom 2. September 1978 (Nr. 88) hat Heilbrunn seine Erinnerungen an das Ehepaar Beckmann veröffentlicht: »Rokin 85, Amsterdam«.

S. 29 Dr. Erhard Göpel (1906–1966) hatte Beckmann 1932 in Paris kennengelernt. G 660 Bildnis Erhard Göpel, heute in der Kunsthalle Bremen, entstand 1944 in Amsterdam. Göpel gehört zu den Gründern der Max Beckmann Gesellschaft, die Idee des Archivs und des Werkverzeichnisses hat er propagiert; bis zu seinem Tod hat er daran gearbeitet. Literatur zu Beckmann u. a.: »Max Beckmann der Zeichner«, München 1954; »Max Beckmann in seinen späten Jahren«, München 1955; »Die Argonauten – Ein Triptychon«, Stuttgart 1957; »Max Beckmann der Maler«, München 1957; Aufsätze, Ausstellungskataloge.
Die »Apokalypse« entstand 1941/42 (Gallwitz 287).
Georg Hartmann war Inhaber der Bauerschen Schriftgießerei in Frankfurt am Main, die sich mit ihren Schriften (vor allem Emil Rudolf Weiß) einen internationalen Ruf erworben hatte und lange auch ein Zweigwerk in

Spanien besaß. Hartmann hatte eine bedeutende Sammlung alter Plastik aufgebaut; er hat die Frankfurter Museen, vor allem das Städelsche Kunstinstitut und das Freie deutsche Hochstift – Frankfurter Goethemuseum, tatkräftig gefördert und während der Hitler-Zeit vielen in Not geratenen Menschen auch materiell geholfen. Hartmann besaß auch einen eigenen Verlag »Der goldene Brunnen«.

S. 30 Die Zeichnungen zu »Goethes Faust II. Teil« entstanden 1943/44. Zum ersten Mal wurde 1947 ein Teil dieser Blätter im Städelschen Kunstinstitut ausgestellt. Die durch die Versteigerung am 1. Dezember 1971 bei Sotheby in London drohende Aufteilung konnte vermieden werden. Heute im Freien Deutschen Hochstift/Frankfurter Goethemuseum als Leihgabe der Bundesrepublik und des Landes Hessen. Es existieren mehrere Buchpublikationen: 1957 brachte die Bauersche Gießerei, Frankfurt a. M., »Faust II. Teil« mit 35 Zeichnungen von Beckmann heraus, reproduziert nach Holzstichen von Willi Seidl. 1970 erschien im Prestel-Verlag, München, »Faust II. Teil« mit allen 143 Zeichnungen von Beckmann in Offsetwiedergabe (Nachwort: Ernst Holzinger). 1982 brachte Philipp Reclam jr. in Leipzig zum Goethe-Jahr eine zweibändige Ausgabe des »Faust«: »Faust I. Teil« mit Illustrationen von Bernhard Heisig (Bd. 1) und »Faust II. Teil« mit den Illustrationen von Max Beckmann (Bd. 2).
Dr. Peter Beckmann, geb. 1908, als Kind häufig von seinem Vater porträtiert (aber auch von seiner Mutter, Minna Beckmann-Tube). G 126 Bildnis des Sohnes Peter (1910; verschollen); G 140 Gesellschaft (1911); G 180 Die Straße (1914); G 185 Im Auto (1914); G 190 Auferstehung (1916; unvollendet); G 207 Familienbild (1920); G 216 Vor dem Maskenball (1922).
Siehe Günther Franke in »Briefe an Günther Franke«, hrsg. von Doris Schmidt, Köln 1970, S. 40.

S. 36 G 683 Familienbild Lütjens (1944). Dr. Helmuth Lütjens, geb. 1893, hatte Kunstgeschichte studiert, kam 1923 zu Paul Cassirer nach Berlin und übernahm im selben Jahr dessen Zweigfirma in Amsterdam. – G 692 Bildnis Nelly und Rietje Lütjens (1945).

S. 37 G 564, reproduziert auf dem Schutzumschlag dieses Buches.

S. 38 G 703 Bildnis Ludwig Berger (1945).

S. 40 Buchholz Gallery.

S. 41 G 536 (1939); G 705 Selbstbildnis in olive und braun (1945); G 696 Vor dem Kostümfest (Drei Frauen). Women in Dutch costume (1945); G 626 Les Artistes mit Gemüse. Vier Männer um einen Tisch (1943); dargestellt sind Friedrich Vordemberge-Gildewart, Otto Herbert Fiedler, Wolfgang Frommel, Max Beckmann); G 629 Junge Männer am Meer (1943); G 682 Café Bandol (1944); G 670 Stilleben mit zwei Blumenvasen (1944); G 648 Stilleben mit Helm und rotem Pferdeschwanz (1943). – G 664; G 671.

S. 42 Ausstellung bei Günther Franke in zwei Teilen: 21. 6.–20. 7. und 22. 7.–21. 8. 1946.
Wohl Heinz Berggruen, vermutlich ist dessen Aufsatz vom 15. August 1946 in »Heute«, illustrierte Zeitschrift der U.S.-Militärregierung, Beckmann angekündigt worden.

S. 43 G 731.

S. 44 G 629, G 670; G 626.
Philip Guston, geb. 1913 in Montreal, studierte in Los Angeles. Wandmalerei in Mexiko, dann im Federal Art Project New York (1936/41). Begann mit Gemälden erst in den dreißiger Jahren. 1945 1. Carnegie-Preis, 1948 Rompreis der USA. 1947 war für Guston die Zeit des Übergangs zum »abstract expressionism«, er gilt neben Jackson Pollock, Willem de Kooning und Franz Kline als einer der wichtigsten Vertreter der New York School.
Dieses Angebot wurde nicht angenommen; Lackner hat diese erste Frankfurter Aufforderung mit der zweiten von 1950 verwechselt (cf. Lackner, a. a. O., S. 115).

S. 47 G 751 Bildnis Euretta Rathbone (1947); G 773 Bildnis Perry T. Rathbone (1948); zur Entstehung beider Bildnisse siehe Rathbones Aufsatz in dem Buch von Peter Selz, »Max Beckmann«, New York, Museum of Modern Art [1964], S. 123 ff.
G 346 Gesellschaft in Paris (1925, 1931 und 1947).

S. 49 Jane Sabersky, geb. 1912 in München, in New York 1983 gestorben. In den USA seit 1939. Ab 1945 Mitarbeiterin an verschiedenen Projekten amerikanischer Museen, unter anderen Museum of Modern Art und Brooklyn Museum, New York, Kunstmuseum der Princeton University. 1971/81 Curator der Kunstsammlungen der Columbia University, New York. Vor 1971 Tätigkeit für mehrere private Kunstgalerien und für Christies, New York.
Mary Callery, geb. 1903 in New York. Bildhauerin. Erste Ausstellung bei Curt Valentin, 1944; weitere 1949, 1950/52. Werke in verschiedenen amerikanischen Museen, u. a. Museum of Modern Art, New York, und City Art Museum, St. Louis. Auf der Brüsseler Weltausstellung (1958) vertreten.
Ludwig Mies van der Rohe (1886–1969). Bauhaus, Dessau und Berlin (1930/33), 1938/58 Direktor der Architekturabteilung des I.I.T. (Illinois

Institute of Technology), Chicago. Einer der größten Architekten des 20. Jahrhunderts.

S. 50 Ausstellung Mies van der Rohe im Museum of Modern Art (Katalog von Philip C. Johnson, New York 1947). Alfred Barr war damals Direktor des Museum of Modern Art.

S. 51 G 800 Bildnis Kenneth E. Hudson (1949). Hudson, selbst Maler, hatte sich an Curt Valentin gewandt, da er für Philip Guston einen Ersatz suchen mußte.

S. 52 »Vortrag« = Ansprache an die Studenten vom 23. September 1947. Deutsch S. 236.

S. 53 Während seiner Frankfurter Lehrtätigkeit hatte Beckmann eine Zeitlang in Paris gewohnt und fuhr jeden Monat für acht bis zehn Tage zu Unterricht und Korrektur nach Frankfurt.

S. 54 Der Titel der deutschen Übersetzung von Thomas Wolfes Roman lautet »Schau heimwärts, Engel«.

S. 55 G 751 Bildnis Euretta Rathbone (1947) und G 781 Bildnis Louise Pulitzer (1949). G 277 Bildnis N. M. Zeretelli (1927 in Frankfurt gemalt). Im großen Gemälde »Der Strand« (G 267), das 1937 im Städel beschlagnahmt und in der Ausstellung »Entartete Kunst« in München gezeigt wurde (siehe Abbildung im Bildteil zwischen S. 128 und S. 129), ist Zeretelli der Turner in der Mitte. Verbleib des Gemäldes unbekannt, vermutlich wurde es zerstört.

S. 57 Maruschka = Marie Swarzenski. Georg Swarzenski war von 1939 bis zu seinem Tod 1950 Fellow for Research für mittelalterliche Kunst und Skulptur im Museum of Fine Arts in Boston.

S. 58 Karl Zerbe, Maler, unterrichtete an der Art School des Bostoner Museums.
Professor Wilhelm Köhler (1884–1959). An der Harvard University 1932 als Visiting Professor, war in Deutschland Direktor der Weimarischen Kunstsammlungen und vorübergehend Professor an der Universität Jena. In den USA 1941/43 in Dumbarton Oaks (Washington, D.C.), dort bis zu seiner Pensionierung. Grundlegende Publikationen zur karolingischen Buchmalerei und zu Manuskripten des Mittelalters. In seinen Vorlesungen auch Kunst der Renaissance und des Barock. Nach seiner Pensionierung alle Arbeit auf Buchmalerei des Mittelalters konzentriert.
Professor Jakob Rosenberg, geb. 1893 in Berlin. Studierte Kunstgeschichte in

Bern, Zürich, Frankfurt a. M. und München. Emigrierte in die USA; von 1948 an Professor an der Harvard University, Cambridge, Mass.
Mr. C. = John P. Coolidge, später Direktor des Fogg Art Museum in Cambridge, Mass.; G 671.
Tannhauser, Arzt und Freund von Georg Swarzenski.
Professor Erwin Panofsky (1892–1968) war 1921/33 Professor für Kunstgeschichte an der Universität Hamburg, ab 1931 abwechselnd an der New York University. Emigrierte 1933 in die USA, lehrte 1934/35 in New York und Princeton. Ab 1935 Mitglied des Institute for Advanced Study in Princeton. Der umfassendste Gelehrte seines Fachs in diesem Jahrhundert.

S. 59   Giganten=die Wolkenkratzer, die Beckmann in G 817 The Town. City Night (1950) mit Köpfen gemalt hat. (Die Köpfe könnten angeregt sein durch die großen Wasserbehälter auf den Hochhäusern, die man heute kaum noch sieht.)
Jane = Jane Sabersky.
Der Österreicher = René d'Harnoncourt. Sein Bildnis (G 805) blieb unvollendet.

S. 60   »Helena«, auch »Simon und Helena« (u. a.) = G 762 Artisten (1948).

S. 62   G 822 Gruppenbild Hope (1950).
Siehe auch Zitat Rathbone, S. 71.

S. 64   Gisela Waterschoot van der Gracht war Glasmalerin.
G 794 Bildnis Wolfgang Frommel (1945 und 1949). Der Schriftsteller (siehe auch G 626) emigrierte nach Amsterdam und rettete vielen durch die Nazis Bedrohten das Leben. Um ihn war ein Kreis von gleichgesinnten Intellektuellen entstanden.

S. 65   G 770 und G 777.

S. 69   G 792 Bildnis Fred Conway. Maler und Lehrer an der Washington University Art School in St. Louis.
G 751.
G 768 Bildnis Walter Barker (1948). Maler und Schüler von Beckmann, in St. Louis eine Art von Klassensprecher, war an verschiedenen Schulen selbst Lehrer.

S. 70   Rufino Tamayo, geb. 1899 in Oaxaca (Mexiko), Vertreter des »Muralismo mexicano«, 1926/28 erster Aufenthalt in New York. 1936 mit David Siqueiros und José Clemente Orozco beim Artists Congress in New York, wo Tamayo bleibt. Seine Malerei, geprägt durch präkolumbianische Tradition, mythische Vorstellungen, kosmische Visionen, wurde durch

Picasso (»Guernica« kam 1939 ins Museum of Modern Art) und möglicherweise auch durch die während des Krieges in New York lebenden europäischen Surrealisten beeindruckt. Tamayo leitete 1946/48 den Tamayo-Workshop an der Brooklyn Museum Art School. 1949 zum erstenmal in Europa. 1950 Einzelausstellung auf der Biennale in Venedig, 1957/64 in Paris, dann Rückkehr.

S. 74   Zu Symbolismus und Ikonographie von Beckmanns Bildern grundlegend: Friedhelm W. Fischer: »Max Beckmann – Symbol und Weltbild, Grundriß zu einer Deutung des Gesamtwerks«, München 1972.

S. 75   G 412, G 604, G 704. – G 781 Bildnis Louise Pulitzer (1949).

S. 76   G 782 Morgen am Mississippi (1949).
Maurice Freedman, geb. 1904 in Boston, Mass. Ausbildung in Boston, 1930 in Paris an der Académie Lhote. Ausstellungen u. a. in Washington, Corcoran Gallery (23rd Biennial of American contemporary Oil-painting); Retrospektive 1972 in St. Louis, City Art Museum; Pittsburgh, Carnegie Institute; New York, Metropolitan Museum, 1970; 1950 in der Ausstellung »American Painting To-Day«, die Max Beckmann an seinem letzten Lebenstag besuchen wollte, um nach seinem »Selbstbildnis in blauer Jacke« zu sehen.

S. 77   G 785 Bildnis Morton D. May; G 800 Bildnis Kenneth E. Hudson; G 792 Bildnis Fred Conway; G 788 Bildnis Edith Rickey.
Megrew war Leiter der Art School in Boulder.

S. 78   Zunia Henry unterrichtete an der Music School der Universität. Eleonor Lindstrom, Fakultätsmitglied der Universität in Boulder.

S. 83   »letter« = »Drei Briefe an eine Malerin«.
O'Neills »Trauer muß Elektra tragen«.

S. 86   G 833 Doppelbildnis Frances van Veen und Marion Greenwood (1950; unvollendet).

S. 88   Carnegie-Preis für G 777 Großes Frauenbild. Fischerinnen (1948). G 789 The Beginning, heute im Metropolitan Museum, New York. G 822 Gruppenbild Hope.

S. 96   Professor Wilhelm Reinhold Valentiner (1880–1958) wurde als 28jähriger nach New York als Curator ans Metropolitan Museum berufen (obwohl Malerei-Fachmann, dort für Kunstgewerbe). Bei Kriegsausbruch in Deutschland 1914 meldete er sich als Freiwilliger; der ihn ausbildende

Reserveoffizier war Franz Marc. Nach 1918 Privatgelehrter in Berlin, Mitglied der »Novembergruppe«. Wird 1924 an das Museum in Detroit berufen, kauft moderne deutsche Kunst. Später Direktor des County Museum Los Angeles, dann ab 1955 in Raleigh in North Carolina. Gestorben in New York. 1950 hat Beckmann Valentiner gezeichnet.

S. 100   G 829 Sealions (1950).

S. 102   Professor Alfred Neumeyer, geb. 1901 in München, gest. 1973 in Oakland (Mills College), Kalifornien. Trotz Emigration in die USA sind fast alle Publikationen von Neumeyer deutsch erschienen. Wurde der führende Kunsthistoriker im Westen Amerikas. Neben den wissenschaftlichen Publikationen auch als freier Schriftsteller tätig.

S. 103   G 823 San Francisco (1950; gemalt in New York).

S. 106   G 823; G 824; G 825.

S. 115   Siehe Text von Perry Rathbone, S. 72.
Im Jahr 1929, Max Beckmann war damals als Gast von der Dresdner Secession eingeladen. – 1928 hatte er »Die Goldene Medaille der Stadt Düsseldorf ohne Geldpreis« für G 275 Großes Stilleben mit Fernrohr (1927), heute Staatsgalerie moderner Kunst in München (Schenkung Sofie und Emanuel Fohn), erhalten.

S. 117   Im Tagebuch, 20. November 1940, berichtet Beckmann vom Tod von »Muzzi« (=Majong); am 25. November: »Butsh – ist erstanden!!«; am 26. November heißt es: »Buthsi entwickelt sich«, am 16. April 1941: »Butschy's erster Spaziergang [. . .]«.

S. 118   G 593 Stilleben mit roten Rosen und Butchy (1942); G 729 Butchy-Porträt (1946); G 569 Quappi mit großem Stilleben (1941); G 627 Nachtstilleben mit Sonnenblumen (1943); G 631 Quappi auf Blau mit Butchy (1943).

S. 123   G 789.

S. 124   G 191 Bildnis Max Reger (1917), im Kunsthaus Zürich.

S. 125   Hindemith wohnte in Frankfurt im alten Kuhhirtenturm am Sachsenhäuser Ufer, unweit der Alten Brücke.
Fridel Battenberg hat auch komponiert.

S. 127   G 696; heute im Mittelrheinischen Landesmuseum, Mainz.

S. 129   G 649 ; G 206. – Gallwitz 120 ; G 452 und G 490 (in beiden Gemälden handelt es sich um Banjos) ; G 497 (das Instrument ist kein Horn, eher eine Art Tute). – G 208. – G 604 ; G 541.

S. 130   G 704 ; G 208 (der Blinde in »Traum« hat eine Trompete) ; Gallwitz 188 ; G 789, linker Flügel ; G 417.

S. 131   Gallwitz 121 ; Gallwitz 245 ; G 570, linker Flügel ; G 497 ; G 604, Mitte ; G 817 ; Gallwitz 276 ; G 604, rechter Flügel ; G 478 ; G 497 ; G 412, rechter Flügel ; G 832 ; G 704.

S. 132   G 704 (der »Trommler« im Mittelbild hält Rasseln in den Händen).
Zimmermann spricht von Instrumenten, die Beckmann »erfunden« habe. Beckmann verkehrte in Amsterdam in so vielen Lokalen, in denen Musik aller Art, auch von aus Kolonien zugewanderten Musikern, gemacht wurde, daß die verschieden langen Flöten in den Bildern, die im Jazz und in volkstümlicher kolonialer Musik gespielt werden, kaum alle von Beckmann »erfunden« worden sein können. Er hat Lauten, Mandolinen und Geigen manchmal »verbogen«. Daß er seinen Realitätssinn aber ausgerechnet bei den Musikinstrumenten zurückgestellt haben soll, scheint einigermaßen fraglich.

S. 134   G 744.

S. 136   Helena P. Blavatsky, »Isis entschleiert – Ein Meisterschlüssel zu den alten und modernen Mysterien, Wissenschaft und Theologie« (Bd. 1) und »Die entschleierte Isis – Ein Meisterschlüssel zu den Geheimnissen alter und neuer Wissenschaft und Theologie« (Bd. 2), Leipzig o. J. [1899?].

S. 141   Tagebuchnotizen von Mathilde Q. Beckmann aus den Wochen vor ihren beiden Konzerten am 3. und am 14. Dezember 1948 in St. Louis:

19. Oktober 1948
Post kommt gar nicht mehr. Tiger [= Max Beckmann] deprimiert und Sorgen über Zukunft [...] Wunderbares Wetter. Arm tut auch heute weh. Etwas gegeigt mit Zunia. Tiger depressiv.
20. Oktober
Habe heute gut geübt über eine Stunde. Spielen tut nicht mehr weh und Schmerzen kommen so oder so nachmittags.
21. Oktober
[...] Später bei Zunias zum Abendessen mit Goldschmidt. Tiger sehr müde. Schade, fast niemand begreift, was und wie er wirklich ist, er weiß so viel wie kein anderer.

25. Oktober
Tiger heute früh wieder ins Atelier, von halb zehn bis halb vier gearbeitet.
Perry[Rathbone]-Porträt jetzt viel ähnlicher. Wird großartig. Hab' allein
geübt und mit Zunia. Besorgungen. Nach Clayton und Tiger abgeholt...
Tiger todmüde aber froh wegen Perry-Porträt. Bin sehr müde.

6. November 1948
Zu Fuß mit Butschi in die Art School und zurück. Später Schenberg, Einkäufe
und herüber zu Molls, die Bohnenkraut haben. In ziemlicher Hetze zurück.
Um zwei Uhr Lunch, Tiger aber zu Hause. Nachmittag mit Frank [Harrison]
in der Music School gespielt, Bach-Konzert, Hindemith und Schubert.
Werden im Frühjahr vor Publikum spielen. Sehr müde, konnte gar nicht
mehr.

7. November
Habe heute gar keinen Ton gespielt, überübt; ein Tag Pause ist gut. Abends
zum Essen bei Harrisons mit Hudsons und Kathi und ihrem Mann
[Beckmanns Nachbarn in St. Louis] [...] Tiger spricht und versteht ganz
erstaunlich viel besser Englisch jetzt.

8. November
Etwas geübt, hatte aber wenig Zeit, da vielerlei dazwischen kam...

10. November
Heute wieder strahlend schönes Wetter, das ist typisch für St. Louis. Bin um
zwei zum Friseur, kam um fünf nach Haus, wo ich Tiger beim Lunch fand. Er
ist um halb elf weggegangen, hat wie irrsinnig gearbeitet. Später eine Stunde
mit Zunia geübt, in vier Wochen müssen wir zwei Beethoven-Sonaten
spielen, Public Women's Club Faculty...

12. November
Tiger heute nicht gearbeitet, schlechtes Wetter. Abends Party bei Pulitzer
mit Tamayo und Frau, Goldmanns, Perrys, Martha Love, Bill und noch ein
Sängerehepaar. Tamayo und der andere Herr sangen zur Gitarre drei
Stunden. Josef Pulitzer tanzte Ballett; viel Whisky und Drinks, um halb drei
erst heim.

14. November
Hab' anderthalb Stunden geübt, aber es geht noch nicht, wie ich will [...] Mit
Butschi dann zurück ins Atelier. Tiger hat Selbstporträt fertig, jetzt richtig
erlöst und großartig.

17. November
Tiger macht Pause mit Arbeiten, er braucht es nötig und ist sehr überarbeitet.
Heute kann ich nicht üben, da Tiger meist zu Hause [...] so übe ich stumm
mit der linken Hand auf der Geige und streiche die rechte Hand mit Bogen auf
eine herabgedrückte Seite...

19. November
Grau und kühl, Regen, vormittag gut geübt und gespielt. Tiger in die Schule,
sollte um zwei Uhr kommen, nicht arbeiten wegen Party bei Perry – hatte
doch gearbeitet. Abends bei Perrys nochmal Tamayo.

22. November

Ich ging mit Zunia zum Women's Building hinüber, sehr schlechte Akustik, sind beide nervös...

28. November

Spielte heute morgen mit Zunia gut die Beethoven-Sonaten. Noch stark unter dem Eindruck von Ginette Neveu [...] müde.

1. Dezember

Freitag müssen wir spielen, mein Gott, ungefähr zweihundert Menschen, fast ausschließlich women, terrible. Warum freut man sich, warum tut man sich das an. Es nimmt so viel Kraft, und Tiger braucht viel Kraft. Bin am Bersten. Sollte nie wieder öffentlich spielen.

3. Dezember

Um sieben auf, gut geübt. Um zehn gingen Tiger und ich fort mit dem Streetcar nach Webster Green zum Zahnarzt, der sagte, daß fast alle oberen Zähne heraus müßten. Er zog Tiger erst einen, es war eine gebrochene Wurzel. Schauderhaft, aber er tat es gut ; ich habe mit Tiger mitgelitten ; es war scheußlich. Tiger war so tapfer.

Um drei Uhr hatten Zunia und ich das Konzert. Zwei Beethoven-Sonaten, C- und F-Dur, es ging gut, sehr gut. Ich war nicht nervös, kein Bogenzittern, volle Kontrolle und konnte alles geben, was ich konnte. Viel Erfolg. Zunia war ausgezeichnet, es war eine Freude, mit ihr zu spielen. Ich hatte einige Drinks zuvor, das heißt, um meine Nerven in Zaum zu halten. Zunia tat es ohne Drinks und ebenso gut. Aber ich kann nicht anders und heute nach dem Zahnarzt-Vormittag schon gar nicht. – Aber es war gut, ich glaube so gut, wie es sein kann.

5. Dezember

Sonntags starker Sturm, morgens warm, nachmittags sehr kalt. Habe Briefe für Tiger übersetzt, meinen Schreibtisch in Ordnung gebracht. Tiger ging arbeiten, er hat noch Schmerzen von dem gezogenen Zahn [...] – Ich lunchte allein, um drei Orchesterprobe in der Chapel ; Frank Harrison dirigiert, am 14. Dezember ist die Aufführung, vor dem Weihnachtsoratorium von Bach. Spielen ist lustig – aber wird es gut, es ist so wenig Probe.

6. Dezember

Morgens mit Tiger in die Schule ... wegen Philip Guston, müssen endlich wissen, ob wir bleiben oder gehen müssen.

13. Dezember

Das reine Frühjahrswetter. Heute abend Generalprobe, morgen Konzert. Unangenehm gerade in diesen Tagen ; wir probten von acht bis halb eins, mit fünf Minuten Pause.

14. Dezember 1948

... Tiger furchtbar abgespannt, fühlte sich matt und elend. Kommt auch nicht ins Konzert heute abend, schade [...] Konzert ging wirklich gut, erstaunlich nach der kurzen Zeit. Solisten und Chöre ausgezeichnet. Schön ist das Bach-Oratorium – viel Freude gehabt.

S. *145* G 832.

S. *153* Max Beckmann hat seine Frau über dreißigmal gemalt (Aquarelle nicht mitgerechnet).

S. *156* G 381.

S. *157* Zu Günther Franke (1900–1976) siehe »Briefe an Günther Franke«, a.a.O.

S. *158* Peter Selz, Max Beckmann und Rede Perry Rathbone in München, 1962, ungedruckt.
G 590 Apollo; G 633 Traum von Monte Carlo; G 789 The Beginning; G 817 The Town; G 809 Abstürzender; G 832 Argonauten.

S. *161* Peter Beckmann hat den Herrn mit dem Schnauzbart jüngst als Onkel und Vormund von Max Beckmann identifiziert, mit Hilfe einer Porträtzeichnung von Beckmann aus dem Jahr 1903. (Siehe Peter Beckmann, »Max Beckmann – Leben und Werk«, a.a.O., S. 16 f.)

S. *165* G 391 Selbstbildnis mit schwarzer Kappe.

S. *168* Die Zitate hier in anderer Reihenfolge als in der Rede.

S. *176* G 829 Sea Lions. Seelöwen im Zirkus (1950).

S. *177* G 830 Hinter der Bühne. – Wenn die auf dem Kopf stehende Schrift rechts unten von Beckmann – was meines Erachtens nicht auszuschließen ist gestanden haben. Siehe die sich auf den Tod beziehende Notiz zu Pythagoras (S. 171 im Text).

S. *180* G 816.

S. *185* Der Text entspricht im Stil genau der Autobiographie, die Beckmann für den Privatdruck zum 20jährigen Bestehen des Verlags R. Piper & Co. zum 19. Mai 1924 verfaßt hat (s. dort S. 10 f.).

S. *187* Die Gedichte »An Cynthia« enthalten Bilder, die bei Beckmann bis zuletzt, bis in die »Drei Briefe an eine Malerin«, wiederkehren. Das Gedicht »An Cynthia (I)« schildert (geschrieben auf einem Briefbogen des Hotels »Frankfurter Hof« in Frankfurt) mit den weißen Stühlen, den Kellnern und dem dort versammelten Publikum jene Großstadtwelt, die Beckmann noch in den dreißiger Jahren charakterisiert und kritisch dargestellt hat. Hier im Gedicht erscheint diese Welt in Verbindung mit einer Vision von Natur und

einer erstaunlichen Beschwörung der fernen Geliebten, die in die »reale«
Welt einbricht. – Im Gedicht »An Cynthia (II)« beschwört Beckmann die
Vision der Posaunen am Himmel, die er später in G 791 Jupiter. Gewitter
– The Tempest (1930[!], 1946 und 1948, 1949) – freilich ohne die im Gedicht
alles überstrahlende Sonne – gemalt hat; die in »Jupiter« am Himmel
schwebenden schwarzen Musikanten müssen einem Jazzorchester entflogen
sein.

In Amsterdam malte Beckmann 1946 »Begin the Beguine« (G 727). Beguine
war in den dreißiger Jahren ein Gesellschaftstanz; in der Nachkriegszeit
machte der Tanz, vor allem der Schlager von Cole Porter, erneut Furore.
Beckmann erwähnt, nach einem Besuch der beiden Lokale »Gaité« und
»Savoy« in Amsterdam, im Tagebuch (5. April 1945) »Begin the Beguine«,
nimmt das Bild am 20. April vor und vermerkt am 11. September: »[...]
Aber ›Begin‹ ist großartig – geworden.« Beckmann pfiff beim Nachhausekommen die ersten Takte von »Begin the Beguine«. Wir drucken den Text
von Porter hier ab, weil er gewissen visionären Vorstellungen in den Reden
von Beckmann und vor allem in den beiden Gedichten »An Cynthia«
verwandt scheint.

Cole Porter
Begin the Beguine

When they begin the Beguine
It brings back the sound of music so tender
It brings back a night of tropical splendour,
It brings back a memory ever green.

I'm with you once more under stars
And down by the shore an orchestra's playing,
And even the palms seem to be swaying
When they begin the Beguine.

To live it again is past all endeavour,
Except when that tune clutches my heart,
And there we are, swearing to love forever,
And promising never never to part.

What moments divine, what rapture serene,
Till clouds came along to disperse the joys we had tasted,
And now when I hear people curse the chance that was wasted,
I know but too well what they mean;

So don't let them begin the Beguine,
Let the love that was once a fire remain an ember;
Let it sleep like the dead desire I only remember
When they begin the Beguine.

Oh yes, let them begin the Beguine, make them play
Till the stars that were there before return above you,
Till you whisper to me once more
»Darling, I love you!«

And we suddenly know what heaven we're in,
When they begin the Beguine,
When they begin the Beguine.
(nach »Music and Lyrics by Cole Porter«, New York o. J.)

S. 189 Die Londoner Ausstellung (in den Burlington Galleries) hieß »Exhibition of 20th Century German Art«. Eröffnet wurde sie am 7. Juli. Außer dem Vortrag von Beckmann gab es begleitende Konzerte. Hauptbild war das große Triptychon G 439 Versuchung von Beckmann, daher auch die Anspielung in seiner Rede, eine Figur aus seiner »Temptation« habe ihm »jenes Lied« (am Ende der Rede) gesungen. Stephan Lackner war mit Beckmann von Amsterdam nach London gefahren, Frau Beckmann in Amsterdam geblieben (siehe Lackner, a. a. O., S. 40f.).
Von Beckmann waren außer dem Triptychon noch sechs Gemälde ausgestellt: G 269 Der Hafen von Genua (1927); G 358 Die Schlittschuhläufer (1932); G 349 Holzsäger im Wald (1931/32); G 470 Der König (1933 und 1937); G 481 Quappi mit weißem Pelz (1937) und die Radierung (nicht Lithographie, wie im Katalog angegeben) Tamerlan, 1923 (Gallwitz 255). Insgesamt waren es 269 Kunstwerke, eine imponierende Übersicht über die Kunst in Deutschland bis zu Hitler. Im Katalog heißt es ausdrücklich, den Organisatoren gehe es »nicht so sehr um den politischen Aspekt der Situation«; sie wollten nur einen Grundsatz bekräftigen, »daß Kunst, als Ausdruck menschlichen Geistes, in allen Wandlungen nur groß sein kann, soweit sie frei ist«. Kunst habe ihre Regeln, aber diese kämen aus den Künstlern selbst und könnten weder aufgezwungen noch von einem Staatsmann, er möge so weise sein wie er wolle, indoktriniert. Die Veranstalter hätten nur diesen Grundsatz, und nur darum biete man den verfolgten deutschen Künstlern die Möglichkeit, sich den vorurteilsfreien Augen der Welt zu zeigen. Die Ausstellung bestehe aus Kunstwerken in Privatbesitz außerhalb Deutschlands, man habe die Künstler vorher weder davon unterrichtet noch um ihre Zustimmung gebeten.
Chairman des Komitees der Ausstellung, zu deren Zustandekommen man eigens eine Firma gegründet hatte, war Sir Herbert Read, wesentlich beigetragen haben die Malerin Irmgard Burchard, Stephan Lackner (siehe Lackner, a. a. O., S. 39–41 und S. 50f.) und andere. Die Schirmherrschaft der Ausstellung hatten unter anderen Le Corbusier, Ensor, Maillol, Picasso, Jean Renoir, H. G. Wells, Sir Kenneth Clark, Axel Munthe, der Lord-Bischof von Birmingham übernommen. Oto Bihalji-Merin, dessen Buch »Modern German Art« unter dem Pseudonym Peter Thoene mit einer Einleitung von

Herbert Read zur Ausstellung als Penguin Book (Pelican-Special) erschien, das mit dem Katalog zusammen verkauft wurde, blieb im Katalog ungenannt, war aber einer der Initiatoren und an den Vorbereitungen wesentlich beteiligt; so hat er zum Beispiel Picasso besucht, und ihn als Schirmherrn gewonnen.

Das Echo in England auf diese Kunst war unterschiedlich, teilweise sehr kritisch. Es war dies auch der erste Versuch, dort Kunst aus Deutschland in solchem Umfang zu zeigen.

S. 198   Rede von Max Beckmann vor seiner ersten Malklasse in den Vereinigten Staaten in St. Louis, 23. September 1947

Meine Damen und Herren, ich danke Ihnen, daß Sie mir Ihre Arbeiten gezeigt haben. Das war sehr interessant für mich, nun können wir anfangen. Hoffentlich erwarten Sie von mir nicht, daß ich Ihnen – wie ein mächtiger Zauberer – den Feuergeist des Schöpferischen auf einmal einflöße. Meiner Meinung nach müßten Sie sehr viel lernen, um später das meiste davon wieder zu vergessen. Das heißt, ich möchte, daß Sie Ihr eigenes »Selbst« entdecken, und dazu sind viele Wege und viele Umwege notwendig.

Man kann kaum erwarten, daß sich das in jungen Jahren ereignet; Sie müssen den rechten Augenblick abwarten und sich darum so viele Vorstellungen von der Realität bilden, wie Sie nur irgend können – Vorstellungen, die Sie später nach Ihrem eigenen freien Willen verwenden können. Sie müssen selbstbewußt bleiben und frei, aber immer an Ihr eigenes inneres Gesetz gebunden – vorausgesetzt, daß in jedem von Ihnen ein solches Gesetz vorhanden ist. Nun, Sie haben das Abenteuer schon begonnen, Ihr eigenes Selbst zu suchen. Das tut jeder auf eigene Verantwortung.

Ich werde versuchen, Ihnen beizustehen, soweit ich irgend kann. Aber vergessen Sie nicht, daß die Hauptarbeit bei Ihnen liegt – und erwarten Sie nicht zuviel von mir, der ich selbst noch immer auf der Suche nach meinem wahren Ich bin.

Die wichtigsten Dinge muß man sich selbst beibringen, doch können Anregungen natürlich hilfreich sein.

Ich muß Ihnen nicht erst sagen, daß eine gedankenlose Nachahmung der Natur nicht in Frage kommt.

Bitte denken Sie immer an diesen einen Grundsatz – den wichtigsten, den ich Ihnen mitgeben kann: Wenn Sie einen Gegenstand darstellen [reproduce] wollen, bedarf es zweier Elemente: Erstens muß die Identifikation mit dem Gegenstand vollkommen sein, und zweitens müßte noch etwas völlig anderes im Spiel sein. Dieses zweite Element läßt sich nur schwer erklären, fast so schwer, wie sein eigenes Selbst zu finden. Tatsächlich suchen wir alle eben dieses Element unseres eigenen Selbst.

Um mit diesem Spiel zu beginnen und es zu entwickeln, und wenn ich mit Ihrer Arbeit erst vertraut bin, werde ich Sie von Zeit zu Zeit mit Problemen

236

konfrontieren oder von Ihnen verlangen, daß Sie sich selbst solche Probleme suchen.

Vielleicht werde ich viel Zeit mit Ihnen gemeinsam verbringen; es kann aber auch Zeiten geben, in denen ich es besser finde, Sie mit Ihrer Arbeit allein zu lassen.

Als Künstler bin ich der Überzeugung, daß ich Ihnen keinen im strengen Sinne akademischen Unterricht geben möchte. Es ist mein aufrichtigster Wunsch, und ich habe die Absicht, Ihnen den Weg zu *unabhängiger* eigener Arbeit zu zeigen und zu erleichtern.

Nun wollen wir anfangen:

Erstes Problem: Stilleben mit Früchten, das jeder von Ihnen ausführen mag, wie er will – unter der Bedingung, daß alle vorgegebenen Gegenstände auch auf der Leinwand dargestellt werden.

Zweitens: Komposition und Interpretation müssen von Anfang an miteinander identisch sein. Auch in Zeichnungen nach der Natur müssen Sie von Anfang an auf die Raumverteilung achten.

Drittens: Unterschied zwischen Malerei und Zeichnung. Beim Malen muß die Komposition durch Raumdisposition und Flächenaufteilung bis in den letzten Winkel des Bildes hinein durchgeführt werden. In der Zeichnung kann der Raum improvisiert sein, manchmal durch Weglassen und manchmal durch Andeutung.

(Übersetzung: d. s.)

Abb. Beckmann, 10. 2. 1950 Homer Saint-Gaudens, geb. 1880 in Roxbury, Mass., 1922–51 Direktor des Department of Fine Arts, Carnegie Institute, Pittsburgh; schrieb u. a. »The American Artist and His Times«, 1941.

Personenregister

Bildnachweis

Frontispiz: Hans Kinkel, München.
Erster Bildbogen (zwischen S. 48 und S. 49): Privatbesitz Mathilde Q.
Beckmann S. 1, 2, 3, 4, 6 oben, 8; Hugo Erfurth, Dresden S. 7; Seitz-Gray,
Frankfurt a. M. S. 6 unten; Prof. Gordon Wilkey, Oregon/USA S. 5.
Zweiter Bildbogen (zwischen S. 128 und S. 129): Archiv der Max
Beckmann Gesellschaft, München S. 2, 3 oben links, 5 oben, 6 oben rechts
und unten, 7 unten; Mathilde Q. Beckmann S. 4, 5 unten, 6 oben links
(Photo J. Raymond), 7 oben, 8; City Art Museum, St. Louis/USA S. 1;
Gemeente Musea, Amsterdam S. 3 oben rechts.
Dritter Bildbogen (zwischen S. 160 und S. 161): Archiv der Max
Beckmann Gesellschaft, München S. 1 (Photo Ulfert Wilke), 2 unten (Photo
Barbara Göpel), 3 oben (Photo Homer Saint-Gaudens), 4 oben rechts, 5,
6 unten; Mathilde Q. Beckmann S. 6 oben, 7 oben rechts und unten, 8; Dr.
Peter Beckmann, Murnau S. 4 unten Mitte; Kaldor-Bates S. 7 oben links;
Prospekt Brooklyn Museum Art School, New York S. 2 oben; Süddeutscher
Verlag, Bilderdienst, München S. 4 oben links; Prof. Hanns Swarzenski,
Wilzhofen/Obb. S. 4 oben Mitte und unten links; Volkhart-Forberg,
Düsseldorf S. 4 unten rechts; Paul Weller S. 3 unten.

Inhalt